建築新人戦題字:光嶋 裕介

——新人たちへ

人間と建築は、切っても切り離せないほどに、

深く、強く、結びついている。

いつだって私たちは建築と一緒に生きている。

建築を自由に想像して、「つくる」こと。

そこに、君たちがどう生きるかが、問われている。

人間と建築は二つで一つなのだから。

SONY

目次 *CONTENTS*

最優秀新人賞

ID.0259
土ヨウ日ニ雨
沼宮内 さつき
東北大学 3年生 p10

優秀新人賞

ID.0212
富ヶ谷 煙突の家
松本 詩音
武蔵野美術大学 3年生 p22

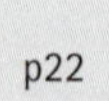

優秀新人賞

ID.0498
いきるいえ
小林 舞
文化学園大学 2年生 p28

8選

ID.0316
real.
恵良 明梨
法政大学 3年生 p34

8選

ID.0656
時速4.0kmのセンロ
喜多 爽大
京都府立大学 3年生 p36

8選

ID.0902
時熟
佃 菜帆
日本女子大学 3年生 p38

8選

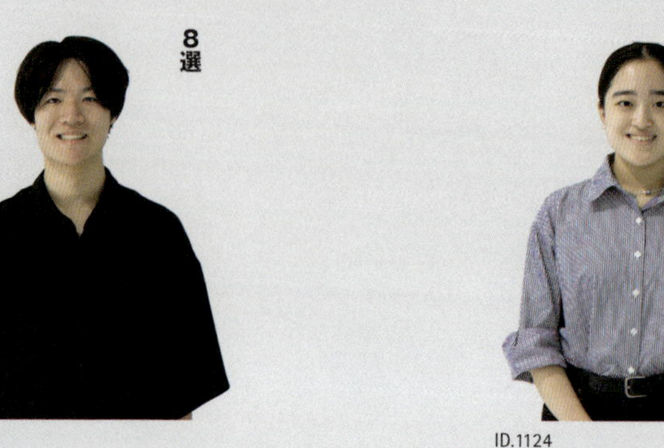

ID.0936
Re:Anker
戸屋 志月
芝浦工業大学 3年生 p40

8選

ID.1124
建築内街路
小倉 珠莉
横浜国立大学 3年生 p42

16選

ID.0289
心のもよう
小笹 遥香
法政大学 3年生 p44

16選

ID.0423
三脈のしるべ
森 咲月
芝浦工業大学 3年生 p45

16選

ID.0509
流れを編む
星野 真歩
早稲田大学 3年生 p46

16選

ID.0568
真菌の共生
ユアン タン ジェイリン
京都精華大学 3年生 p47

16選

ID.0896
矛盾を引き裂く
前田 陽斗
近畿大学 3年生 p48

16選

ID.0990
かたちとなかみ
中藤 堅吾
日本大学 2年生 p49

16選

ID.1051
最後の拠り所
梶田 寛太
大阪芸術大学 3年生 p50

16選

ID.1077
壁に連なる家
桝田 将太郎
慶應義塾大学 2年生 p51

「建築新人戦」から希望の光を「灯す」

光嶋 裕介（建築新人戦2024実行委員長） *Yusuke Koshima*

変わることと変わらないことがある。おかげさまで今年も≪梅田スカイビル≫を会場にして建築新人戦を開催できることになりました。今年は応募登録数1162、応募作品数719作品が提出され、厳選なる審査を突破した100作品が展示されています。所属大学を超えて自ら建築作品を通して幅広く「建築を問う」ことが求められています。それぞれの課題を通して全国から集まった仲間と対話し、審査員の建築家とも議論を展開し、建築の可能性を拡張できる実感をみつけてもらいたい。今年も多くの学生実行委員たちが役割ごとに配置された9色のTシャツを身にまとい、会場を彩ってくれます。建築新人戦の運営にとってかけがえのない彼ら彼女らの活躍にも注目してください。激動期にあって、みんなが協力し建築について、地球について、社会について若者たちが建築に熱い想いを宿し、高き志しをもって躍動する姿を目に焼きつけてください。

（建築家・一級建築士・博士〈建築学〉・
光嶋裕介建築設計事務所）
1979年米国ニュージャージー州生まれ。2002年早稲田大学理工学部建築学科卒業。2004年同大学院修了。2004～08年ザウアブルッフ・ハットン・アーキテクツ勤務。2008年光嶋裕介建築設計事務所主宰。代表作品として≪凱風館≫（神戸・2011）、≪旅人庵≫（京都・2015）、≪桃沢野外活動センター≫（静岡・2020）、≪陽奏庵≫（東京・2023）など多数。著作も『増補 みんなの家。』（筑摩書房）、『これからの建築』（ミシマ社）、『建築という対話』（筑摩書房）、『ぼくらの家。』（世界文化社）、『ここちよさの建築』（NHK出版）など多数

総評

末光 弘和（建築新人戦2024審査委員長） *Hirokazu Suemitsu*

今日は初めて建築新人戦に参加しましたが、実行委員長の光嶋先生はじめこれまで関わってきた先生方や実行委員の学生が時間をかけて育んできた場がこれだけの熱気を帯びるのかと大変驚きました。また、会場に来る途中で再開発が行われているうめきたの広場で親子連れが楽しく遊んでいるのを見て、万博も控えていることあり、大阪が活気づいていることを実感しました。選考については、どの作品も優秀で、優劣つけがたいものでした。最優秀新人賞に選ばれた沼宮内さつきさんの「土ヨウ日ニ雨」については受け答えに興味を持ちました。このコンクールは、2年生、3年生を対象としていますが、100選を見た時に、どこかから安易なアイデアを借りてきたり、卒業設計の影響を受け過ぎていたりする作品もありました。しかし、沼宮内さんは、言葉にならない想いを形にしようとしており、そこに可能性を感じました。設計は、自分自身の内なる想いを紡ぎ、形にするトレーニングであり、時間をかけて行うことが重要だと改めて感じました。

（SUEP.・九州大学大学院准教授）
1976年愛媛県生まれ。1999年東京大学建築学科卒業。2001年同大学大学院修士課程修了。2001～2006年伊東豊雄建築設計事務所。2007年SUEP.共同主宰。2020年九州大学大学院准教授。「地中の棲処」で吉岡賞（新建築賞、2011年）、「淡路島の住宅」でグッドデザイン賞金賞（2018年）および芦原義信賞（2019年）受賞。

公開審査会 審査委員紹介

最後に、8選に選ばれなかった人にメッセージを贈ります。今日、初めて建築の審査会に参加して、建築の学生はこんなにも早い時期から選ばれる・選ばれないの戦いに晒されるのだなと驚きました。私は選ばれないことが多かったので、その辛さがよくわかります。しかし、現実は圧倒的に選ばれない人が多いのです。今日の審査で私はアイデアのおもしろさを主に見ていましたが、建築の先生方の講評を聞くと、やはり私と異なる視点、つまり設計がしっかりできているかどうかで選んでいると思いました。それを文章に置き換えてみると、文章はアイデア、想像力、文章力でその良し悪しが決まりますが、今回、選ばれた人は文章でいう文章力が高かった。ただし、文章力は練習すれば磨けるものです。皆さんのアイデアや想像力は素晴らしいものなので、いつか必ず花開く時が来ると信じて設計力を磨き、素晴らしい建築家になってください。

磯野 真穂 *Maho Isono*

（人類学者・東京科学大学リベラルアーツ教育研究院教授）
1976年長野県生まれ。1999年早稲田大学人間科学部スポーツ科学科卒業。その後、オレゴン州立大学応用人類学研究科修士課程修了。2010年早稲田大学文学研究科博士後期課程修了。早稲田大学助教、国際医療福祉大学大学院准教授、在野の研究者を経て、2024年東京科学大学教授。『コロナ禍と出会い直す 不要不急の人類学ノート』（柏書房、2024年）で山本七平賞受賞。

最優秀新人賞の沼宮内さつきさん「土ヨウ日ニ雨」の講評の際に、彼女は建築の施設化に強く抵抗していると言いましたが、この作品は同時に、人間をフォロワー数のような「数値」で評価することの抵抗であり、つまり今の社会への抵抗でもあると思います。そして、こうした態度は8選全員に共通して見られ、2024年の建築新人戦の大きな特徴だと思いました。人間はどのように生きるべきか、建築は暮らしの営みの一部としてどのように捉えられるのかが私の評価軸の一つであり、この問題と設計とのバランスを重視したいと思います。その意味で、小林舞さん「いきるいえ」は、建築をつくることと、人間がどのように生きるかという問いにバランスよく答えた作品でした。松本詩音さん「富ヶ谷 煙突の家」は、設計の密度が高く、そこでピアノを弾く光景が自然に浮かびます。今後、建築家として活躍する方でしょうが、もう一段殻を破って欲しいと思います。沼宮内さんは、メッセージ性は強いですが、設計としての強度には課題が残ります。しかし、今後の成長に期待し1位としました。皆さんと来年、再来年、あるいは建築家になった時に再会することを楽しみにしています。

門脇 耕三 *Kozo Kadowaki*

（アソシエイツ・明治大学教授）
1977年神奈川県生まれ。2000年東京都立大学工学部卒業、2001年同大学大学院修士課程修了。東京都立大学助手、首都大学東京助教などを経て現在、明治大学教授。2012年よりアソシエイツ共同主宰。第17回ヴェネチア・ビエンナーレ国際建築展（2021年）で日本館のキュレーターを務める。「門脇邸」で日本建築学会作品選奨（2020年）。主な著書に『ふるまいの連鎖：エレメントの軌跡』（TOTO出版、2020年）など。

一次審査から拝見しましたが、非常にレベルが高く、一次審査と最終審査の印象が異なる作品も多くありました。これは、作品が大きくブラッシュアップされた結果だと考えられます。また、8選の方々のプレゼンテーションを聞くことで、作品に対する印象も大きく変わりました。選考は非常に難しいものでしたが、松本詩音さんの「富ヶ谷 煙突の家」は、話を聞けば聞くほど新しい情報が出てきて魅力が増し、今後も、ものづくりに携わって欲しいと思いました。戸屋志月さんの「Re:Anker」は、バランスと密度が高く、私は評価しましたが、多数の人から評価されるかどうかは周囲の状況にも左右されるため、自分自身の信念を大切にして欲しいと思います。沼宮内さつきさんの「土ヨウ日ニ雨」は、8選の段階で一度外しましたが、彼女の言葉から、諦めのような状況においてもその先に希望を見出しているように感じられ、その建築を見てみたいと思い1位に選びました。

白須 寛規 *Hironori Shirasu*

(design SU・摂南大学講師)
1979年京都府生まれ。2002年大阪市立大学生活科学部生活環境学科卒業。2004年同大学大学院修士課程修了。2006~2010年島田陽建築設計事務所。2010年design SU設立。2019年摂南大学理工学部建築学科講師。「CONSTANT APARTMENT」(山口陽登と共同設計)でSDレビュー2014受賞。「並びの住宅」「安田株式会社名古屋支店」(山口陽登と共同設計)でグッドデザイン賞受賞。

応募総数が1100を超えたことに驚きました。作品のレベルも非常に高く、さすが予選を通過してきただけあり、3年生とは思えないクオリティのものばかりでした。私は小林舞さん「いきるいえ」に最も高い票を投じましたが、独自の建築の見方を持ち、主観的な言葉で語りながらも、共感を呼ぶ力に惹かれました。今後建築家として、この独自の視点とそれをもとに構築していく力を大切にして欲しいと思いました。2番目に高い票を入れた沼宮内さつきさん「土ヨウ日ニ雨」は、確固たる信念を持っていて、そこから紡がれる言葉は心に訴えかける力がありました。しかし一方で、建築は他者の土地や資金によってつくられるため、今後は客観的な視点や社会的な側面を考慮する必要があるでしょう。審査会全体を通して、8選の方々の質疑応答での反応から言語化能力が高い若い世代の台頭に期待と、私自身も危機感を覚えました。今回の出会いを基盤に、新しい建築の時代を築いて欲しいと思います。

津川 恵理 *Eri Tsugawa*

(ALTEMY)
1989年兵庫県生まれ。2013年京都工芸繊維大学卒業。2015年早稲田大学大学院修了。2015~2018年組織設計事務所勤務。2018~2019年Diller Scofidio+Renfo(アメリカ)勤務。2019年ALTEMY設立。国土交通省都市景観大賞特別賞(2022年)、グッドデザイン賞(2022年)、土木学会デザイン賞優秀賞(2023年)、東京藝術大学エメラルド賞(2024年)などを受賞。

土ヨウ日ニ雨

ID.0259
沼宮内 さつき
Satsuki Numakunai
東北大学
工学部
建築・社会環境工学科
3年生

作品用途: 集合住宅
課題名: 建築の一生
取組期間: 2カ月

コンセプト

この土で覆われた斜面の一角に、土壁の集合住宅が建つ。住民たちは抗えない自然の流れに居ながら、時に壊れた壁を修復したり傾いた場所を均したりして、長い年月の中で自分の棲家に手をかけ続けて暮らす。そうして生じた建築への愛着は、建築の運命を変えていく。

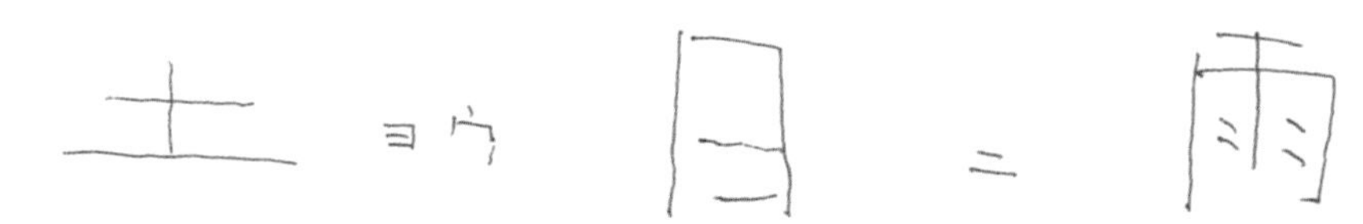

■建築一生を考える

建築はどのように生まれるのか。どのように育ち、変遷し、老いるのか。そしてどのように終わりを迎えるのか。「どのように建築を作るか」から「どのように建築を改変し、終わらせていくか」へと、私たちに求められる設計領域は拡張している。しかし、本当に建築の終わりまでを設計者が決め切ることはできるのだろうか。初めから終わりまでを設計するということは、もはや設計者の自作自演のようなものではないか。

■築3年

叩いて固めた土の上、そこにはキッチンや家具が置かれる。柔らかな土の上、そこにすのこが敷かれ、人は陽の光を浴びながら寝そべったり、水を浴びたりする。土壁と土の床という脆い存在に囲まれた空間で、自然の流れを受け入れながら過ごす。一方で夜になると、コンクリートの部屋に入り、強い存在に守られながら食事をしたり、眠りについたりするのである。

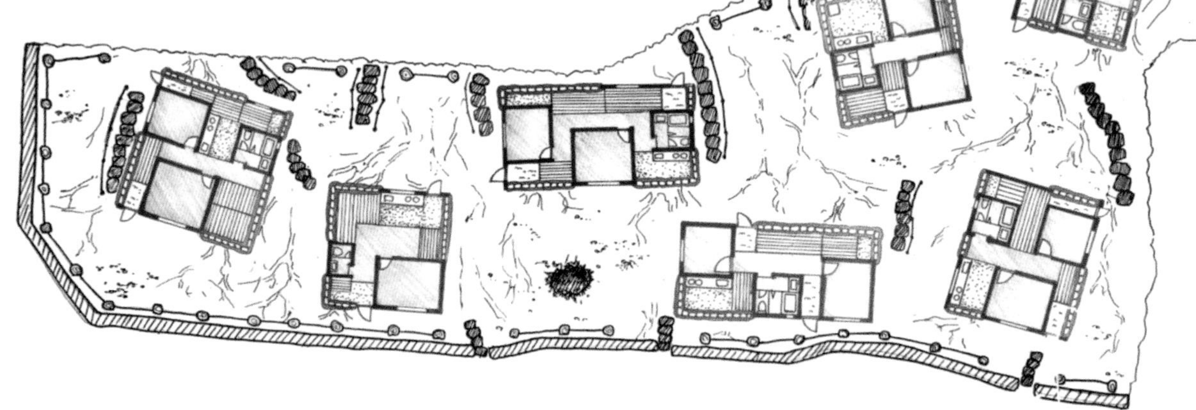

■築18年

年月が過ぎるごとに、土壁は雨風や斜面を流れる水により削られ、脆くなっていく。家の中にも水が流れ、すのこが傾く。すると住民は土を均し、土壁に手を加えながら環境を整える。働けども働けど、彼らの暮らしは定まらないが、本来の意味での建物を"使う"というその過程が、彼らの家(ウチ)に対する愛着を生み出す。

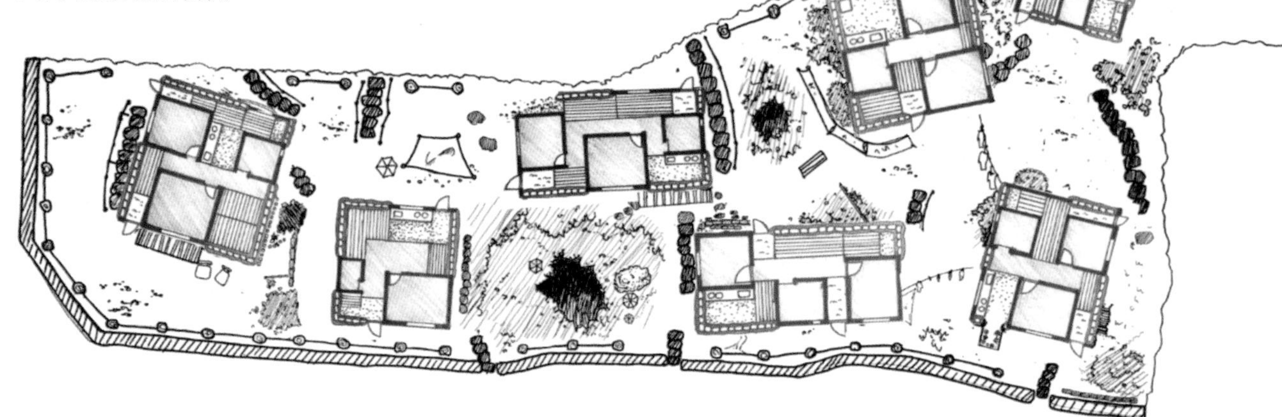

■土を固めて使う

玄関やキッチンのようなあまり汚れたくない場所は、あらかじめ土を叩いて固めた床としている。住人によっては、家具を置くために自分で土を叩いて固めることもある。

■すのこの上でシャワーを浴びる

外からの水は土壁を浸透し、家の中にも水が流れる。だから、土の上でそのままシャワーを浴びることができる。自然の中で暮らしていることを実感する。

■展望デッキは自分を客観視する場所

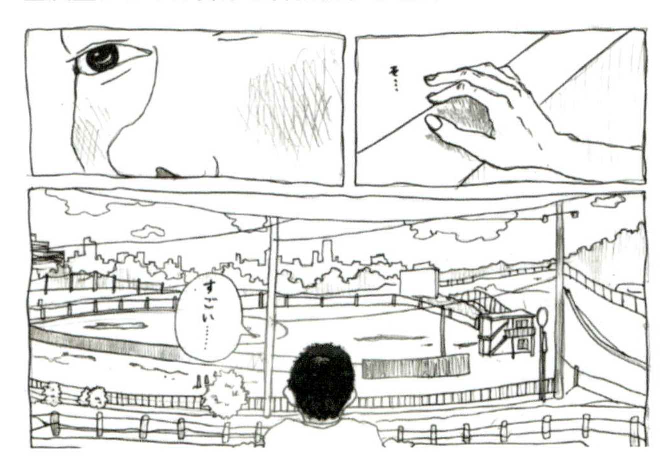

住人たちは普段、地面に近い場所で自らの手で家に手を加えながら生活する。自然の流れ、土の流れに抗わず暮らし、暮らしながら家を守る。そういう日常から一旦自身を切り離して、外の梯子から展望デッキに登ると、周りの都市や自然の風景と自分たちの暮らしを相対化できる。そうして自分の普段の暮らしを、そして自分自身を客観視するのである。

■すのこが傾いたら土を均す

雨が降ると家の中に水が流れ、土が湿る。水によって土が流れたり、何度も住人が踏んだりすると、やがて土は動く。そうして傾いたすのこを真っ直ぐに直すために、住人は自分で土を均す。

■削れた土壁を直す

雨風にさらされた土壁は、やがて削れて脆くなっていく。すると住人たちは、「土養日」に作っておいた土を使って、皆で土壁に土を塗り、修理していく。

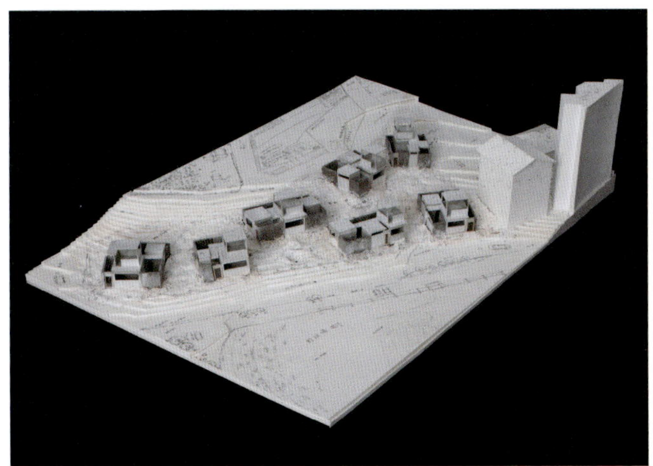
配置模型。敷地は斜面地で野球場が目の前にある

土壁とコンクリートの壁、土間とコンクリートの床、すのこが住まい方にアクセントを加える

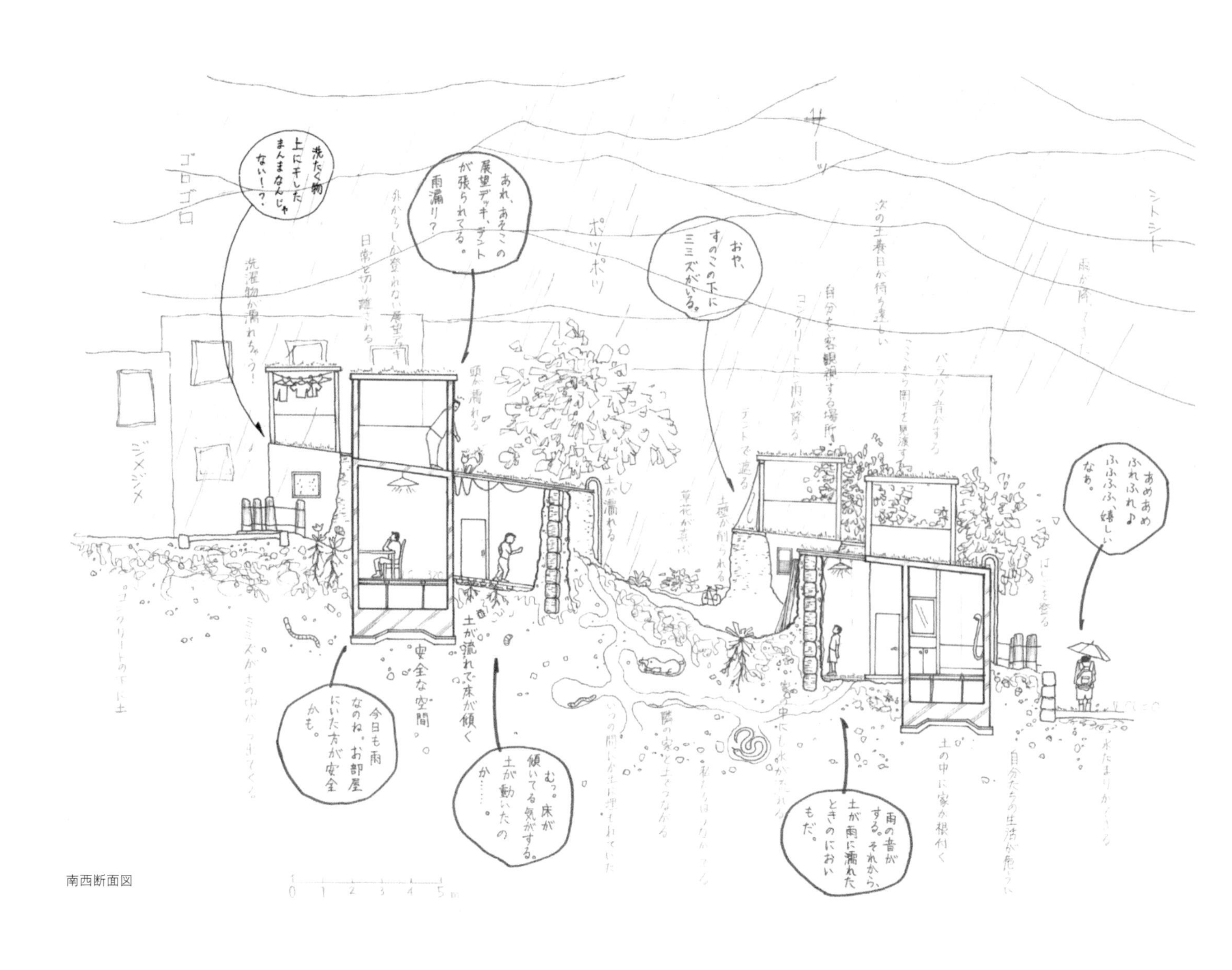

南西断面図

■築63年

大雨が降り、災害の影響で住民は今まで通り過ごすことが難しくなってしまった。長い年月をここで過ごしてきたが、今の彼らの中には何が残っているのだろう。場所的記憶?人的記憶?物質的記憶……?住人たちが愛着を抱いてきたそれぞれが違えば、それによって彼らの生きる道や建築の運命は変わっていく。

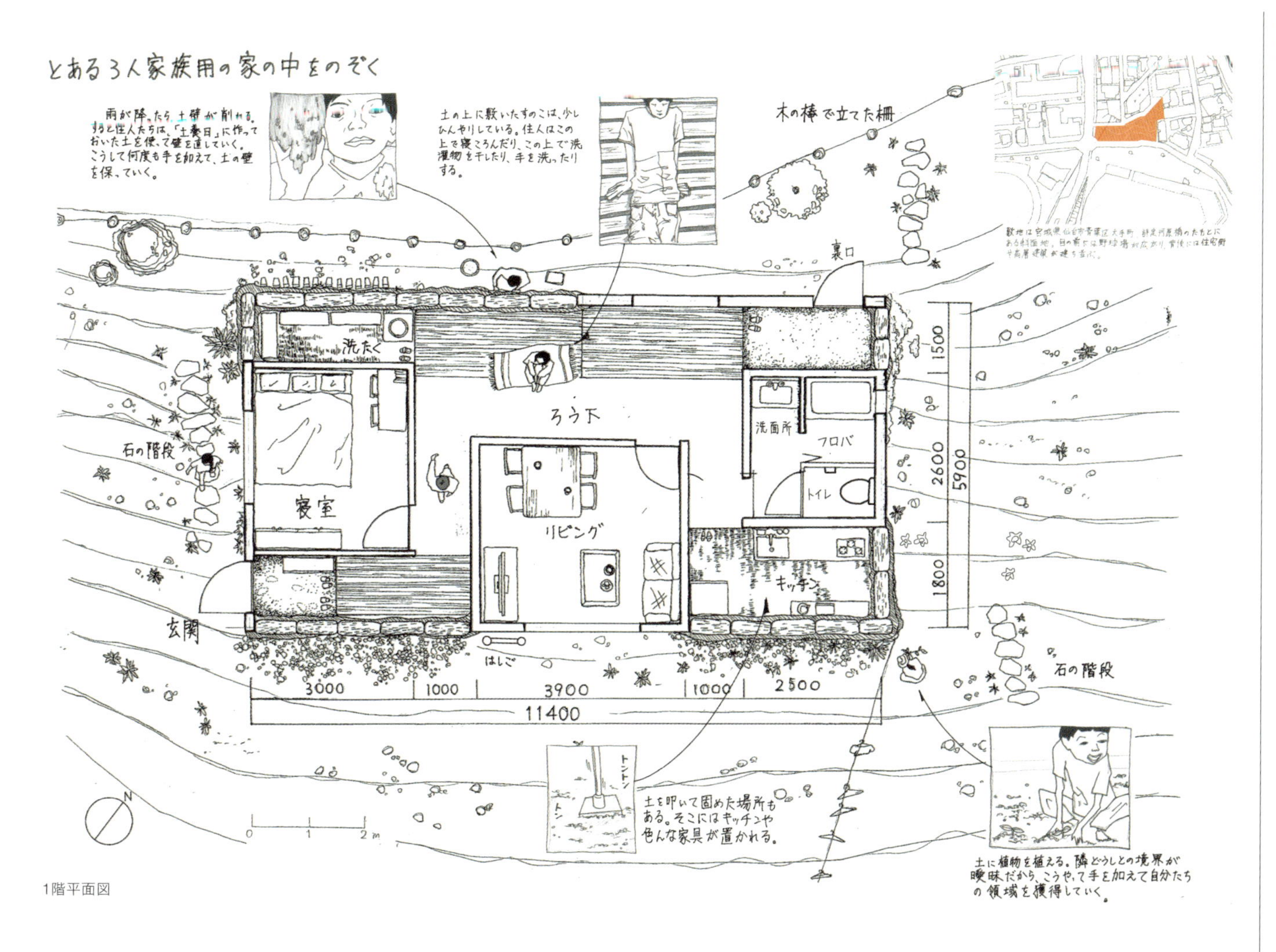

1階平面図

■建築が終わりを迎える時

建築の一生というものは、設計者が一人でに想定して決められるものではない。ましてや私たちの言葉のみで語れるものであるはずがない。建築というものは、その建物を使う人々がいて初めて一生を送ることができる。

この「建築の一生」という問いに対する私の答えは、「使う人それぞれがどこに愛着を抱いていくかによって変わっていく」ということである。この土壁の集合住宅、そしてこの漫画「土ヨウ日ニ雨」を通して、私はそれを示したかった。

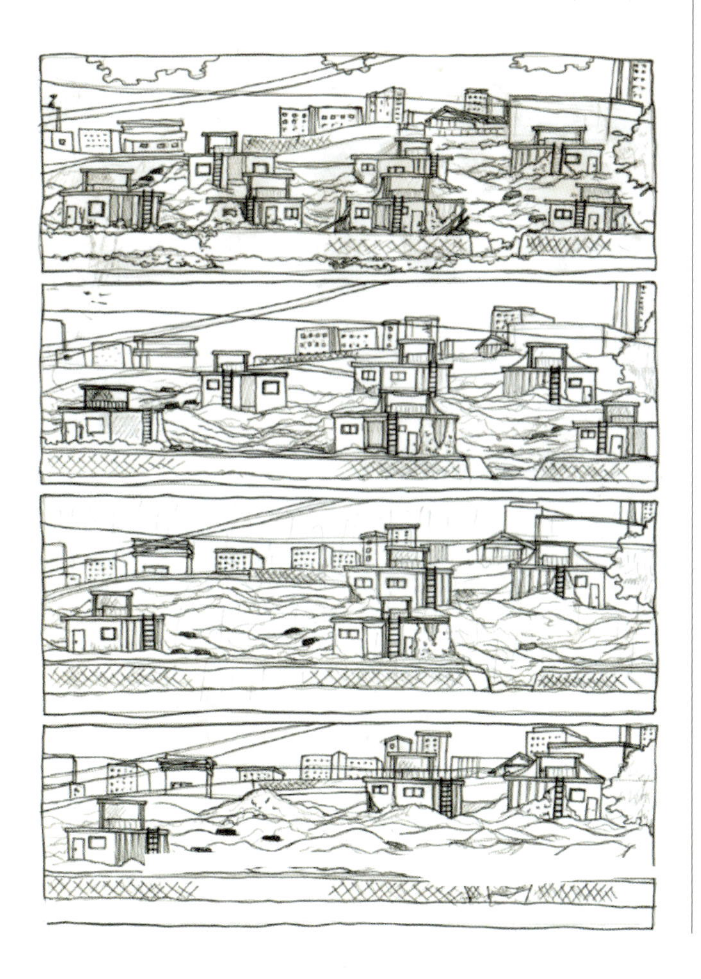

クロストーク

最優秀新人·沼宮内 さつき × 建築家·門脇 耕三

建築の施設化と建築家の個性

2024年の最優秀新人賞は、漫画で建築の一生を表現した沼宮内さつきさんに輝いた。漫画は昭和の時代を感じさせるノスタルジックな画風で、土壁を住人が自ら修繕しながら住み続けた建築が最後は災害で流されてしまうというストーリーが描かれている。漫画を用いた表現方法が評価を集める一方、質疑応答の際に門脇耕三先生から発せられた「建築家の個性はどこにあるのか」という質問に沼宮内さんは答えられなかった。改めて二人をお招きして、作品について語り合っていただいた。

建築の施設化に対抗する

門脇｜沼宮内さん、まずは改めて最優秀新人賞受賞おめでとうございます。受賞後の周りの反応はどうでしたか?

沼宮内｜先生や友人などからお祝いの言葉をいただき嬉しかったのですが、一方で「本当に私で良かったのだろうか?」と戸惑いもありました。自分自身が作品の良さについてよく分かっていないのかもしれません。

門脇｜最優秀新人賞という大きな賞がとれたのは、沼宮内さんのこれまで培ってきたことの成果だと思います。応募のあった約700作品の中で、一位になったのは運もあるかもしれませんが、8選には実力がないと残れませんので、自信を持っていいと思います。
沼宮内さんの作品を見直してみると自然的なものと人工的なものとが拮抗して成立しているユニークさがあります。建築は大きいのでお金がかかりますが、重量あたりで見ると、実は他のプロダクトよりずっと安い。したがって形態はシンプルで、直線で構成されることが多い。自然界のものが曲線で形づくられているのとは真逆です。けれど沼宮内さんの作品は人工物ということをベースにしつつ、そこに住民の生活や時間、また自然の作用が堆積することによって、何かふにゃふにゃした曲線を含むものに変質していく。その自然的なものと人工物的なものが、バランスをとりながら押し合いへし合いして共存している。私自身もそういう建築の在り方を目指しているので共感を覚えました。
また、自然と人工が拮抗していると言いましたが、どちらかというとお互いに溶け合って曖昧になっているようにも見えます。人間の生活が穴蔵の中に入っているようでもあるし、自然が建築に近づいているようでもあるし、そんな新しい世界観を提示している。その世界観は近年言われている人新世という状況とも響き合うのではないでしょうか。それがこれからの世界のリアリティなのかもしれないと思いました。一方で、こうした感覚は「時間の堆積」によるものですが、これは一般的には設計の問題ではない。しかし沼宮内さんは、時間の堆積を「設計の問題ではないが、建築の問題である」と捉え、プレゼンボードや模型でしっかりと表現している。特にドローイングでは人物がしっかり描かれて、彼らの台詞も書かれている。また、そこに棲んでいるモグラやヘビなどの生物、天気や具体的な日時も描かれている。つまり、ある瞬間を切り取って表現していて、だからこそ時間が流れていることが強く感じられる。ちなみにこの作品は、本格的に設計課題に取り組み始めてまだ1年目のものということだけれど、作品には漫画や陰影の付いた美術的なドローイングなど、建築的な表現以外のものがたくさん見られます。何かバックグランドがあるのでしょうか?

沼宮内｜私は言葉、つまりしゃべることで自分の建築を伝えることが苦手で、それよりも得意な絵であれば上手くできるかなと。漫画であればストーリー性も備えているし、見ることで感じ取ることもできるので、言葉で語る方法よりも漫画という表現方法を選択しました。

門脇｜漫画はこの作品において特筆すべき表現方法です。建築が出来てから63年後に災害でなくなるまでが描かれていて、そのことによって時間の経過と建築と自然が溶けあっていく様を上手く表現している。これは建築家の在り方としても示唆的で、建築家は建築が完成したら離れていく存在ではなくて、建築の時間の経過に寄り添うべきだというメッセージを強く感じました。それは今まで建築家がしっかり取り組んでこなかった領域なので、新しい提案だと思いますし、それが極めて適切な方法で表現されていて、ある世界が構築されている。そこに至るまでの緻密さと多方面からの表現も審査会の際に評価を得たポイントだと思います。
ちなみに、建築は時間経過が大切だということはどこから思い立ったのですか。私たちがメディアで見る建築は新築で、それがきれいに写真に撮られて作品として載っています。時間が経ってボロボロになっているものは作品集にはまず載っていません。そういった状況の中でどうして時間の経過を表現しようと思ったのですか。

沼宮内｜私が将来建築家になるとしたら、どういう建築をつくるかということも大切ですが、その建築が出来た後にどのように使われていくのかも大切です。さらに壊れるとしたらどういうふうに壊れるのか、誰がどのようになくしていくのかということも考えるべきではないかと思いました。美術作品ではなくて、実際に人が生きていく場所をつくる者としては、出来てしまったら終わりではなくて、それが壊れてしまうまで責任を負うべきではないかと思ったのです。

門脇｜建築は美術作品ではないというのはいい言葉ですね。ここで生活をする人がいて時間を積み重ねていく。設計者はそれを見届けるべきではないかと。
一方でそれを表現するために漫画を選んでいますが、それは思い切った選択だと思います。漫画は25ページの大作だけれど、それを課題のためにやり切るというのがすごい。沼宮内さんはもともと漫画を描いた経験があったのですか。

沼宮内｜なかったです。実はこの課題で初めて描きました。

門脇｜すごいですね。美術などに興味はあったのですか？

沼宮内｜高校生の頃は美術部だったので絵はよく描いていました。ただ、風景画や写実的なものばかりでした。漫画は描いたことはなかったのですが、もともと好きで、中でも『三丁目の夕日』や『サザエさん』が好きで、小さい頃から何回も繰り返し読んでいます。そういう漫画から影響を受けているのかなと自分では思っています。『三丁目の夕日』や『サザエさん』で描かれている時代は、新しい建物ばかり建っているわけではなくて、古い建物も住人たちの手で修理したり増築したりして、ボロボロの家でも生活感が溢れていて、そこが良いと思えることがあります。そういう点から自分の作品を補強できるのではないかと思いました。

門脇｜戦後に空襲で家が焼けたところにバラックが建ち、次第に質素だけれど小さな家も建ち始め、人々は貧しいけれど生き生きと暮らしている。『三丁目の夕日』で描かれたのはそのような風景ですよね。それが沼宮内さんの原風景になっているのかもしれません。そういう時代から日本は急成長を遂げて、現代はぴかぴかした新しい建物が並ぶ街並みになったけれど、もしかしたら沼宮内さんが描いたような世界がまた来るかもしれない。そんな予感もあるでしょう。ちょうどオイルショックの前の日本がまだ先進国になりきれていない時代に沼宮内さんは共感しているのだけれど、どういったところに惹かれているのでしょうか？

沼宮内｜それは私自身でもはっきりとわかってはいませんが、この歳になってから、例えば道路にチョークで描かれた子どもたちの遊びの後などを見ると懐かしく感じたりします。実際には、幼少期にそのような遊びをしていたわけではないけれど、なぜか自分の中に残っている感じがするのです。

門脇｜私も何となくその感覚は分かりますが、私なりの言葉で話すと、それは建築の施設化に対する拒否感につながっているのではないでしょうか。通常、建築家は割としっかりとした建築をつくりますが、そこに対するちょっとした罪悪感があります。建築家が夢想するのは建物そのものというよりも、建築が建ったことで起こる振る舞いやアクティビティだからです。しかし、最初は原始的なアクティビティがあったところに建築がそれを

沼宮内さんが作品「土ヨウ日ニ雨」で描いた漫画

サポートし、その建築に定型が出来て次第にそれが形式化していく。例えば劇場やオフィスなどのように使い方が定まり、建築計画的にも固まってきて、いわゆる施設になっていく。けれどそれではやっぱりつまらない。施設になる前の、目の前の人が生き生きと活動していて、建築自体は後景化している、背景となっている。それが建築家の夢見る究極的な風景の一つなのかと思います。沼宮内さんはそのような風景を戦後の近代化する前の、漫画に描かれた街の風景に見出したのでしょう。

建築の終わらせ方

門脇｜漫画はデジタルツールで描いた？ それともアナログですか？

沼宮内｜紙にアナログで描きました。

門脇｜では、ペンと紙だけで、いわゆるスクリーントーンのツールも使っていない？

沼宮内｜使っていません。

門脇｜「サザエさん」も同じ描き方だと思いますが、昭和的な方法ですね。スクリーントーン以前の漫画は、登場人物が描かれている線が割と太い。沼宮内さんの表現を見ていると人間の表情が全て見えます。土壁を得意げに塗っている子どもや悲しげに空を見つめている男の子など、表情が豊かに表現されている。しかし、人の表情を描くことは一般的に建築の表現では避けられます。人間は目が描かれていると、目に注目してしまい、

門脇 耕三（かどわき こうぞう）
1977年神奈川県生まれ。2001年東京都立大学大学院修士課程修了。東京都立大学助手、首都大学東京助教などを経て現在、明治大学教授。2012年よりアソシエイツ共同主宰。「門脇邸」で日本建築学会作品選奨（2020年）。主な著書に『ふるまいの連鎖：エレメントの軌跡』（TOTO出版、2020年）など。

建築が目立たなくなってしまう。しかし、不思議なことに沼宮内さんの絵は目や表情が描かれているのに、後ろの建築にも目がいってしまう。それもあって人間と建築が拮抗しているように見えるのだろうけれど、何か工夫しました？

沼宮内｜人の目や表情は描いているけれど、描かれた人の意識が向いているのは建築だから、絵を見ている人も建築に意識が向かうのではないかと思います。

門脇｜確かに、どこを見ているのかが明確に描かれていて、皆建築のほうを見ています。単に絵が上手いということではなくて、そのような技法も含め漫画というメディアを使った建築の表現方法が適格で、それがこの作品が評価されたポイントだと思います。

沼宮内｜漫画の描き方については、課題の提出締切に追われて、無我夢中で仕上げたので、実はあまり覚えていないのです。

門脇｜課題の提出内に漫画も描いたんですね。本当にすごい。ちなみに建築を漫画で表現した作品はあまり多くはありませんが、この課題を出した東北大学の藤野高志先生の卒業設計は漫画で建築を表現しています。その影響もあったのでしょうか？

沼宮内｜そうです。藤野先生も漫画で取り組まれたということで、私もチャレンジしようと思いました。特にストーリーを考えるのが大変でしたが、やはり描いていて楽しかったです。

門脇｜建築は表現方法として図面やパースなどの定石があるけれど、それだと沼宮内さんが伝えたい時間の流れなどが表現できない。だから違う方法をとろうと。それはロジカルな考え方だと思うし、実際に成功している。私も建築を違うメディアと掛け合わせて表現してみるのはすごく可能性がありそうだと感じました。沼宮内さんは、またこれからも違うメディアで表現しようと思っているのですか？

沼宮内｜まだそこまで考えられていませんが、今回の作品についてはストーリーの面において、物語の終わり方にもっと希望を持たせても良かったのではと周りから言われたりしました。けれど、何があるか予想がつかないのが時間の経過だと

2024年建築新人戦最優秀新人賞の沼宮内さつき

言えるし、物語は良い終わり方だけでもないと思います。時間を過ごすということは生きることでもあるので、そのことを漫画を通してこれからも表現できたらと思っています。

門脇｜住民たちが自分たちの手で土壁を直すなど建築に手を入れていくわけだけれど、63年後には大災害が起きてここに住み続けられなくなってしまう。確かにいいことばかりではないというのは分かりますが、どうしてこのようなラストにしようと思ったのでしょうか。

沼宮内｜私がこの課題を通して示したかったことは、設計者だけで建築の終わりを決めることはできないということです。建築が辿っていく道というのは、そこに住む人によって変わっていきます。それを示すとしたら、やはり何かきっかけが必要だなと。少し残酷ではありますが、突然終わってしまう結末にしました。

門脇｜終わらせ方として災害を選んだことについては議論があるとは思うけれど、こういう終わらせ方によって、建築は必ずしも永続的なものではない。そして人間は必ずしも自然に対して優位ではない。建築も同様に自然に対して優位ではない。そういう沼宮内さんの想いはよく伝わったと思います。それに沼宮内さんは、自然が人間や建築よりも優位だとも言っていないのですよね。そのスタンスは作品を通して一貫していますし、それは良かったのではないかな。建築家は建築を永久に続く記念碑のようなものとして捉えがちで、それはすごく批判もされているけれど、建築家は、どうしても永遠に続く記念碑をつくりたいという欲望をどこかに持っている。しかし、それではいけないとはっきりと言ったのは、たいへん共感するところです。

門脇先生が設計した自邸の外観(左)と内観(右) ©森崎健一 / マルモスタジオ

建築家の個性

門脇｜沼宮内さんは建築が人間の生活を決められるものではないと言っていましたが、通常、建築は人間の生活を縛ってしまいます。さらに、建築は人間の生活を変えることができ、それが建築の力だと主張する人もいます。どちらが正しいのかは私自身答えが出せていないのだけれど、自分の経験からすると、私は自邸を設計した際、自分の勝負するところはそこではないと思って、プランは当たり前に解き、普通に住める、普通の住宅をつくりました。一方で一つひとつのもの、エレメントは違うものにしようと考えて設計したのですが、先輩の建築家から「それではいけない」、「人の生活を変えられることが建築の力だ」と言われました。それに対しては、なるほどと納得する反面、生活を規定する建築は、自分を縛る牢獄になってしまうんじゃないかとも思っていたんですよね。当時40歳くらいの自分がつくった建築が、何十年と年を経て老人となった自分を縛るのは嫌だなとも考えたのです。それに対して、実は沼宮内さんの建築は結構人の生活を変えていますよね。この建築や土地に触発されて、住人はこの建物や土地を飾るように自分たちの手で建築行為を行っています。そして、最終的には建築そのものも陵駕されている。沼宮内さんはその点についてどのように考えていますか。

沼宮内｜そういう点からするとそこに住む人の生活を変えていますし、縛ってもいます。このことに関連すると思いますが、審査会で門脇先生から私の作品において「建築家のクリエイティビティはどこにあるのか」という質問を受け、私は答えられませんでした。今、それにお答えすると、この建築を設計するうえでは、設計者として形を与えるのが6割くらいです。形を与えるというのは、水を家の中に浸透させる土壁と、水をいなすようなコンクリートを上手い具合に配置していったり、コンクリートの床の面積を最小限に抑えてできるだけ住人が土の上で暮らすようにしたりといったことです。設計者として形を与える部分はそれくらいで、残りの4割程度は私が形を与えた部分に住人たちが自分たちで手を加えていく。手を加えていくことで自分の棲家に愛着を持っていき、唯一無二の場所になる。そのような建築をつくりたいと思いました。

門脇｜人の生活や生き方を変えるのだけれど、それは人を縛るのではなくて、むしろ能動的な生き方や行為を応援するような在り方ということですね。しかも、この建築の場合、自然が侵食してくるんだよね。例えば土壁が自然に削られて、いつの間にか土の中に建築が埋まっていくこともある。自然ということについてはどのように考えていますか。

沼宮内｜この課題の他の人の案には、建築を少しずつ解体していってその際に出た廃材で家具をつくるというものもありました。しかし、それだと建築の行く末や住民と建築の関係を設計者だけの言葉で語っていて、建築や住民の生き方をあらかじめ決めてしまっているような気がしました。そうではなくて、建築が変わっていくのは住民の手によるものだけではなくて、雨によって土が流れて建築が変化していくように自然との関わりによるものだと思い、それを表現しました。

門脇｜建築とそこに住む人と自然の3者がそこで押し合いへし合いしているようなイメージですね。その中でやっぱり設計者の存在はあまり感じないんですよね。しかし、設計者があえて存在を消している、前に出過ぎないということを意識して設計しているなと感じました。

沼宮内さんの作品「土ヨウ日ニ雨」の模型

沼宮内｜課題の条件として、設計者である私もこの建築の住人の一人として住むことになっているのです。

門脇｜どの部屋に住むのですか。

沼宮内｜ここです。私がこの建築に住んだ際、隣の人の暮らしを間近で見ることになるので、そこで自分が設計した建物に人が縛られて生きているのを見ると自分がその人たちの生き方までコントロールしてしまっていると感じるのではないかと思い、完成されていないものをつくることで、彼らにも生活の仕方を委ねていきたいと思いました。

門脇｜設計者の個性を建築に表すということは、それはそれで建築の力だと思います。例えばフランク・ゲーリーの建築は彼の個性が溢れたデザインです。ビルバオ・グッゲンハイム美術館は全体が魚の形をしているし、神戸のフィッシュ・ダンスなど魚のオブジェもつくっています。とにかく彼は魚が好きなのです。そのような個人的な偏愛にもとづいた形が都市の中にどかんと強烈なインパクトをもって現れることは、それはそれで建築家のつくるものの良いところだとも思います。

沼宮内｜私は生きることに執着していて、自分が生きた証のようなものを残したいと考えています。なので、一目見てこの人の作品だと分かるような個性のある建築をつくりたいという想いを持っています。ただ、今回の作品は時間を考える課題で、そこに時間の介入を許さないような強すぎる建築を建ててしまうと、その建築が周囲に対して害を与えてしまう存在になってしまうのではないか。この集合住宅にはある程度、住人や自然の介入を許すようにしないと時間の経過が堆積されないのではないかと考えたのです。

門脇｜なるほど。時間や自然の介入を許容するために個性を消したと。しかし一方で、おもしろいのは個性が出ていないわけではないとも見られることです。それは形やデザインなどのレベルではなくて、建築は時間とともに変化していくという在り様や思想といった、もう少し抽象的なレベルで沼宮内さんの個性が強く反映されている気がします。というのも住人たちは沼宮内さんの個性が反映された生活をしています。

沼宮内｜そうですね。自分で壁を直さないといけなかったり、わざわざ外の梯子を使わないと展望デッキに上れなかったりと、普通だと不便で敬遠されると思います。この家に住みたいと思う人は、私の感性を共有している人たちだと思います。

門脇｜そういう意味では、沼宮内さんの持っている、人間はこういうふうに生きるべきなんだという信念が生活レベルに反映された案だということですね。しかし、造形レベルの話をすると、例年の受賞作品は形としての個性がありますが、沼宮内さんの作品は形としての個性があまりない。一位になった作品としては、珍しいことと言えます。造形について意識したことはありますか。

沼宮内｜水が浸透する部分とそうでない部分が混ざるように土壁とコンクリートを配置したり、キッチンなど人が生活する部分はなるべく床を土にしたりと配置については考えましたが、造形についてはあまり装飾的なデザインにしてしまうと人が手を加える余地が減ってしまうということもあり、シンプルなものにしています。

門脇｜生活を優先すると結果的にこのようなシンプルな形になるということなのですね。ちなみに違う建物を設計する場合は、もっと造形が強く出てくる可能性はありますか。

沼宮内｜他の課題でこれまで設計したものは全然違う形です。

門脇｜それはおもしろいですね。今回は沼宮内さんの作品においても特異な作品だったのですね。素材も土とコンクリートという割と寡黙なものを使っています。ただし、そうは言っても造形レベルの個性は建築作品として絶対求められるものだと思います。沼宮内さんの今回の作品は、漫画などそれ以外の表現ですごく力があって、そのため造形についてはあまり問われなかったと思います。けれど、もしかしたら土が人間の身体と反応して、踊り出すようにさまざまな形に変化して、有機的で造形的にも特徴のある棲家のような形になるかもしれない。やっぱり私たちは見たこともない形で、どうやって新しい建築に到達するかということを求めるので、次は時間の中で形がどう変化していくかというロジックも入れて考えると、卒業設計やこれから建築家になるうえでさらなる展開が開けるかもしれません。がんばってください。

沼宮内さんが初めて取り組んだ設計課題「7.5×7.5のキューブ状の光のギャラリーを作る」のスケッチ

「7.5×7.5のキューブ状の光のギャラリーを作る」の模型

設計課題
「建築の一生」

[東北大学 工学部 建築・社会環境工学科「建築設計BⅡ」2024年度]
担当教員: 藤野高志准教授(スタジオマスター)/窪田亜矢教授/後藤伴延准教授/髙橋典之准教授/齋藤光講師/今泉絵里花助手

建築はどのように生まれるのか。どのように育ち、変遷し、老いるのか。どのように消えてゆくのか。この課題では建築の一生を考えてもらいます。建築が生まれるとき、設計者は様々なことを考えます。クライアント、予算、歴史、周辺環境、構造、環境性能、用途、制度、建築の存在そのもの。それら様々な要素を統合することで、建築のあるべき姿を考える。そうしたことを今までの設計課題で学んできました。でもそれらだけでは足りません。ここでは時間の変化を、建築の未来を考えて欲しいのです。なぜ建築の一生を考える必要があるのでしょう。皆さんは、人口が減少し、都市に残されたストックをいかに活用するかに知恵を絞る社会の中で生きています。「どのように建築を作るか」から「どのように建築を改変し、終わらせていくか」へと、設計領域は拡張しています。建築の第一の完成形のさらに先へと向かう想像力が求められています。
本課題では、設計のプロセスと、建築の変遷を描いてもらいます。いわば建築が生まれて消えるまでの一連の物語です。建築物の設計は、本課題の一つのプロセスに過ぎません。本課題で求めていることは下記です。建築設計にのぞむ際の自らの倫理観を、この課題を通して見つめてみてください。

・自らの設計プロセスを客観視し、表現する
・建築の時間的変遷を表すための記述方法を探求する
・建築に作用する外力を説明する

□ 成績評価
各中間発表と最終講評における提出課題や発表内容およびポートフォリオ等を総合的に勘案して決定する。各専門分野の教員は重点的に担当領域を採点。動画視聴のレポート提出必須。

□ 提出物
都市分析講評会発表資料
グループごとにA1×2枚(都市分析シート)　※4人×8グループ
タイトル、都市的な支店でのコンセプトダイアグラム、
広域配置図(1/500)、各階平面図(ラフ)1/200、面積表、
広域敷地模型(1/1000)、敷地模型(1/100)、ボリューム模型(1/200)、
スタディ模型やスケッチ

構造講評会発表資料
A1×2枚。平、立、断面図(構造形式のわかるもの)(1/100)、
模型(1/100)、模型、ドローイング、他

環境設備講評会発表資料
A1×2枚。平、立、断面図(環境的工夫のわかるもの)(1/100)、
模型(1/100)、模型、ドローイング、他

最終講評会発表資料
A1×2枚。課題趣旨説明文、タイトル、面積表、コンセプトダイアグラム、
外観・内観を示す各イメージパース、配置図1/500、
各階平面図(1/200)、立面図2面(1/200)、断面図2面(1/200)、
構造ダイアグラム、環境的工夫を示す図、模型(1/50)、他

ポートフォリオ
最終講評会で指定された提出物をすべて含むこと。

□ 共通
必須項目: 学籍番号/名前/縮尺/スケールバー/方位を必ず明記。
図面形式: CAD、手書き製図など、自由に選択。
手書きの場合、必要図面等をケント紙にレイアウトし、パネル化。
提出時点の資料を発表資料とすること。

□ 設計条件
1.環境
評定河原橋のたもと、周辺には野球場や陸上競技場があり、敷地は斜面地となっている。広瀬川沿いには緑が点在し様々な生物が暮らす。地名の起源、現地観察、都市分析から、場所の特徴を捉え、環境に応答した建築をつくることを期待する。用途地域/建蔽率/容積率/高度地区/防火地域、などの情報は各自調査すること。

2.用途
7世帯の集合住宅。規模は自由とする。一世帯は自らが暮らす想定とし、それ以外の住人は各自自由に設定。建築物がどのように生み出され、使われながら改変され、未来に滅するまでの建築の一生の物語を創作する。

3.参考資料
設計プロセスに関するもの。
・GA JAPAN　186、180、173、167、161、155、149、137、131、125、A,D,A EDITA TOKYO　*PLOT特集一部抜粋

環境・建築の時間的変化を扱う書籍
・カル・フリン著、木高恵子訳:人間がいなくなったあとの自然、草思社、2023.5
・伊藤暁:具体的な建築、学芸出版社、2023.12
・加藤耕一:時が作る建築リノベーションの西洋建築史、東京大学出版会、2017.4
・宮本佳明:「ゼンカイ」ハウスが生まれたとき、王国社、2006.7
・山名義之、塚本由晴　編著、槇文彦、西田司他共著:共感・時間・建築、TOTO出版、2019.4

構造デザインを扱う書籍

建築の変遷・解体を扱う動画
・「第1回〈解-築〉レクチャー『建築学における「循環」とは何か』」(佃先生出演)→レポートあり
・「ブラウンフィールドへ介入するデザイン」(本江先生解説)→レポートあり

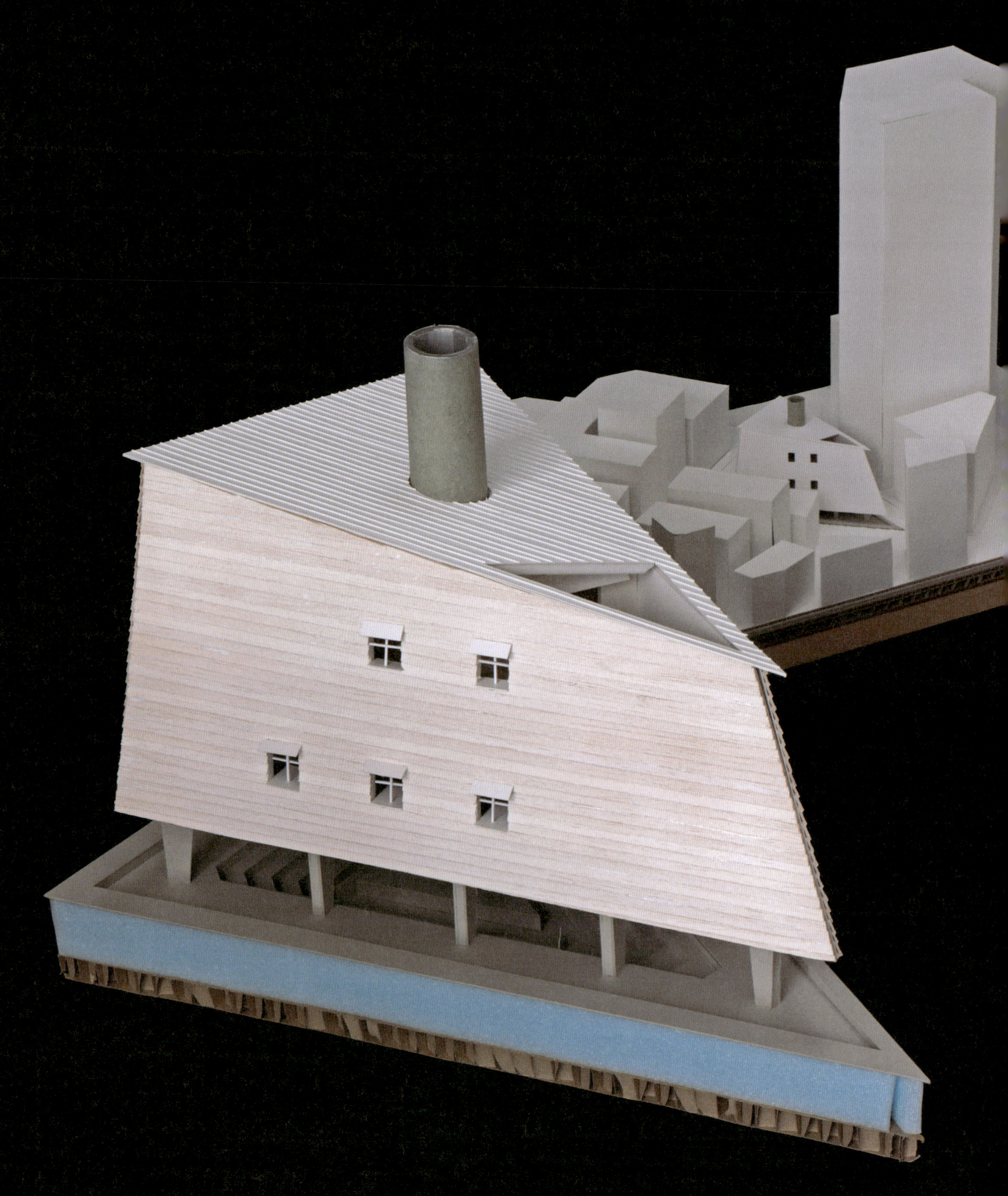

富ヶ谷 煙突の家

ID.0212
松本 詩音
Shion Matsumoto
武蔵野美術大学
造形学部 建築学科
3年生

作品用途: 住宅
課題名: 都市の環境単位
取組期間: 1.5カ月

コンセプト

近隣商業地域に位置する敷地にプライベート、コモン、パブリックの三要素の人に対する重要性を再定義する。煙突を周回して三要素を空間の深度に応じて再配置し、またそれらは煙突がつなぎ構造も担う。二重壁は音のエチケットに関し働き、レベルが上がるにつれて住宅の壁圧スケールに近づく。縦動線で富ヶ谷の土地空間から離れるにつれ用途人数は絞られて行き、プライベート空間の重要度を用途に応じて再確認することができる。これらのことから富ヶ谷の敷地にパブリック、コモン、プライベートの3要素を1つの建物に設計した。

■分析

敷地や周辺環境、人流における特徴を捉え、それらを踏まえて設計する。敷地は近隣商業地域に当たるが、駅付近は落ち着いた雰囲気で、人の出入りもさほど多くない。敷地の分析アプローチを大中小3つに分けて考える。

Ⅰ.都市(渋谷区)に対する敷地

渋谷区の人口22万人に対し、富ヶ谷の人口は9500人程度。主要駅の代々木八幡も一日18000人ほどで区内で起きる小規模ドーナツ化現象が人口の動きから見て取れる。渋谷区内部におけるベッドタウンという立ち位置になるだろう。

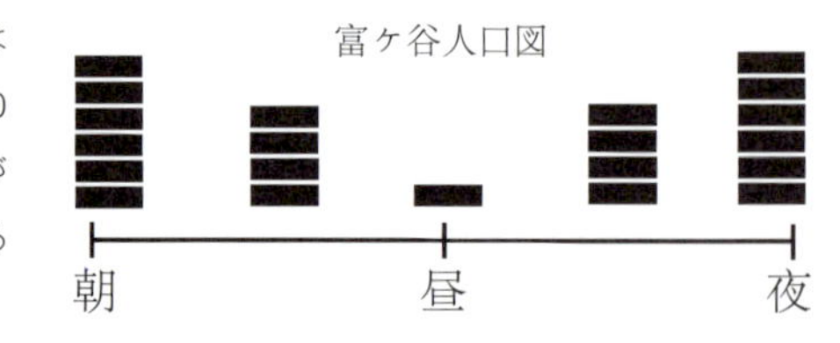

Ⅱ.富ヶ谷に対する敷地の存在

住居、商店、美容室など生活における必要な部分と娯楽に当る部分が街の主要な部分に隙間なく収められている。敷地が足りないためにスペースを縦に伸ばして使うような状態。周辺に公園や児童館のような役割のスペースはなく、学校までも大通りや線路をまたいで他の区画まで歩かなければならない。また周辺に存在する円柱のようなオブジェクトは街のランドマークとして働いている。

Ⅲ.人々(住民)に対する敷地の形

3つの道路に囲まれた敷地は周辺の大きな道路や住宅街の中心に存在する。人々はパブリックスペースがないせいか、街の周辺道路にアクセスできるこの三角敷地周辺に集まる。街の中心となる敷地では談笑したり、子どもの迎えを待つなどの動作が路上で行われている。敷地の建物をシンボルとし、その周辺で人々が集まる行為は他の街ともかわらない風景である。

■問

敷地に住宅や商店が入り組んで配置されていることが特徴的であったが、それらはプライベート、コモン、パブリックという3要素が入り組んでいる。そこで3要素について疑問が生じる。

1. プライベート、コモン、パブリックの3つの要素の密集度合いは果たして良いものなのか
2. 3要素の重要度における整列順序への疑問
3. 地域の人々のつながり、コミュニティを形成する集合場所のような土地は必要なのではないか

これらの3点を踏まえた富ヶ谷の現状の再定義と新たな場所づくりを目指して設計を行う。

■提案

富ヶ谷の街の集合場所のようなランドマーク的要素を守りつつ、その根元に新しく人々の集まる場所を設計し、この三角地の現在の機能から拡張を図る。また、既存の建物はアトリエとテナントとしての用途があるコモンセンスとして利用されている。周辺地域のように3要素が入り組んだ配置である。配置は正しいものかどうかを検討し、現在の富ヶ谷を否定せずに再定義する。

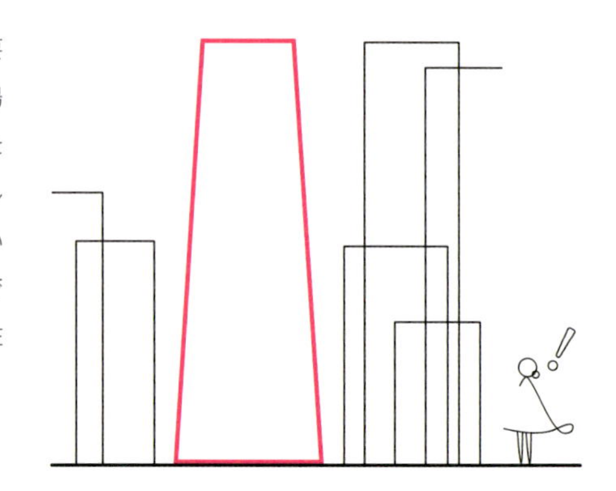

■操作

パブリック、コモン、プライベートに関し、それぞれの重要度に応じて空間の深度と比例させるように配置する。プライベートを一番深い場所に設定するため一つのボリュームとして仮置きする。その後ボリュームは富ヶ谷の街から切り離し、下に空間を設けコモンを設定。最後に富ヶ谷と接地する部分にパブリックスペースを設定することで、一つの建物の空間内で重要度に分けたグラデーションを作ることが可能になる。

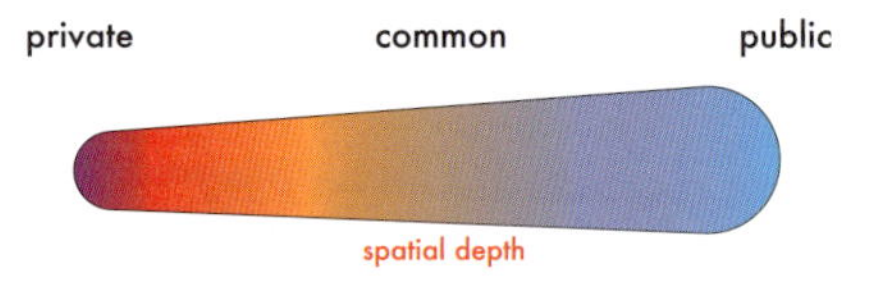

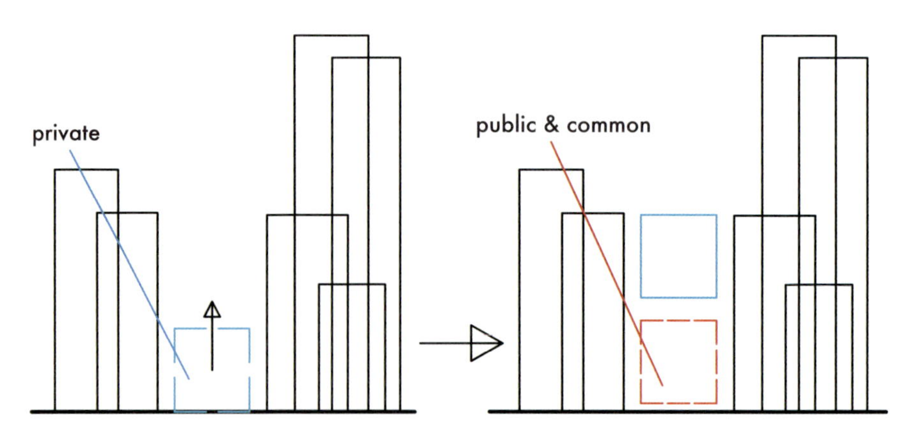

■設定

パブリック、コモン、プライベートを一つの建物に納めるうえで用途を設定する。富ヶ谷の周辺地域におけるオブジェクトとして住宅、美容室、銭湯、喫茶店などが挙げられる。そして敷地の既存建物の用途としてアトリエがある。プライベートに近いコモンスペースが多いことからプライベートとパブリックをつなぐようなものを作れたらよい。

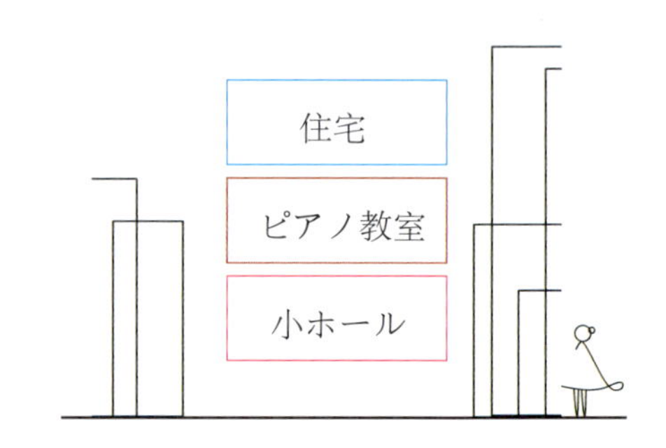

■煙突

音をランドマークとする設計では、音を発するものとして「ピアノ」を設置する。ピアノの音を中心として人々の集まる空間やコミュニティを作る場所とするために音を引き立たせるように設計する。

ピアノは高温多湿が苦手なため換気状態を良くしなければならない。またホールに光を与えるために建物を貫通する煙突を設計する。周辺の円柱オブジェクトに似た形はランドマーク化を強調させ、ライティングと煙突効果によりホールの環境を良い状態にする。またコンクリート煙突をコアとした構造とし、3フロア全体に音を淡く響かせ、空間のつながりを忘れないような効果をもたせる。

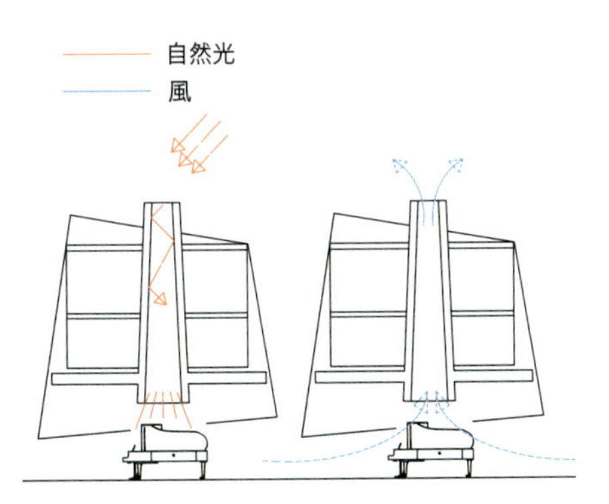

■造形

「02.操作」で行われた富ヶ谷の地形から切り離す行為から敷地に空間を作ることができた。そこで生じる高さによって道路面の視界の制限を検討する。またボリュームを支える柱についても空白を表現できるよう検討を加える。

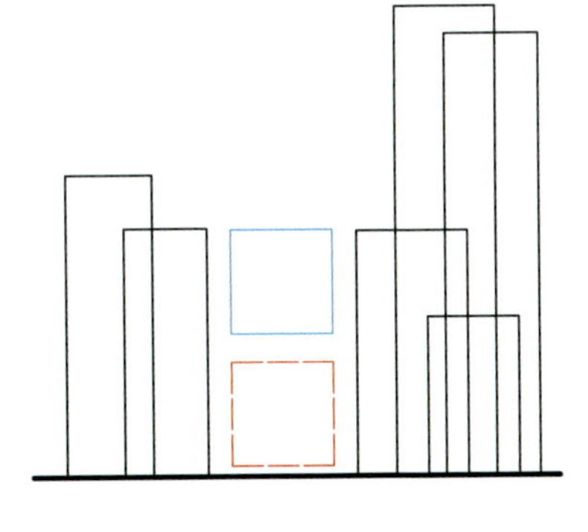

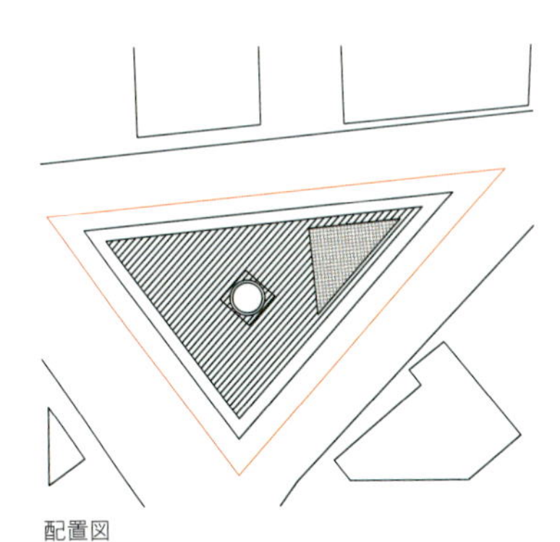

配置図

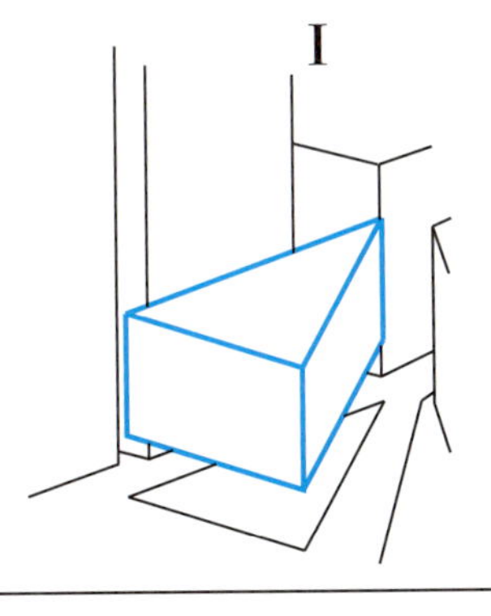

地形から切り離しつつ道路面からの視界の制限を軽減するためにボリュームを削る

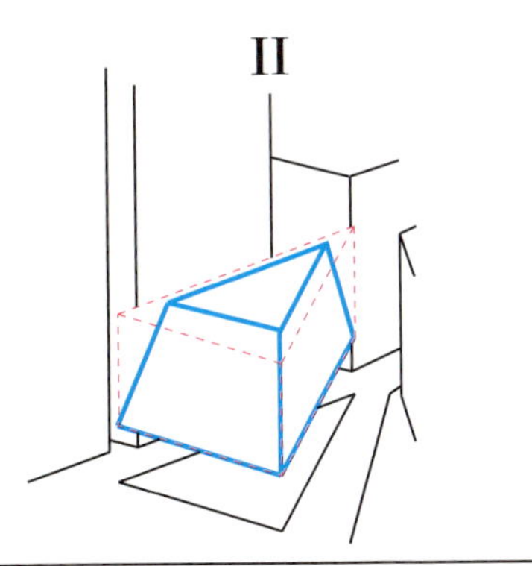

上に向かって削ることで建物の存在感をアイレベルからのパースを長くもたせ表現する。高い建物で囲まれた敷地にできるだけ空を与える。

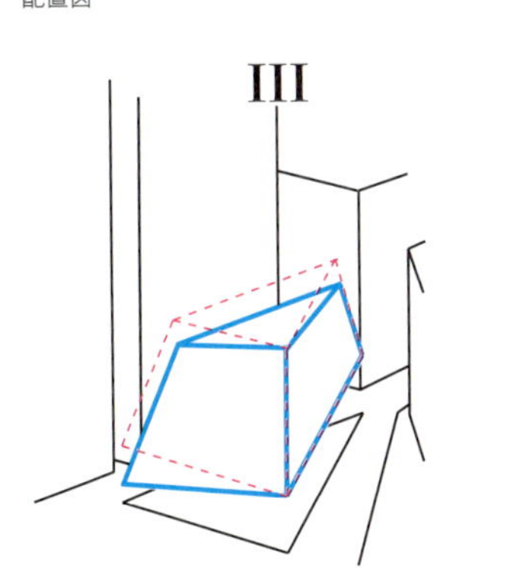

東面にそびえ立つビルに向け少し斜度をつける。ホールの音をできるだけビルに反射させない目的と形におけるビルの圧迫感の遮断を図る。

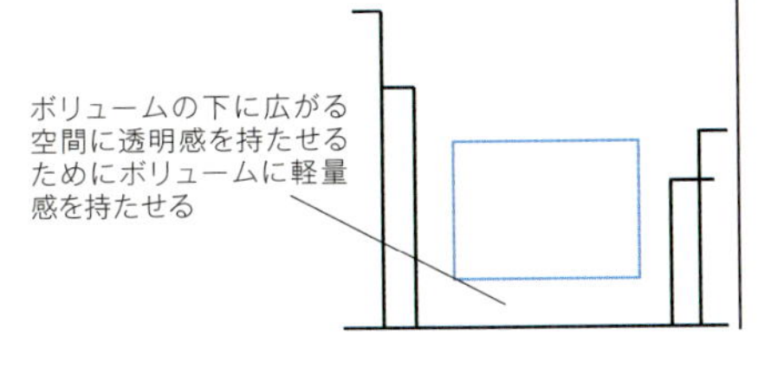

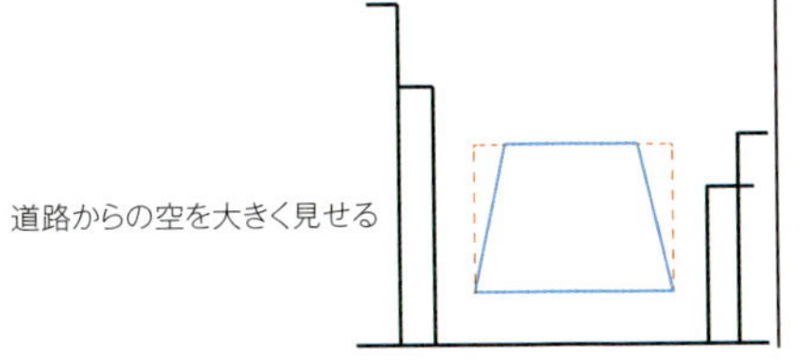

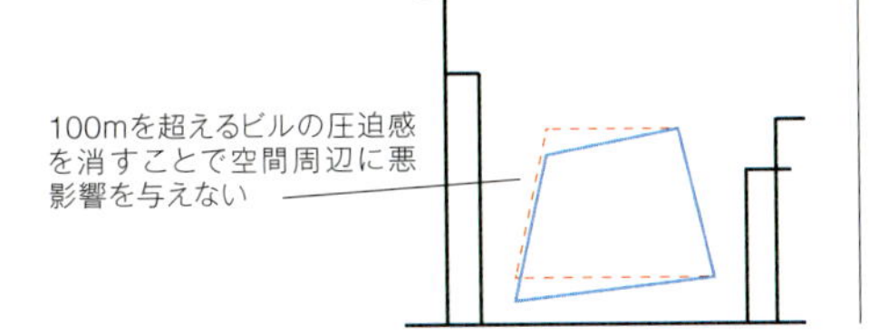

■平面

煙突は三角形の敷地を円という求心性で一つにまとめる。煙突を中心にパブリック、コモン、プライベートをそれぞれ一つの形に沿って納める。煙突に沿ってプランが設定され、煙突を周回するような構造とすることで空間の深度に応じた各要素の配置を、距離を使い表現する。また周回の中心には目に見えない音があり、それが人々をつないでゆく。

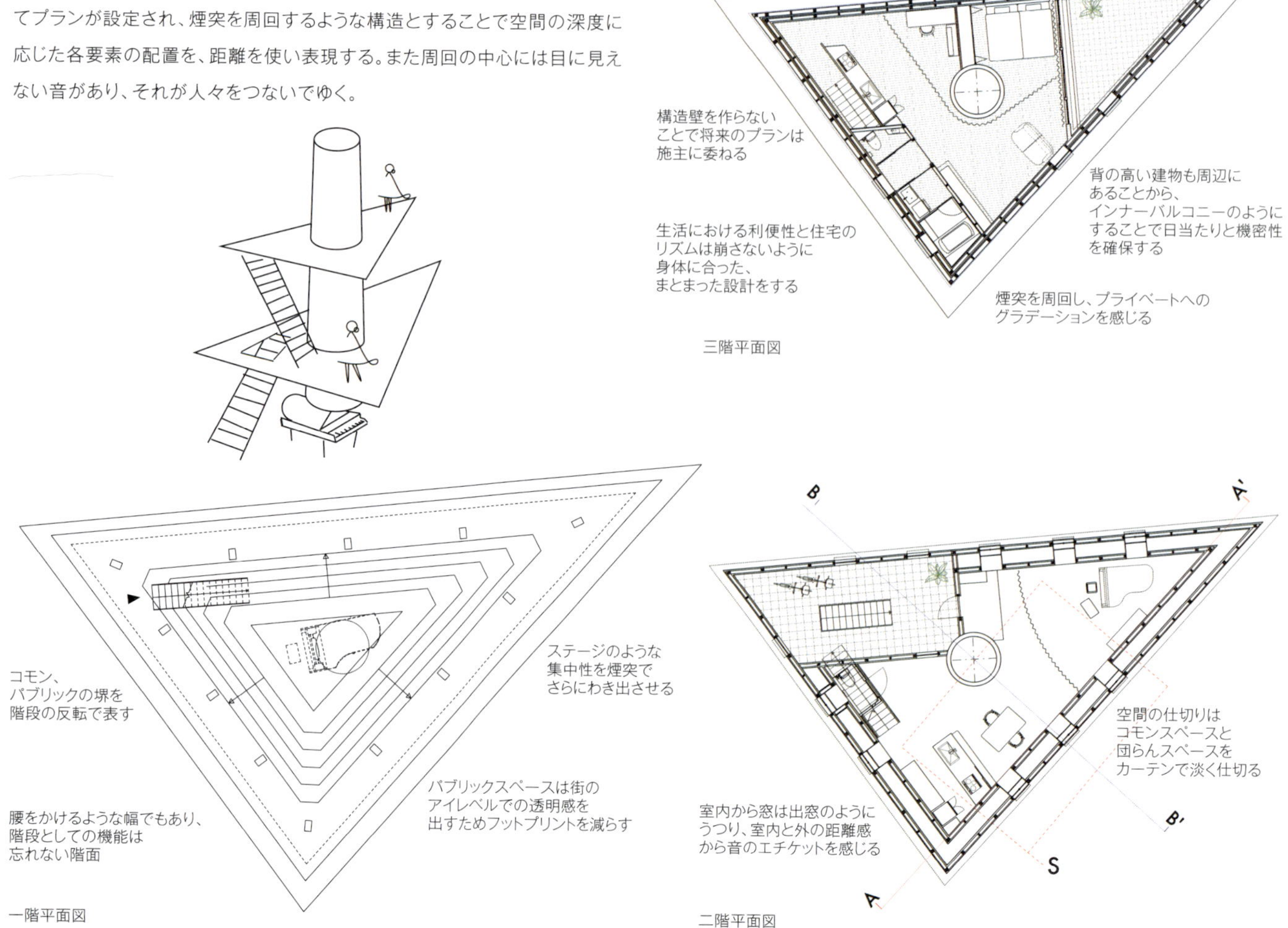

■設計

建物自体の基本用途は住宅に設定され、その下にコモン、パブリックが続く。人肌に近い設計を目指し木造の設計を考える。また小ホールでは広い空間を必要とするだろう。この両方を兼ね備え、かつ煙突の機能も含めて設計を行う。

操作で行われた斜めの壁のままでは生活や用途によって利便性が低くなってしまう。そこで内部では垂直の壁とし、二重壁とする。構造との兼ね合いや防音の機能が必要になる。木造では壁面に鉛を入れた二重壁を使うことで高度な遮音性を実現でき、構造の観点からは一階あるいは地下階に設置するのが普遍的だが、今回の設計ではそれがネックとなる。そこでコモンスペースとして備える2階部分から木造とし、高基礎として設計することで解決する。1階小ホールはRCで広い透明感のある空間を作り、その上を木造にする。住宅階と教室階では将来的な使用用途変更を見据えて構造壁を少なく、広い空間にする。煙突と高基礎をユニットとし、煙突をコアに木造の構造をもたせる。

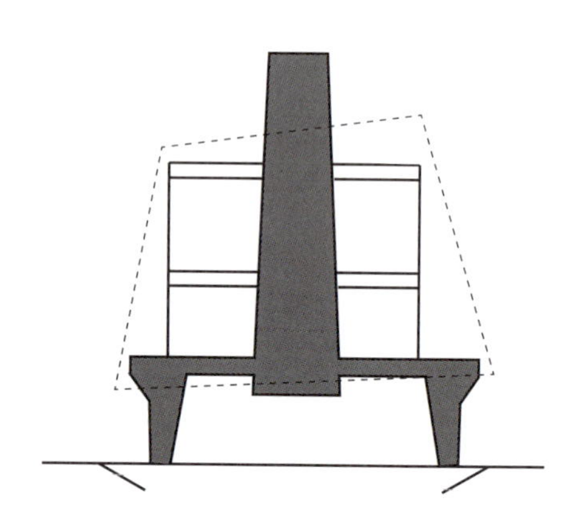

■防音

建物の壁面は斜面になっているが内部はその操作に関与せず垂直になっている。上部に向かってすぼんでいる壁面は二重壁になり、2階部分が厚くなる。壁面が住宅のスケールに近づくことで、一つの操作で機能をカバーする。

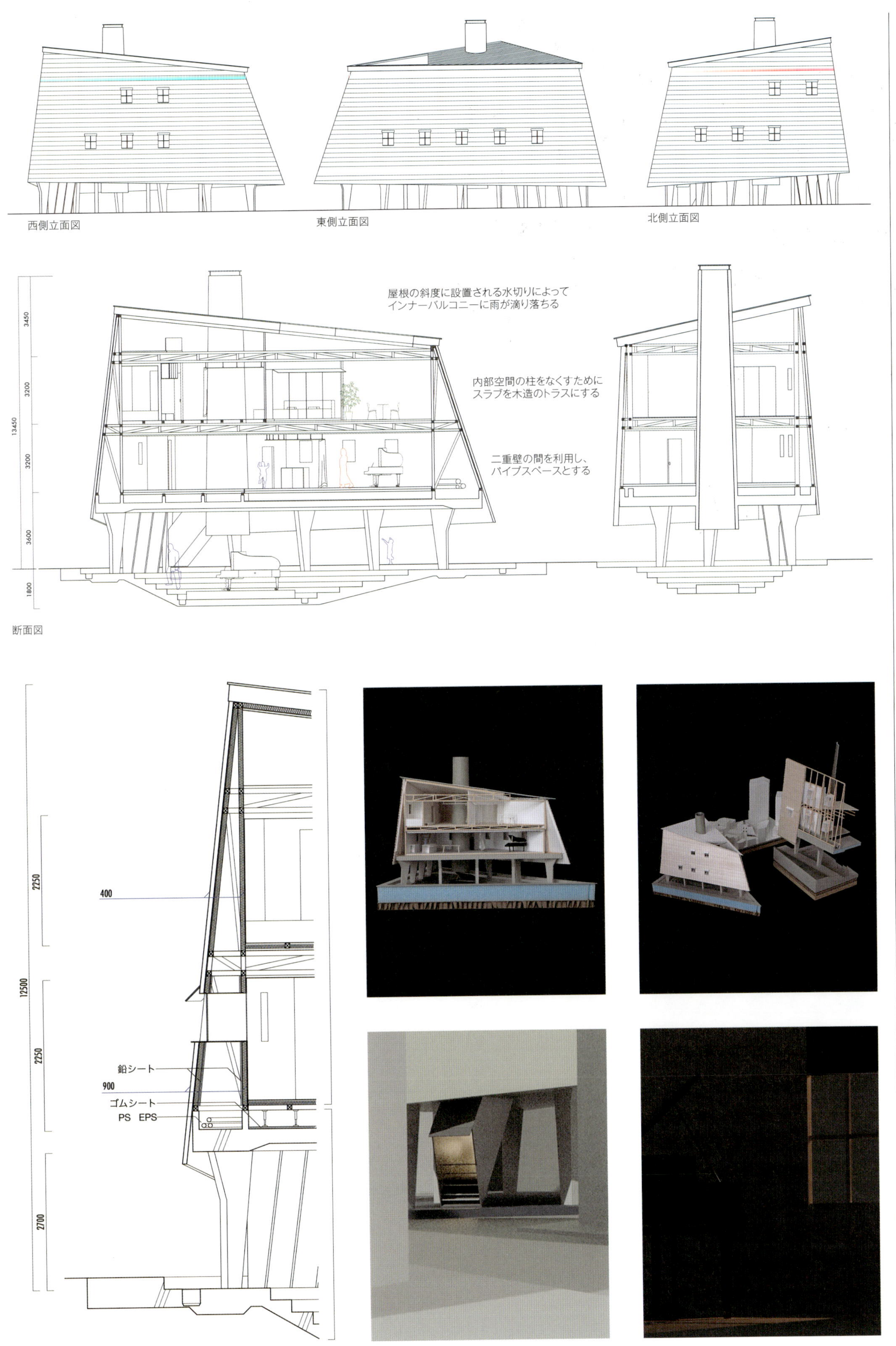

西側立面図
東側立面図
北側立面図
屋根の斜度に設置される水切りによって
インナーバルコニーに雨が滴り落ちる
内部空間の柱をなくすために
スラブを木造のトラスにする
二重壁の間を利用し、
パイプスペースとする
3450
3200
13450
3200
3600
1800
断面図
2250
400
12500
2250
鉛シート
900
ゴムシート
PS EPS
2700

いきるいえ

居心地を創造し経過が住み方を生み出していく

ID.0498

小林 舞

Mai Kobayashi

文化学園大学
造形学部
建築インテリア学科
2年生

作品用途: 住宅

課題名: 住まいの設計

取組期間: 4カ月

コンセプト

家と共に呼吸をして育っていく。家は人を際立て、人は家に家以上の意味を与える。家を築くのは設計者ではなくここに住む人が家に意味を与えて自らが居心地というものを創造できる家を設計した。

■意図せぬ増築と終わらない家

人はどんな時に居心地が良いと感じるだろうか。快適すぎる生活を提供することが、居心地が良いと感じる生活につながることではない。あくまでも居心地は、住む人がそこで過ごしたかけがえのない思い出によって徐々に生み出されていく。それをここでは「意図せぬ増築」とし、「終わらない家」を住む人と共に目指していきたい。だからこの家に具体的な意味は与えない。あらゆる解釈が可能な無意味な家をここに置く。

<意図せぬ増築>

無意味ほど意味のあるものはない。

無意味=あらゆる解釈が可能だからである。

設計者ではなく住む人がこの家に意味を直接つけ、経過とともに家を作り上げていく。設計者の意図していない、この家のあり方を確立していって欲しい。

<終わらない家>

もしこの家がこの敷地から消えても、人々の記憶に鮮明に残るような家であって欲しい。記憶という形のないもので、この家を継承することはできないか。形が残っていなくても、この家が人の記憶に強く存在するという限りない家になることを願う。

■身体とランドスケープの一体化

この家は一部地面に埋まっていて、モルタルで仕上げられている。その仕上げはそのまま内部空間にまで浸出しており目地がないため内部にいても外にいるかのような感覚になる。また、階段は全て外付けになっており、雨風に身体が直接晒される。家の本質が自然から身を守ることだとしたら雨風から身を守ることのできないこの階段は家の一部ではなくなってしまうのだろうか。家とは何か、家はどこまでが家なのだろうか。そんなことを考えながら居住者はこの家と共に生きる。

■敷地図

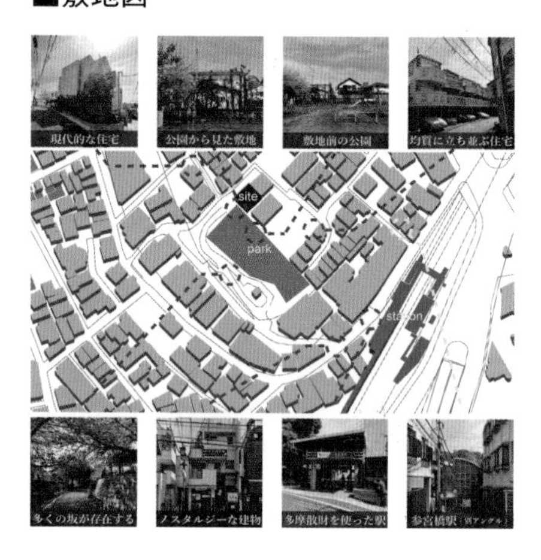

■周辺環境・周辺との関係

この建築を1100mm下がった公園側から眺めた時、奥まで透き通って見えるようになっている。また、GLレベルを下げているため、公園からの目と合わせることもずらすことも可能である。この家は家以上に家であって欲しいと考えている。いったいどんな生活が行われているのだろうかと、住む人だけではなく周辺の人々の想像力を掻き立てられるような存在であって欲しい。そのため、外装は家と家の隙間、1m下がった公園からのビュー、坂の下からの見え方を考え360°どこから見ても美しく見えるような外観にし、波板など、素材感でアノニマスな雰囲気を演出し、配管や室外機などの設備的な存在もデザインの1部として取り入れられるように意匠を考えた。

■建築概要

都内に建つ、デザイナー夫婦のための仕事場兼住宅。高さ11.5mの室内空間に異なるレベルのスラブが存在し、それぞれが生活に意味を成す。都内に建つ住宅とは言えど高層ビルが立ち並ぶ都心から少し離れたところにこの建築は身を置くこととなる。周辺の住宅はそれぞれ個性をもつ情報が密に並んでいる。この敷地の情報に新たな情報を付け加えねばならない場合、なるべく透明度があって、且つ、人々に影響を与えられる象徴的な家は置けないだろうか、という考えのもとこのような家をこの敷地に表した。

■設計プロセス

家に動きを不動産である建築にどう動きをつけるか、形が止まっていてもどこか動いているようにみえるリズムを、スラブの積層や階段の配置により、人間の動きを取り入れ「止まっているのに生きているかのような家」を目指した。スラブを積層させる。外部にははみ出し、内部には進出したスラブは、各フロアに存在していて、全て滑らかな曲線形で空間を突き破るように自由に配置され、250mmのレベル差が部屋の境目をぼかすようにして、場所を定義づけることなく生活の自由度を上げている。

①

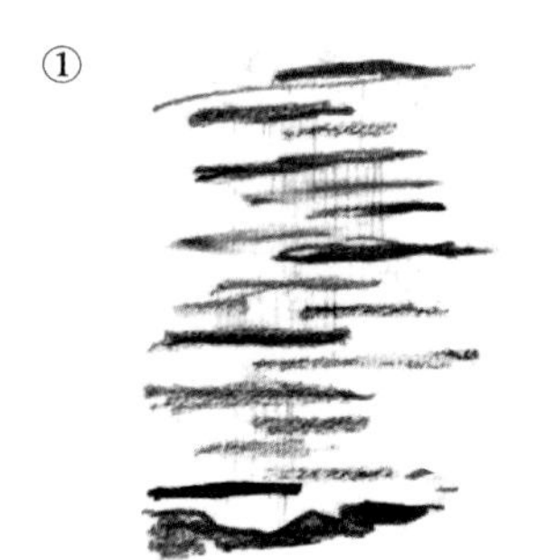

表層化された地面が空間の断片を構成する

②

積層されたスラブを支えるように柱を設置する

③

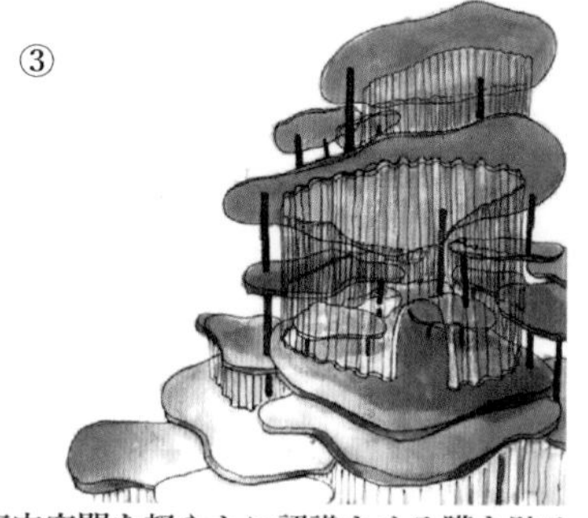

室内空間を軽やかに認識させる膜を貼る

④

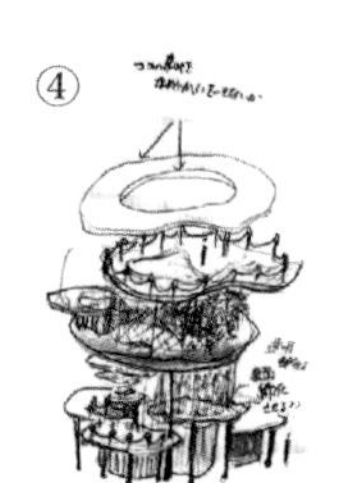

柵や階段を設置し家としてのリアリティをあげる

⑤

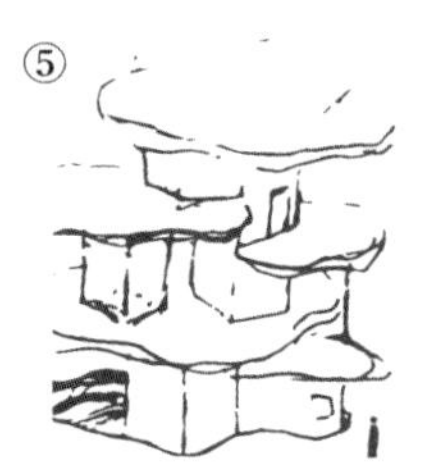

広がったスラブとは対比的にシェルターとなる空間を配置する

⑥

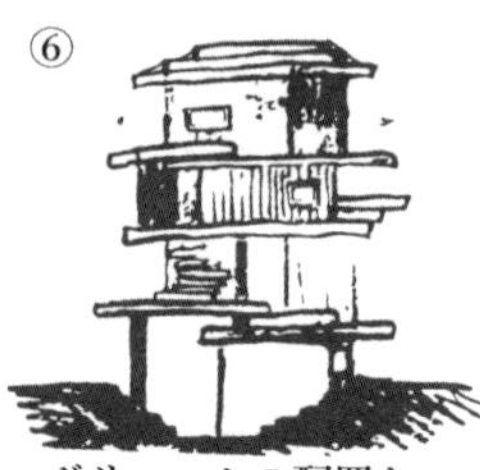

ボリュームの配置とテクスチャを考える。

⑦

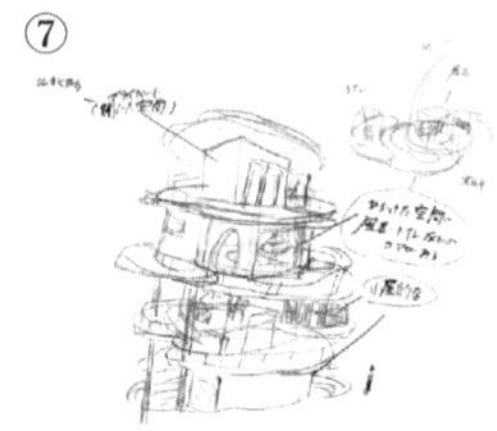

必要最低限の用途とプランを立体的に考える。

■直線と曲線

積層されたスラブは断面では水平にまっすぐ伸びて見えるが平面で見ると曲線が現れる。こうすることによって、この家が周辺に与える印象と実際に住む人が感じる影響にギャップが生まれ、居住者にしか分からない建築のスケール感が味わえるようになっている。

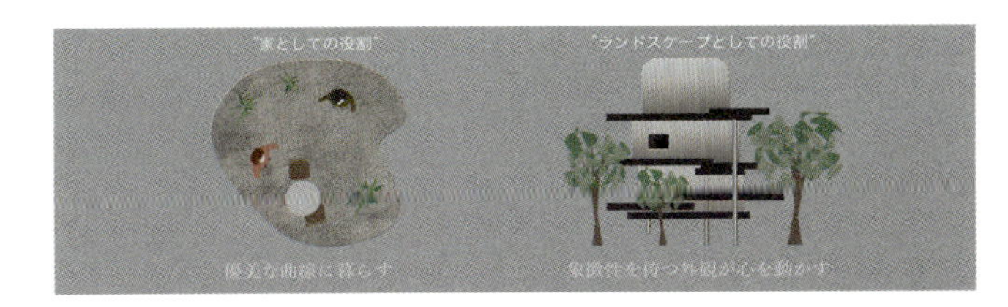

■コンテクスト

この積層された曲線スラブは、クロード·モネの「睡蓮」をレファレンスとして睡蓮の葉を平面で見た時にこの一つひとつの縦に重なって見える葉が生活空間になり得るのではないかと考え断面的に形状を考えた結果このような形が生まれた。

「睡蓮」を絵画として平面的に観る。
すると本来水に浮かんでいる1枚1枚の葉が縦に立体的に積層されているように見える

その重なった睡蓮の葉を一つのスラブにみたてて考えた時、重なりによる微妙なレベルの差で空間を閉鎖的ではなく広々と構成できるのではないか

葉を宙に浮かせ断面的に形を構成し、身体スケールを意識し敷地に当てはめる

この微妙なレベルの差が人の目線をずらし、壁がなくても「個」の空間を曖昧に形成し可変性のある自由な空間を作り出す

壁を建てるにしても自由に積層されたスラブはそのまま残して組み立てていくことで、必然とボリュームもずれながら建物を大きく形作られている

■スタディ

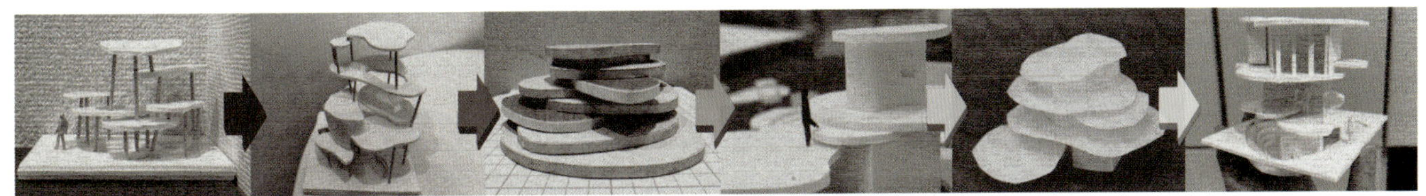

空間を曖昧に定義しつつ、座ったり登ったりするなどの機能を果たすことがスラブを重ねていけばできる

水平のラインを意識しながら徐々に家らしくすることを考えていく

壁や柱などなしにスラブの中に空間をつくることはできないのか

建築を身体スケールで当てはめ考えた結果壁や柱という要素が必要なのが分かった

コアを内側に配置し大きく伸びたスラブを極端に重ね、葉が重なっているように見せたい

プランとも当てはめ内部空間にもスラブを侵入させ、それぞれが空間を滑らかに定義していく

■構成のダイアグラム

建築を構成する一つひとつのエレメントを単体でデザインしていく。そのエレメントをコラージュのように貼り合わせて一つの建築とするとスケール感が僅かずつ歪んで見えいく。家はシュールな存在を放つ。

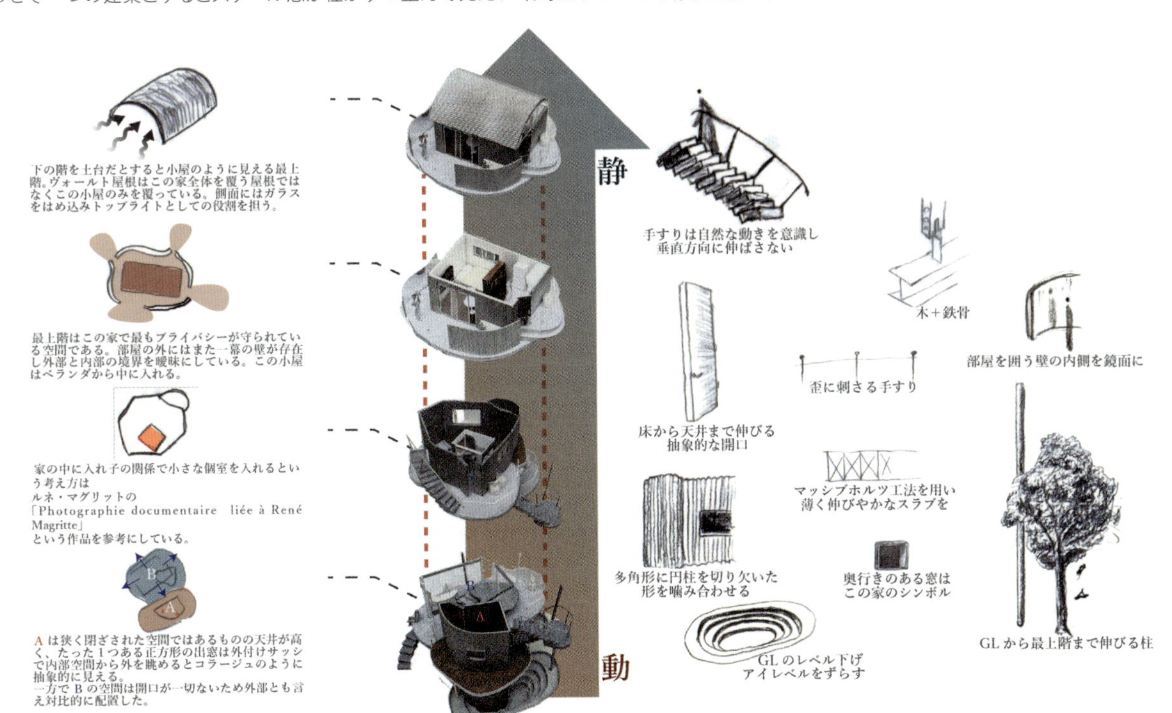

■B1

GLのレベルを1段250mmずつ下げ、道路側の通行人とは目線がずらせる。この250mmの段差は外と連続して内部空間にも進出している。モルタル仕上げの外壁は住宅の基礎がそのまま剥き出しになっているようにみせている。

■1F

この家の入り口は開口のない外とつながったガラス空間。ここは内部とも外部とも捉えることができる。ここに1枚ステンレスの曲線の板をスラブから700mm浮かせて設置し、これがテーブルにもなり得たり、上の階が吹き抜けなのでハシゴをかければ上へ上がれる。

■2F

2階は、多角形の壁の中に四角いコアが一つ存在し、入れ子の関係になっている。コア部分は浴室となっているのだが、この入れ子の関係を取り入れることで、室内を複雑化し人の目線をずらすように誘導している。

■3F

最上階はこの家の中で、最も プライバシーが保たれる場所である。最小限ではあるが、キッチンが設置してあり、この1室だけでほとんどの生活行為ができるようになっている。

■立面図

■断面計画

■平面図

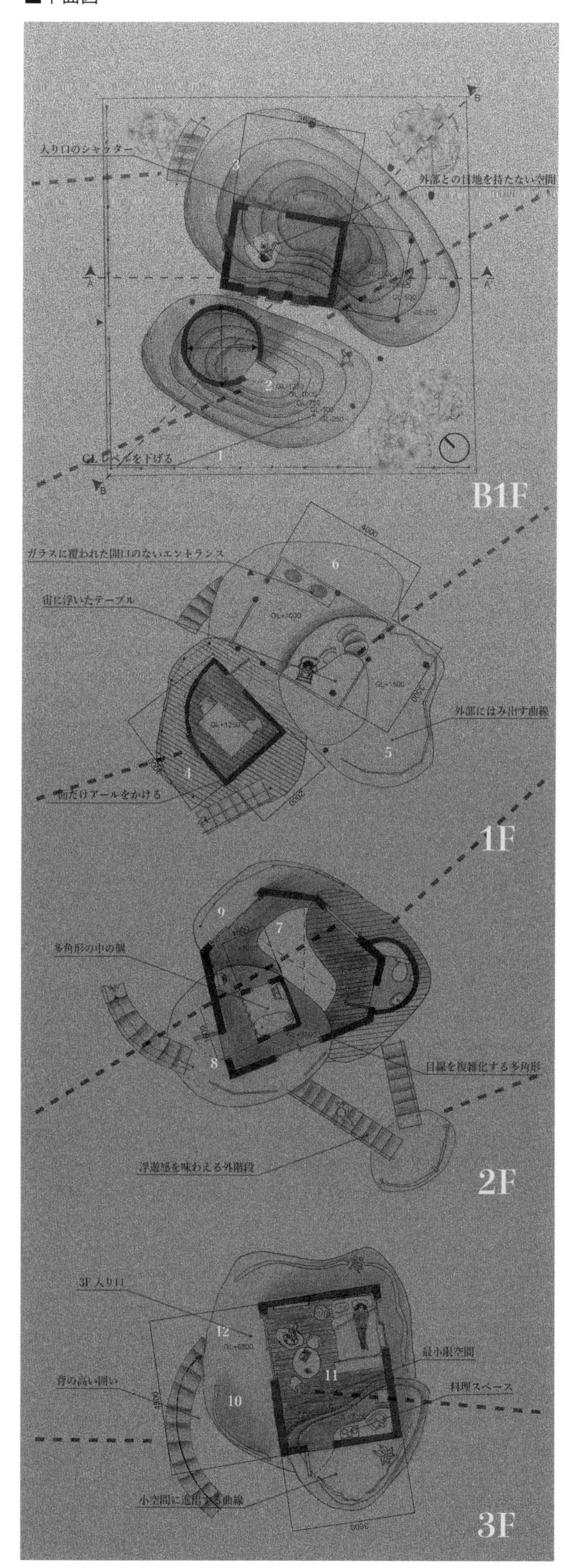

1Fへとつながる階段

目線を遮るための庇

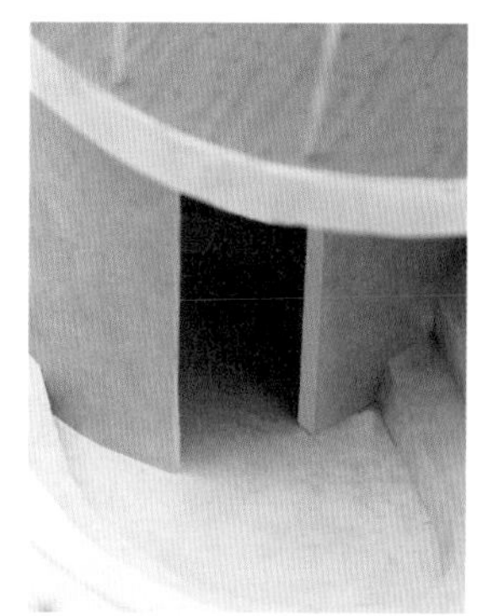
外部の情報が内側へ続く

宙に浮かんで見える椅子と机

眺めを抽象に変える窓

影を美しくデザインする

室内に存在するコア

2Fへとつながる2外付け階段

3Fにつながる外付け階段

ペントハウス内部の様子

8選

real.

ID.0316
恵良 明梨
Akari Era
法政大学
デザイン工学部 建築学科
3年生

作品用途: 図書館
課題名: Ueno Hyper-Public Library
取組期間: 3カ月

コンセプト

都市のあらゆる現実は記号に満ちている。現実に翻弄される私たちは、個人の内的世界に対して他人行儀になってゆく。
私の図書館設計は、本と建築を通しての公共空間で、個人の内的世界が持つリアリティを見つめる感性を育むためにある。

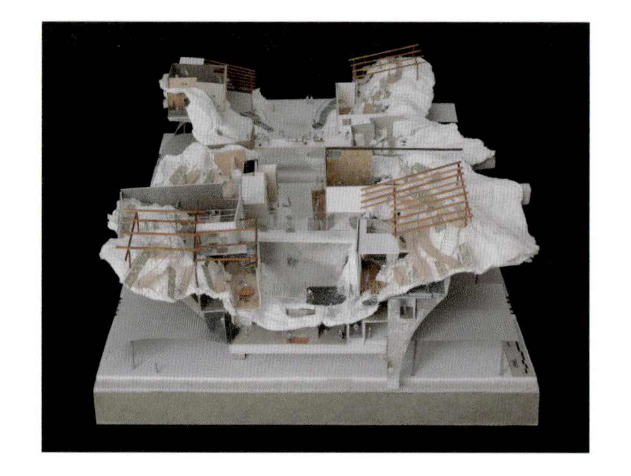

■Site & Goal

年中人で溢れかえる上野で、江戸から続く土地への敬意が込められた建築群は観光スポットへと意味が移り変わった。建築は積層され、記号ばかりを追いかけて、高低差のあった敷地は姿を消してしまう。土地の記号化が進み、過剰な目的地と化した上野には、目的地になりきらない場に可能性があるのではないか。上野駅のパンダ橋に図書館を計画する。目的が先行せず、感性との対話を育む図書館を目指す。

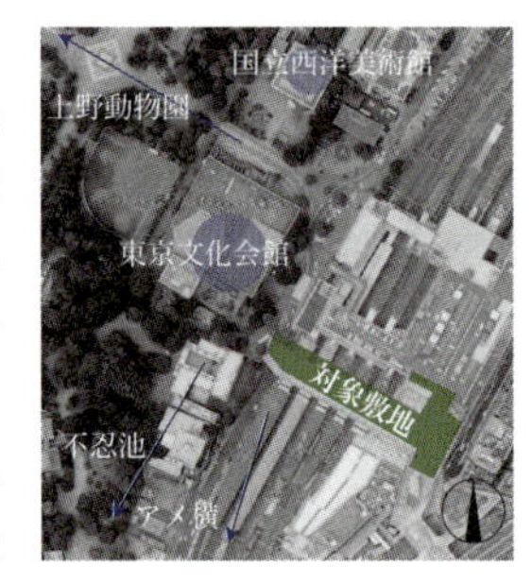

■Structural Planning

上野の高低差のある大地は、江戸から続く土地への想いに溢れている。記号化された大地を、積層され現実を忘れさせる橋にRCシェルの抽象的な大地として掘り起こす。公共図書館のプログラムと呼応し、建築は知の集積として本との出会いを育む大地であり、本との対話を生む洞窟となる。

本との出会いを生む大地

本との対話を生む洞窟

■Isometric 全体構成

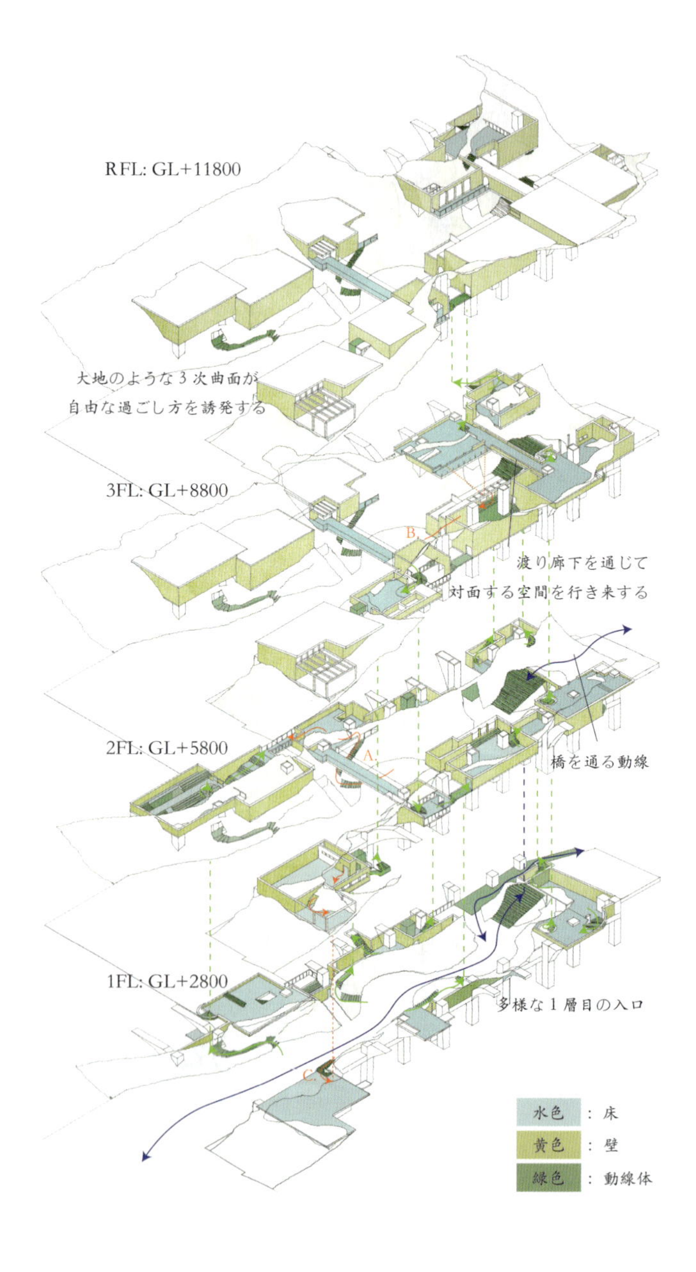

＜構成手順＞

RCシェルの大地をかける

→

RCの構造が建つ

→

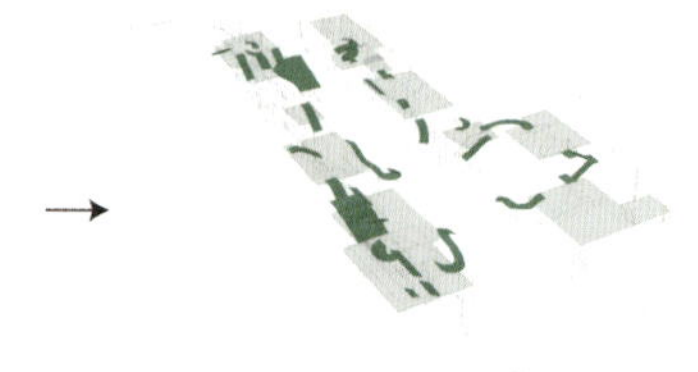
スラブをつなぐコア

→

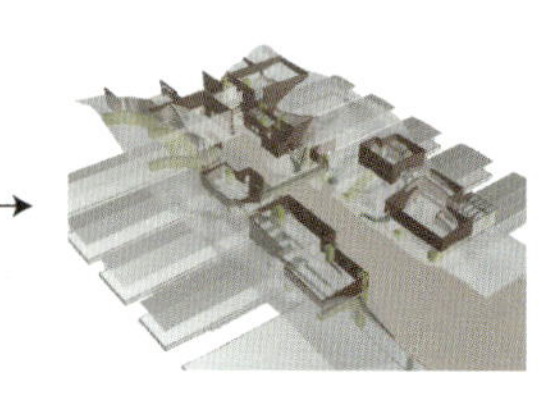
ボリュームが建つ

■Design 3階平面図

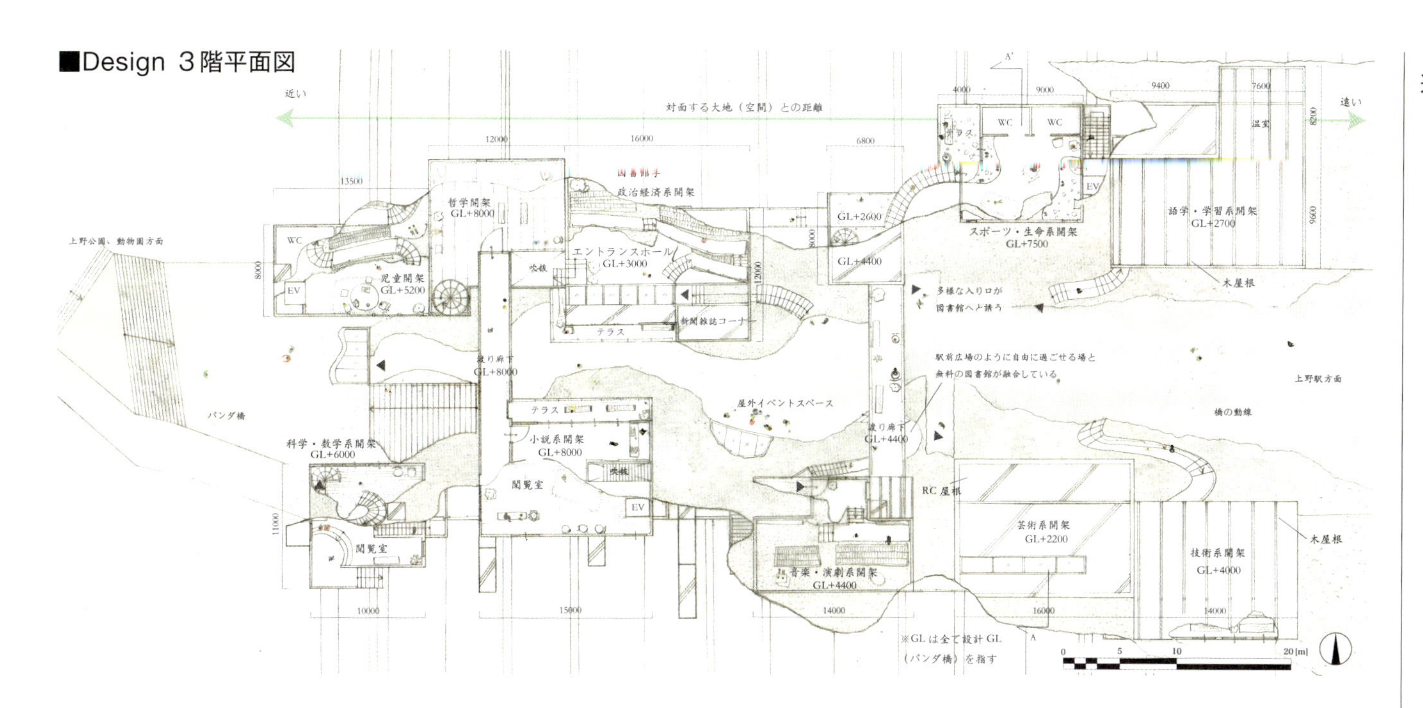

山のように広がる開架書庫

向こうは明るいな、階段がある。どこにつながっているんだろう

上にも下にも空間がありそうだ

本の香りと日光浴でリフレッシュ

みんなで議論

ゴトンゴトン、シュー…、いろんな音が聞こえる大地に包まれた暗い空間

■Section 断面図

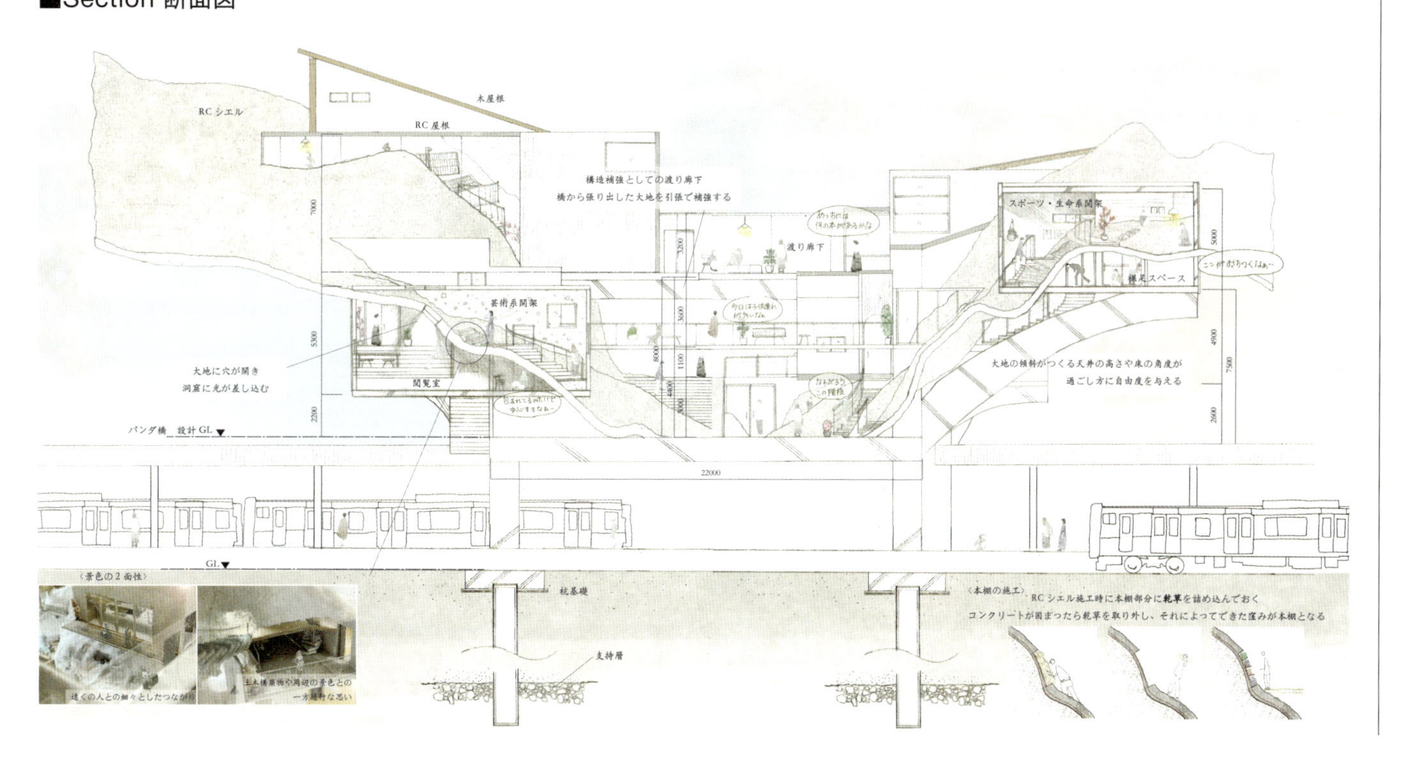

時速4.0kmのセンロ

ID.0656
喜多 爽大
Sota Kita

京都府立大学
生命環境学部
環境デザイン学科
3年生

作品用途: 都市・地域計画
課題名: 風景と建築 駅舎と美術館 複合施設の設計
取組期間: 1カ月

コンセプト

普段電車で通っている道を歩いてみると、素敵なお店や綺麗な植物などに気づくことがある。移動は早ければ良いというものではなく、速度を落とすことで「速さによって見逃していたもの」に気づくことができる。魅力あるこの駅間に速度を落とした「センロ」を設計する。

■01_見逃される貴船駅と鞍馬駅の間

京都府京都市左京区鞍馬本町南部に位置する貴船口駅から鞍馬駅にかけての1.4kmの駅間。山を挟んだ反対側には、観光名所である貴船神社があり、確かな魅力があるにもかかわらずその陰に隠れている。このエリアを歩き、リサーチを行った結果、川の景色や音、山の景色、杉の森、もみじ、鳥の鳴き声などの、さまざまな魅力があることがわかった。しかしこの駅間は約2分という短時間に高速で通り過ぎられ、見逃されてしまう。このエリアの魅力を人々に伝えることはできないだろうか。

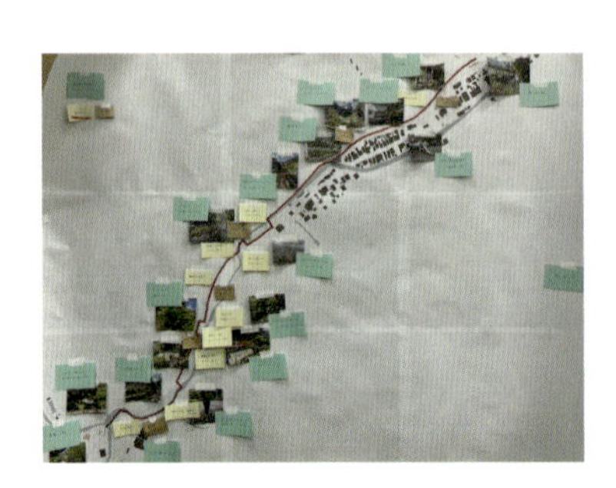

■02_速度を落とした線路

貴船口-鞍馬駅間をつなぐ時速52kmの電車の線路に沿って、歩行用の遊歩道として、時速4.0kmのセンロを設ける。速度を落とし、歩くことにより、この地域の「速さによって見逃していたもの」に気づくことができる。また、このセンロに対して、「速さによって見逃していたもの」と人とをつなぐ結節点となるエキをセンロ上に設ける。エキは周囲の環境に呼応し、かたちを変え、この地域の魅力を人々に認識させる。

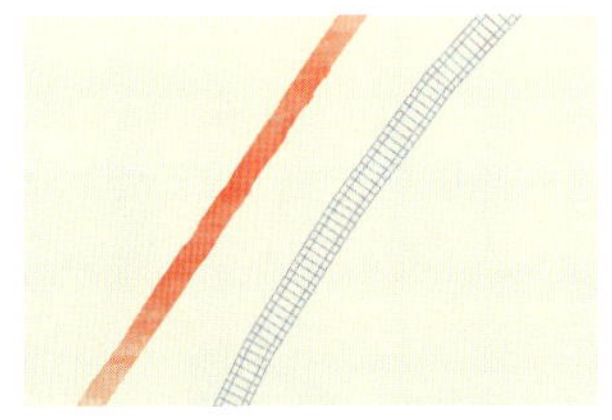

時速52kmの線路（電車）に対して、時速4.0kmのセンロ（歩行）を引く

▶

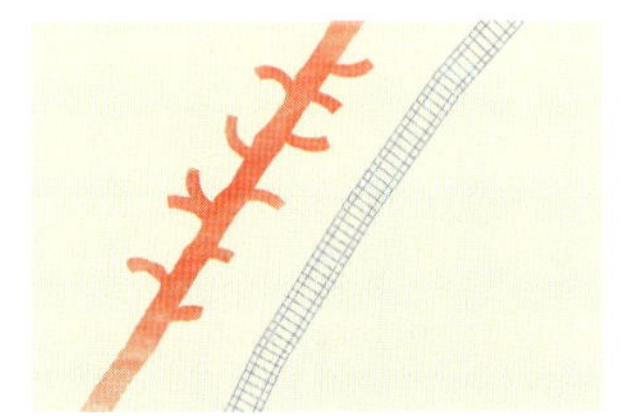

センロは、周囲の環境に呼応し、自らかたちを変え、人とその環境とをつなぐ、エキとなる

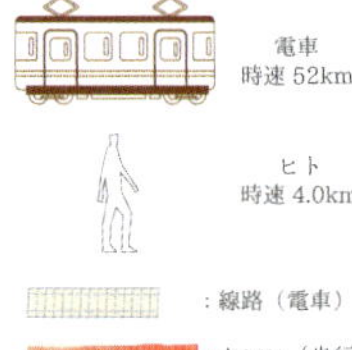

■03_この土地の６つの要素

リサーチによって、この土地の「速さによって見逃していたもの」が得られた。また、これらは「自然の音」「土木的工夫」「個としての自然」「自然の力による変形」「土地のライン」「歴史」の6つの要素に分類した。そして、その6つの要素を人々に認識させるために、各要素に対して意識が向くきっかけとなるエキをセンロ沿いに設計する。

自然の音

このエリア一帯を歩いていると、川の音や、虫の音、鳥の鳴き声や、風に吹かれる木々の音など、さまざまな音であふれていることが分かった

土木的工夫

線路の下の石垣に、一部切り込みがある箇所があった。その先は、山の谷となっており、山から流れてくる水や土砂を堰き止めるのを防ぐためのもののようである

個としての自然

杉林の中を電車が通っており、電車はその中を高速で通過する。連続的に見える杉の景色であるが、ひとつとして同じ木はなく、それぞれ大きさや、表情は異なっている

自然による変形

台風により倒木の被害に遭い、皆伐されハゲ山となった。現在は植林が行われ薄毛山となっている。この土地は、自然の力によって形作られ、更新されていることが分かる

土地のライン

山地であり、尾根と谷が入り混じるためできる起伏や、そのできた溝に流れる川などが生み出す、この土地のラインは、この土地の根源的な特徴を表している

歴史

由岐神社御旅所。由岐神社の祭礼において神が巡行の途中で休憩又は宿泊する場所である。現在、由岐神社御旅所は老朽化が進んでおり、これらの歴史も薄れていっている

■04_6つのエキ

この土地の6つの要素それぞれに意識が向くきっかけをつくるためのエキを設計する。

センロは周囲の環境に呼応し、かたちを変え、エキとなる。

自然の音

「視界をさえぎる」

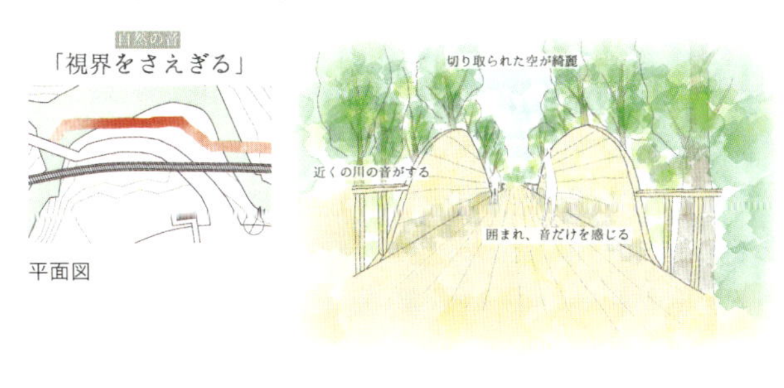

平面図

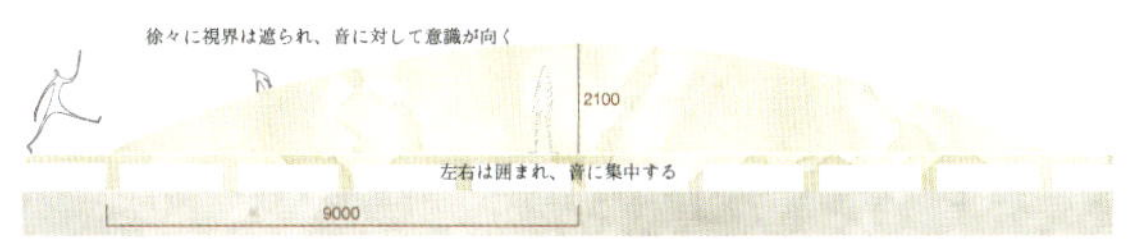

長手断面図

この土地の自然豊かな音は、聴き取られることなく、電車は高速で移動する。このエキは、周りの景色を遮断する。視覚情報が減ったことにより聴覚は研ぎ澄まされ、自然の音に集中する

自然による変形

「木を囲い、見守る」

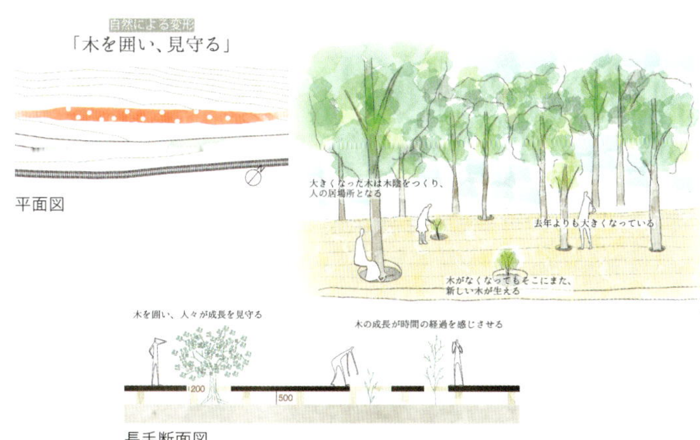

平面図

長手断面図

台風により木々は倒れハゲ山となり、今は植林を行わない薄毛山となっているこの敷地。その小さな木々を避けるように、囲むようにセンロはかたちを変え、エキとなる。長い年月をかけて木の成長を見守る。大きくなった木は木陰をつくり、そこには人の居場所ができる。さらに年月が経ち、木はなくなっても、穴だけは残り、木の存在をそこに留める

土木的工夫

「切り込みに潜る」

平面図

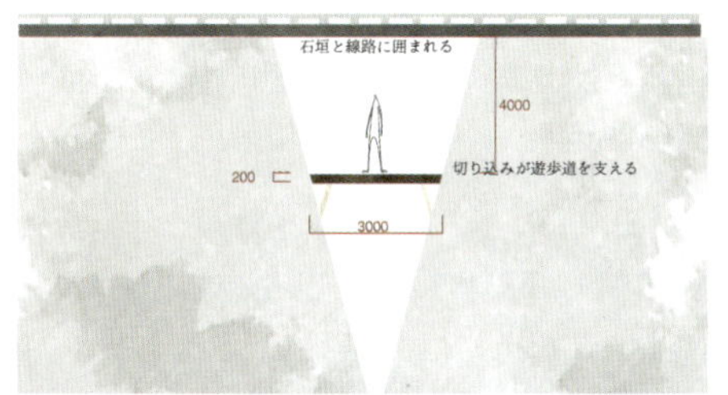

短手断面図

水や土砂を堰き止めないように、石垣に入れられた切り込み。この切り込みにセンロが潜り、あなたもそこを通る。この切り込みの存在を認識することは、この土地の土木的工夫を認識することであり、それはこの土地を認識するということである

個としての自然

「木々に枝分かれする」

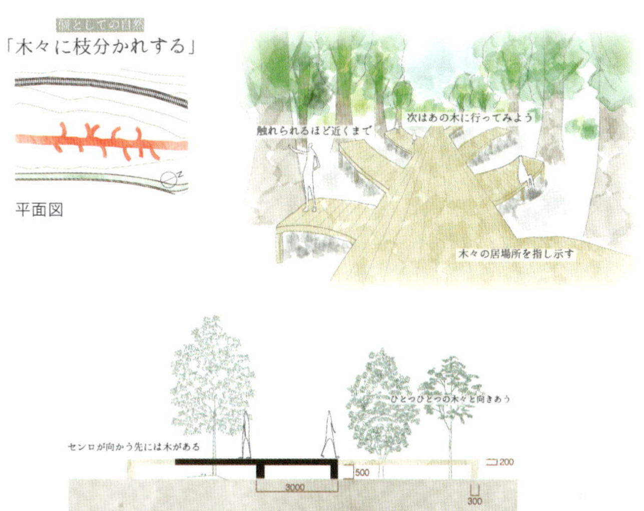

平面図

短手断面図

高速で移動することにより連続的に捉えられる木々だが、その一本一本の大きさや表情はまるで異なる。それらの植物を個として認識するために、杉林のそれぞれの木に対して、センロは枝分かれする。一つひとつの木々と向きあうエキとなる

土地のライン

「水平線を引く」

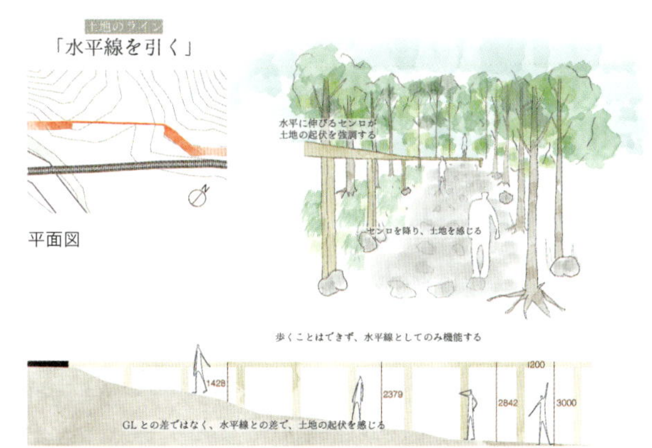

平面図

長手断面図

電車の線路は直線的に走っており、その土地の起伏は感じられない。この土地の骨格ともいえる起伏を感じるために、一度センロから降りる。センロは途切れはしないが、人は通れないほど細くなりまっすぐ伸びることにより、水平線としてのみ機能する。視覚的に水平線が上下することにより、この土地の起伏がより感じられる

歴史

「点と点をつなぐ」

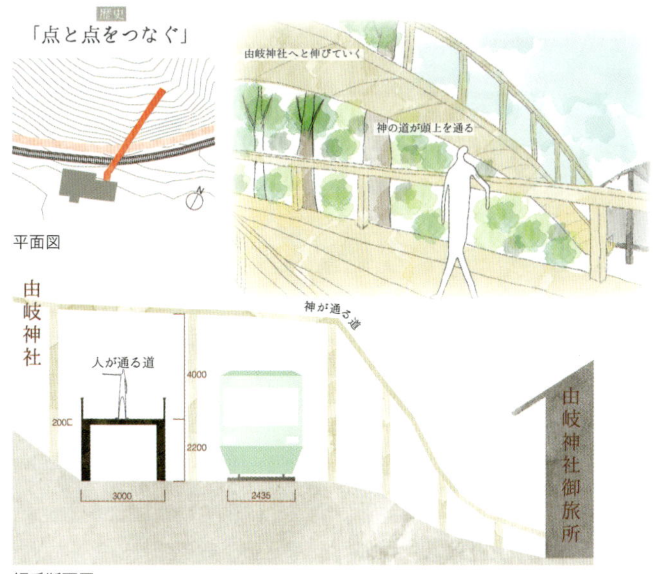

平面図

短手断面図

由岐神社の祭礼において神が巡行途中に休憩する由岐神社御旅所。神はここから由岐神社へと向かう。この歴史を伝えるために、人が歩くセンロとは別に、御旅所と神社をつなぐ神が歩くためのセンロが伸びる

時熟
―地形が誘引する非三人称建築―

ID.0902
佃 菜帆
Naho Tsukuda
日本女子大学
家政学部 住居学科
3年生

作品用途: その他
課題名: 小さな火葬場
取組期間: 1カ月

コンセプト
生命の終わりを体感し、人間が人間としての現存性を見失った時、死者の他者化を顕在化させる。動線を併存させ、ウラとオモテのある空間を検討する。標識された流れの中を伝うのではなく、造成や屋根形状を有機的にドライブさせることで寄り道をするような建築である。

■敷地

東京都目黒区三田2丁目19-43
敷地は目黒川の桜並木(A)と、新茶屋坂のケヤキ並木に面している。周囲は住宅街で小学校や区民センター等が並ぶ。敷地には目黒川に向かって4m傾斜が存在し、北東には緑地公園(B)が広がっている。

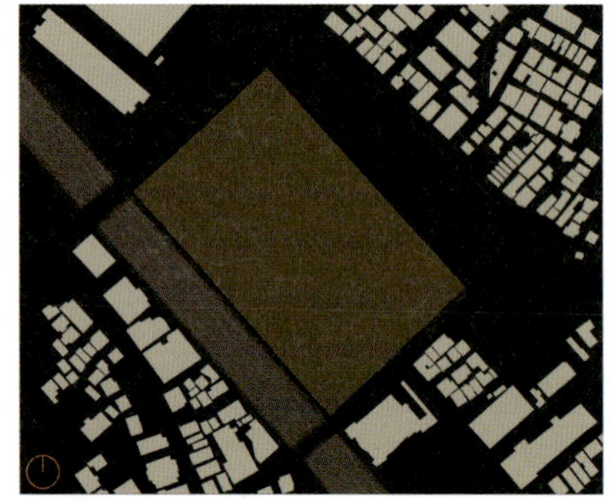
造成後

A

B

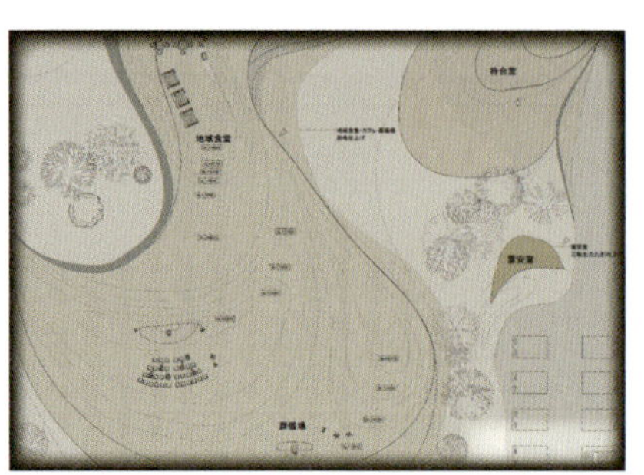
部分平面図

■標識レスな動線計画

自然な流れの中で能動的に過ごす事を検討。
恣意的な余白空間の利用とランドスケープの交錯からあらゆる来訪者の動線配置を計画。

■無造作で無秩序

非計画的な動作空間を誘発する流れを葬儀の順序に組み込むことで、日常と非日常の混濁を生じさせ、段階的に融合する場づくりを行う。

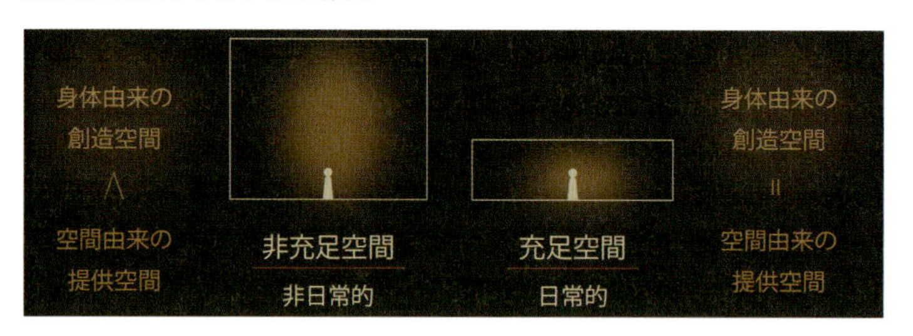

■視差による空間の非他者性

視差の形成により空間の離散性・集合性を共存。空間が動線に寄り添うことで死者の存在性を体現させる非三人称的な構成を検討する。

立面図

平面図

A
相談室／コミュニティセンター入口
広場空間が広がり、葬儀空間は屋根がウラの表情を醸す

B
葬儀場出口／ギャラリー入口
地域の交流空間と葬儀空間の融合地点

C
駐車場／霊安室入口
葬儀場と霊安室のヴォリューム変化

D
葬儀エントランス
身体的スケールなエントランスから、徐々に非日常なスケールへと転じる

E
目黒川から告別室
屋根が地形と一体化することで通路が生まれ、恣意的に空間外へ拡がる

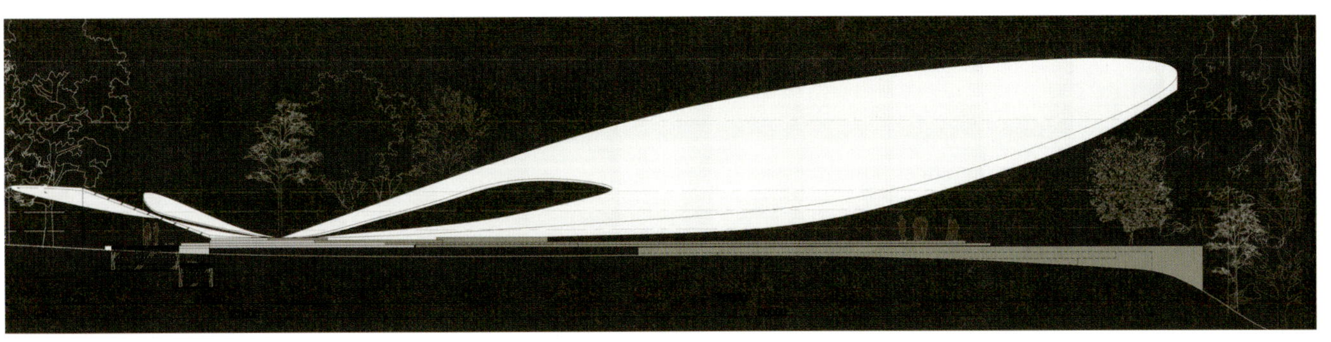

8選

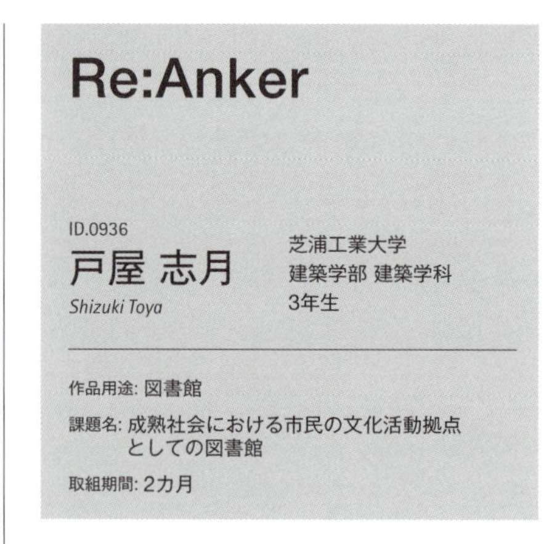

Re:Anker

ID.0936
戸屋 志月
Shizuki Toya
芝浦工業大学
建築学部 建築学科
3年生

作品用途: 図書館

課題名: 成熟社会における市民の文化活動拠点としての図書館

取組期間: 2カ月

コンセプト

本計画における図書館は、清澄に発見された二面性が時間的速度の異なる都市レイヤーをつなぎ、都市の断面を明らかにする。かつて庭園と都市を結び、清澄と歴史を共にしたこの敷地が、新たな文化を創造する、アンカーとなることを期待する。

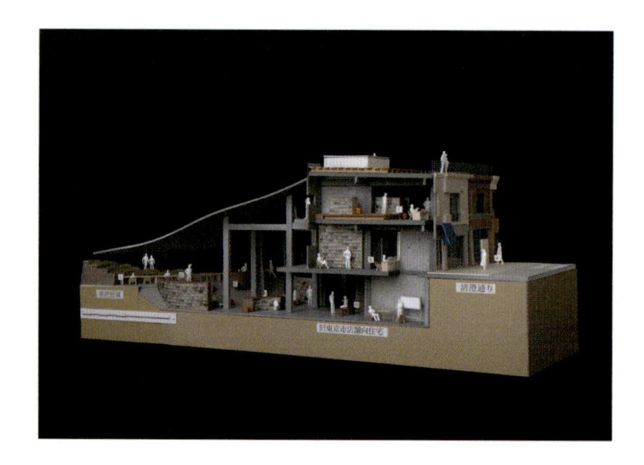

■現代社会の速度

情報化は人々を効率化してしまった。知りたい情報はスマホ一つですぐ検索でき、以前のように目的の達成までに検索性はなく、結果の到達までが一限的である。過程を簡略化、合理化した成熟社会では人々の思考が介入する余地はない。それは、私たちの生活を便利にすると同時に、新しいきっかけに出会う機会を喪失させてしまったのではないだろうか。

社会の速度

2024年　現在

実行

清澄に訪れたい

清澄訪問者

観光

既存建築物

人々の思考は現代の社会速度に追いついていない

■図書館がもつ速度

現代の社会速度は人々の思考が介入する機会を奪っている。そこで、情報の処理過程に適切な思考が介入できるよう、速度に注目した図書館の設計を行う。「図書館」という建築は更新速度が遅く、現代の社会速度に追従できていない。書物という媒体も同様、デジタル化の波によって存在意義が不明確になっている。媒体として価値を失い続ける社会速度において、「図書館」という建築媒体がどのように更新され、新たな文化を創造するきっかけとなるか模索する。

■混在する時間のレイヤー

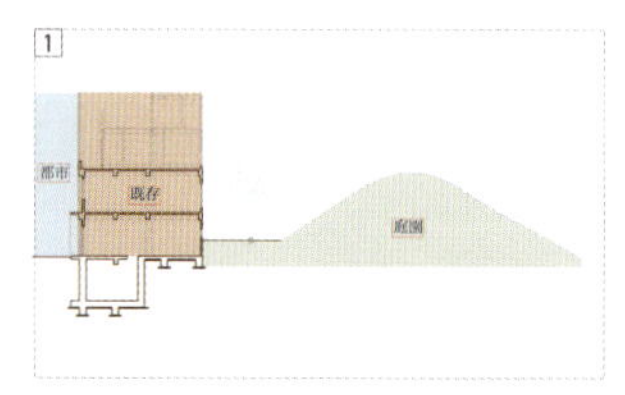

庭園と敷地境界を共有し、都市と庭園を分断している

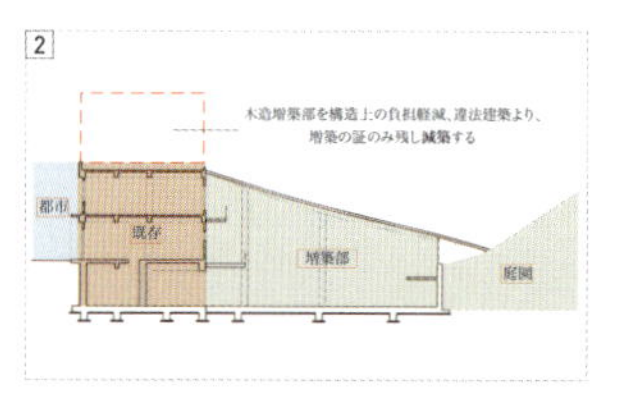

庭園を既存建物に接続するように延長し、「都市」「建物」「庭園」を一体空間化する

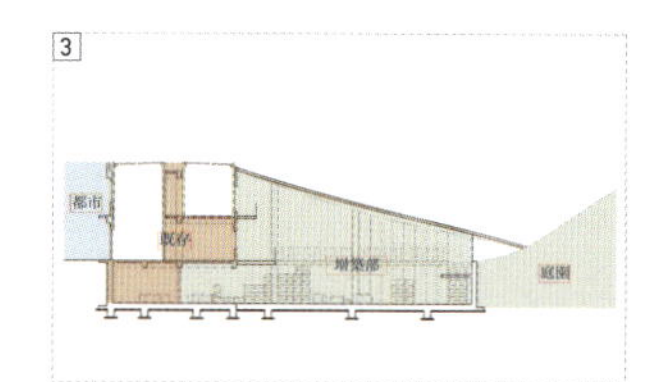

既存建物にVoidをつくることで、分断する壁に隣地との干渉機関をつくる

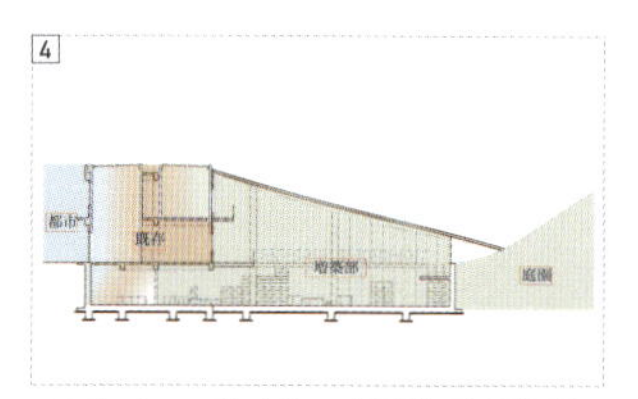

Voidによって生まれる空間体験が敷地の二面性を明らかにし、時間速度のレイヤーにシークエンスを生む

■清澄を語るものたち

清澄庭園は清澄の重要な文化施設であり、「旧東京市店舗向住宅」のファサードは96年の歴史性を清澄通りにつくり出している。両者の歴史は長く、清澄の人々の記憶を介在し続けてきた。そんな庭園と旧東京市店舗向住宅が隣接していることは、この地における最大のコンテクストである。

■清澄の楔の再現

■庭園のエレメント化

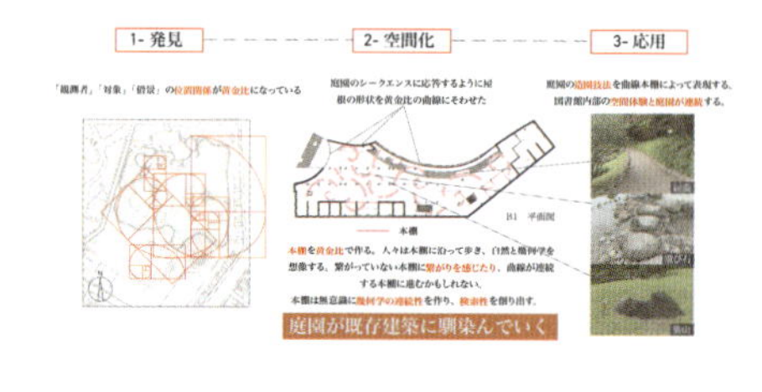

■都市、既存建築、庭園のもつ時間速度

時代に追従するように住人の手により増改築が行われてきた。その変容は清澄通りの記憶を内包し、キャラクターをつくり出している。しかし、都市に対する応答は庭園との関係を断ち切ってしまった。それは同時に都市と庭園の間に壁をつくり出してしまった。都市、既存建築、庭園固有の速度の異なるレイヤーが隣接する特異な関係性を断面を明らかにすることによって価値を乗算する。

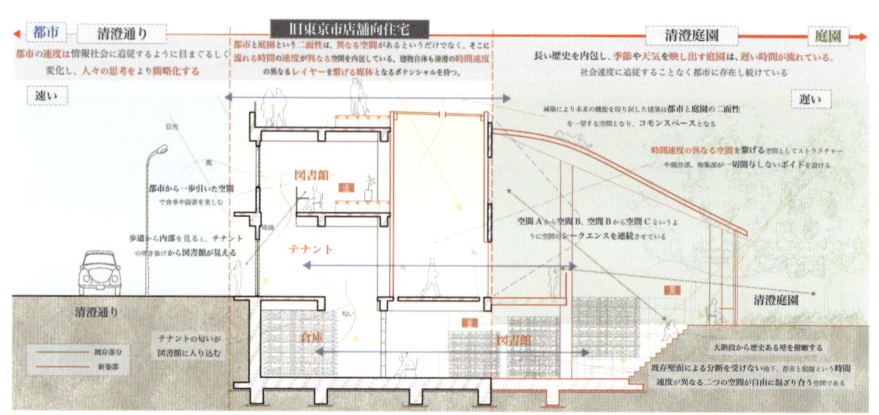

A-A' 断面図

■人々と都市への応答

本計画における図書館は清澄に発見された二面性が時間速度の異なる速度のレイヤーをつなぎとめ「都市の新たなアンカーとなる」。人々、庭園、都市をつなぎ止めたこの敷地が、新たな文化を創造する文化拠点となる。

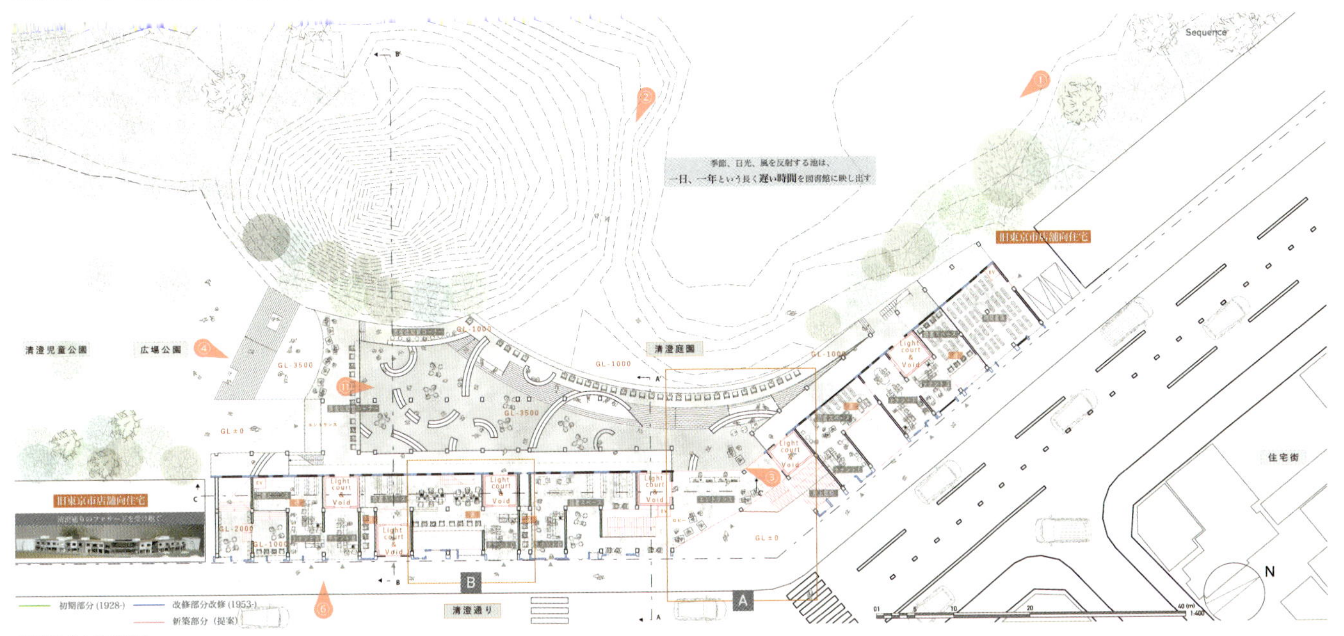

配置図兼1F平面図

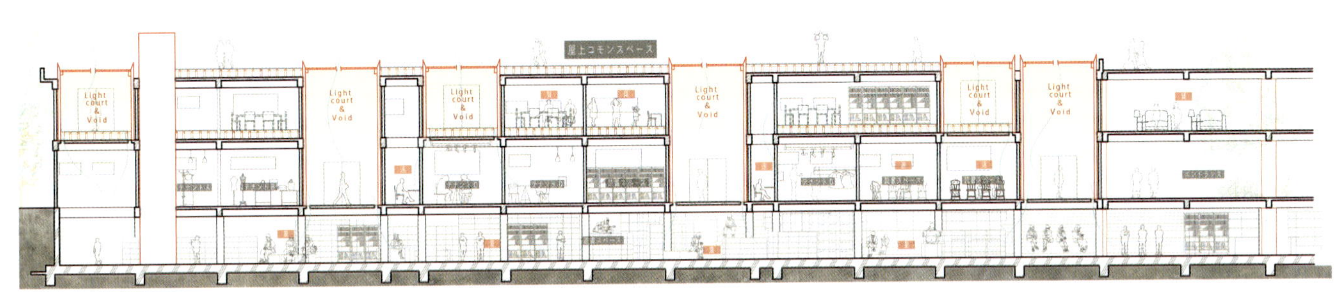

C-C' 断面図

屋根は庭園の築山(富士山)に接続し、地形が連続する

人や物の入れ替わりが激しい都市の更新に対応する空間は、速さに対応する読書空間となる

地形と増築部が連続し、庭園が都市に拡張していく感覚を与える

目線の先には歴史を内包した壁が見える。この雑多な環境がさまざまな興味を与え、本を乱読するきっかけをつくる

室内の曲線は庭園の稜線に接続し、内外のシークエンスをつくる

黄金比の本棚が、庭園の築山や屈曲に変わる空間体験を創り出す。階段を登った先に見える富士山と池は、周辺の環境をゆっくりと映し出す

■証の残し方、紡ぎ方

96年間の時を蓄積した壁、その汚れや傷一つひとつが清澄に住まう人々の「証」である。その、時の価値を刻む既存部分、テナント文化を維持しながら、新たな文化施設として再構成を行う。

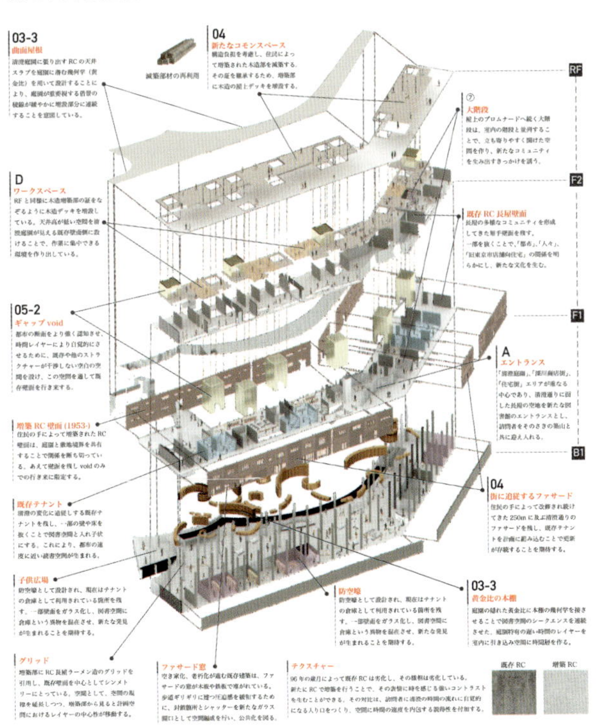

アクソメ図

8選

建築内街路

ID.1124
小倉 珠莉
Mikuri Ogura
横浜国立大学
都市科学部 建築学科
3年生

作品用途: 集合住宅
課題名: あたらしい集合住宅
取組期間: 2カ月

コンセプト
都市の中に集合して住むことの意味を考え、建築全体が一つの都市と呼べるような居住集合体を目指す。敷地の特色である防火帯建築の歴史や背景を踏まえて、建築手法として取り入れることを試みた。

■「都市のような建築」、「都市に住む」とは？

「都市の中に居場所を持つ」「生活が垣間見える」ことだと考える。今までは都市に住むことに対して「自分の所有」に着目し、他人から自分の場所をどのように守るかに焦点を置いた住宅が多くつくられてきた。「隣の家の人の顔もわからない」などという言葉に象徴されるような閉じた型の集合住宅が多く、そのことが問題視されるようになってきた。占有できる空間が小さいからこそ、生活が自分の占有空間から溢れたり、所有ではなく共有をすることで都市全体を自分の居場所とできたりするような生活、それこそが都市で生活する意義であるように感じる。喫茶店が書斎に、レストランがダイニングになるように、建築単体にとどまらず都市の中で生活でき、自分の植木が都市の一部となるように、都市の中に一人ひとりの生活を感じられる、そんな建築を目指した。

■防火帯建築

敷地である横浜市中区吉田町は、戦後耐火建築促進法に基づき建設された鉄筋コンクリート造り4階建ての防火帯建築の共同ビルが立ち並ぶ。戦後商店街や繁華街の不燃化・近代化を進めるために、基準に沿った建築物に対して補助を出す防火建築帯が指定された。横浜では、接収解除時期が異なる関係で街全体の防火帯を一斉につくることはできなかったものの、建築局による共同化の要請で防火建築帯が生まれた。そのため、横浜では指定範囲を指す「防火建築帯」とは別に、個々の建築を意味する「防火帯建築」という言葉が根付いており、はまっこの原風景の一つになっている。今回設計するにあたって、防火帯建築にあらわれる特徴について分析した。

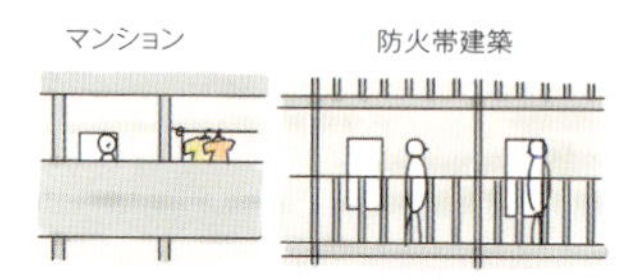

人の動きが見える外廊下型。最近のマンションの多くは人通りに面している側の腰壁を高く設計しているのに対し、この敷地周辺の防火帯建築では居住部分の3、4階部分が手すりのついた外廊下になっており、人の出入りが居住者以外からでも見える

特徴の異なる街路。防火帯建築周辺は、街路が建築によって区切られているため、街路ごとに、例えば室外機が立ち並ぶ裏路地感の溢れる道やお店が立ち並ぶ街路など、それぞれ特徴がある

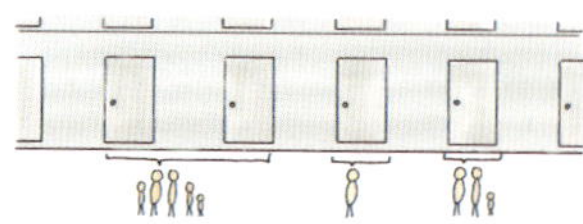

建築単位にとらわれない住戸単位。吉田町の防火帯建築では、住宅供給が十分になってくると、隣の家が空いたらそこも借りて1つの世帯が二軒にまたがって住むということも見受けられたそうで、建築単位にとらわれない住戸単位が見られる

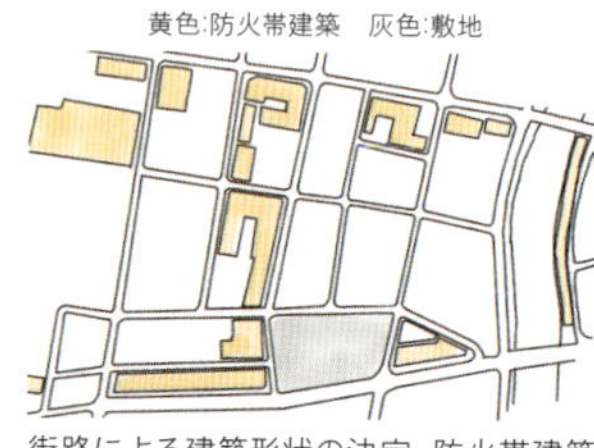

街路による建築形状の決定。防火帯建築はその言葉の通り燃焼を食い止めるための帯状の建築である。周辺敷地の街路は、帯状の建築によって区切られており、それは建築の形状が街路によって決まっているといえる

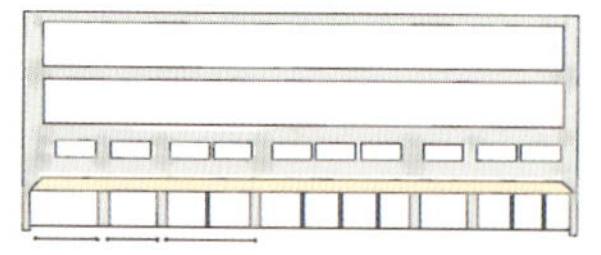

下階と上階の所有の不一致。店舗や事務所の入っている下階は、建設当時の土地割りに合わせているのに対し、上階は画一的な公営賃貸住宅が並んでいる形になっているという、上階と下階の建築の所有の違いが挙げられる

■設計

・建築内街路の定義と挿入

都市空間を建築の中に挿入し、同時にそこに生活が溢れ出るような住宅を考えた。それぞれの住宅の内部に、住居者以外は入れないが外から見通せる道を通し、「建築内街路」と名付けた。建築内街路の地面、その空間に出ている渡り廊下、階段によって部屋と部屋はつながっていく。各部屋は構造的に独立していて、大きな軽いファサードにより一つの建築としてひとまとまりになる。建築内街路には生活の行動、気配、物が溢れていく。例えば部屋を移動するたびに街路を通ることにより、生活の中での行動が、あるいは洗濯物を干したり、観葉植物を置いたりすることで、気配や物がそれぞれ溢れてくる。

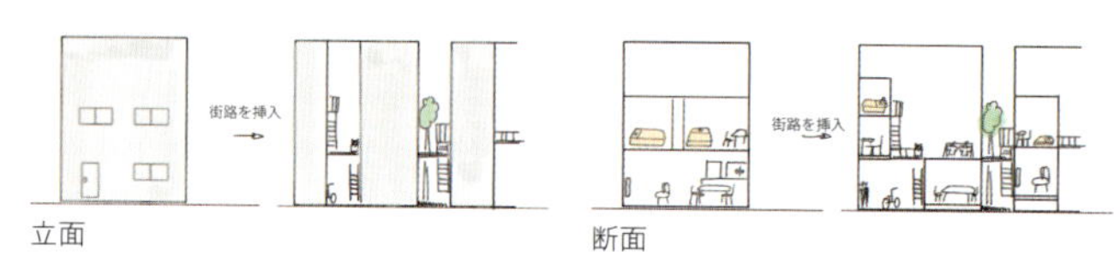

・敷地内の街路決定

対象敷地にそれぞれ特徴づけた街路を通し、街路によって仕切られた部分を組み合わせることで、建築を設計した。それぞれの街路は、外からは見通せるが通り抜けることができない設計になっているため、都市の中を行き来する人々は2つ以上の街路に入り込むことになる。街路の特徴を、①商店が並ぶ1階のファサードがあり木々が生活をそれとなく隠す道（緑色）、②隠れずに生活感の溢れている道（オレンジ色）、③路地裏感の強い、室外機や配管の並ぶ道（灰色）、に分類し設計した。街路には分類した特徴だけでなく、住んでいる人々の生活があらわれ、それぞれ独自の雰囲気を醸し出すようになるだろう。

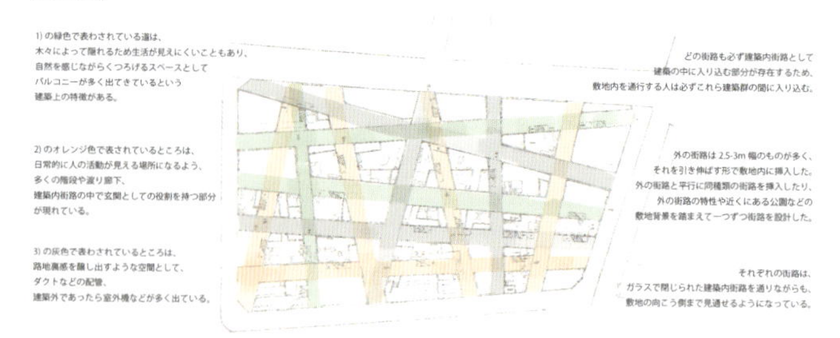

・住戸単位の決定

一つひとつの建築単位にとらわれず、いくつかの部屋が外の街路と建築内街路で行き来できる住戸を考えた。外の街路と建築内街路の定義が曖昧になり、都市に溶け込むような建築になっていく。階段や渡り廊下は共有せず住戸ごとの占有のものであるが、部屋を移動する際に建築内街路、外の街路の空間を通ることで目を合わせるような隣人関係となる。屋上は複数の住戸で共有のものもあれば、住戸ごとの占有のものがあったりもする。食事をとったり、ゆっくりくつろいだり、洗濯物を干したり、趣味のものを置いたりと、新しい空間特性を持った場所として、多様に使われるだろう。建築内街路は基本、住戸に住む人が行き来できる共有空間となる。

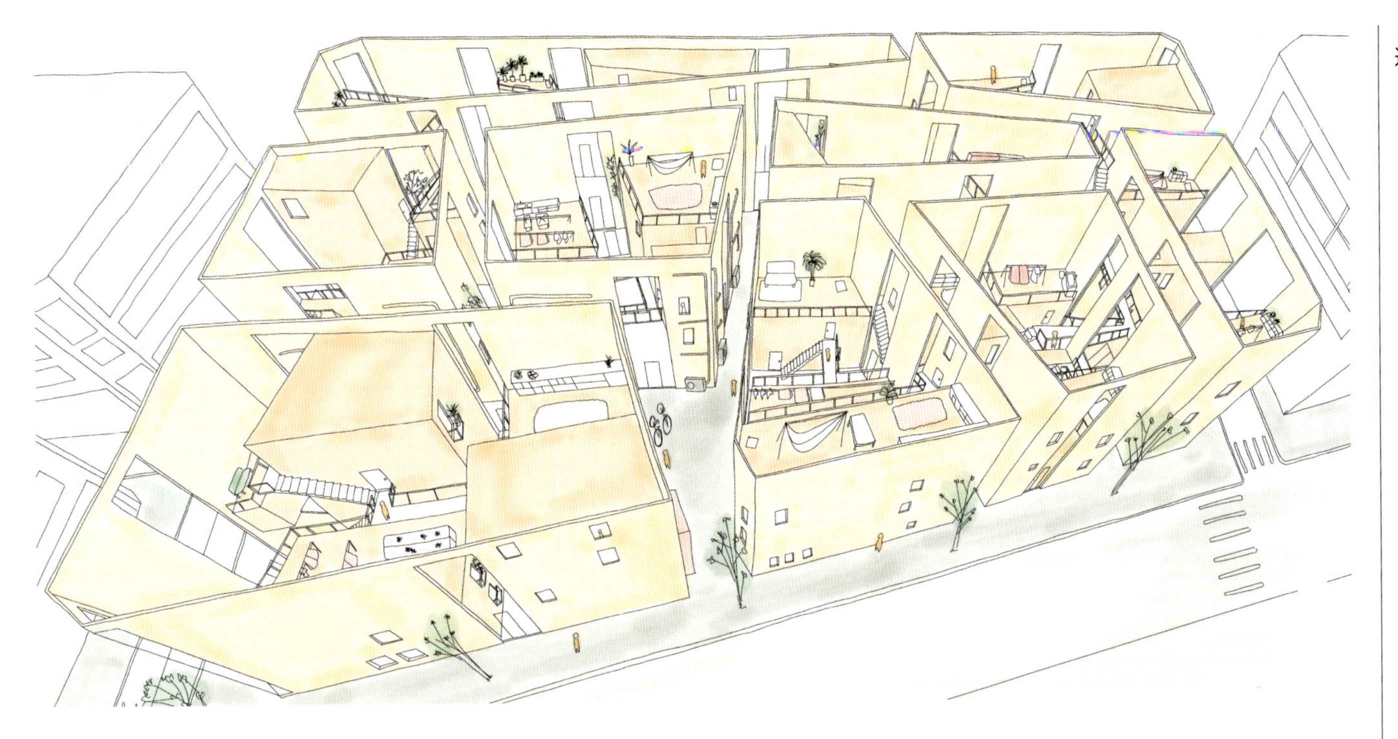

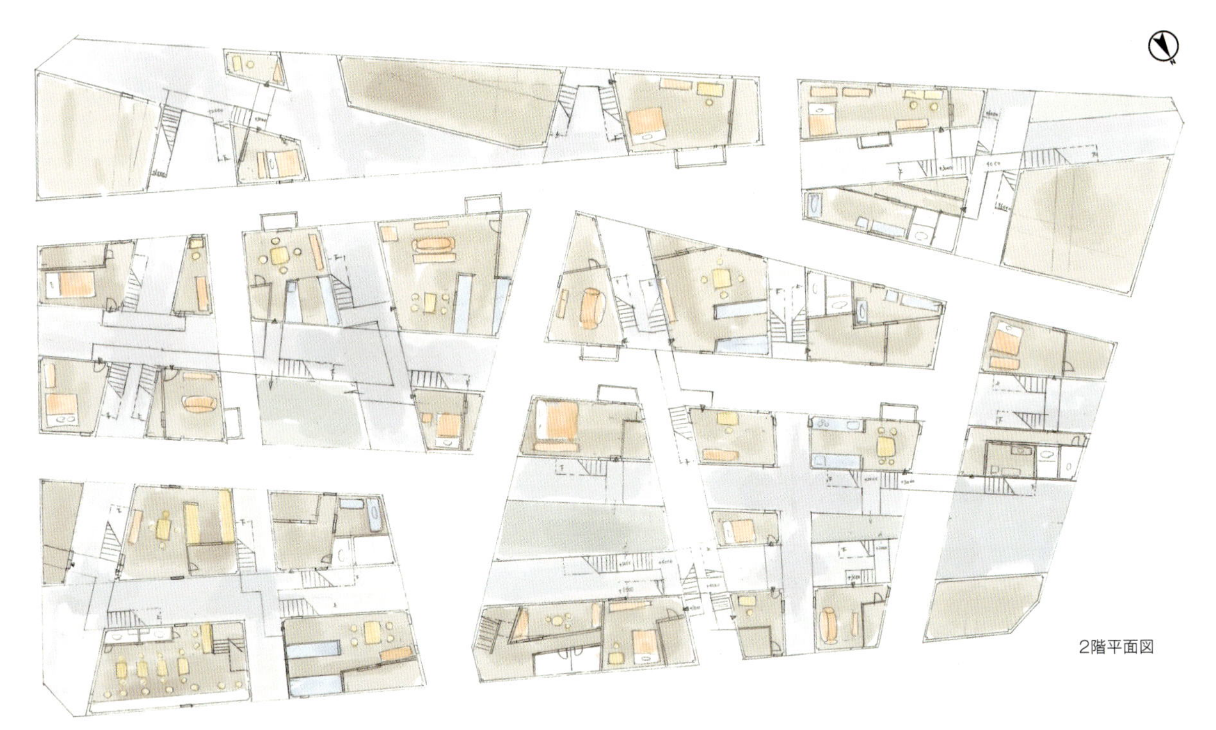

2階平面図

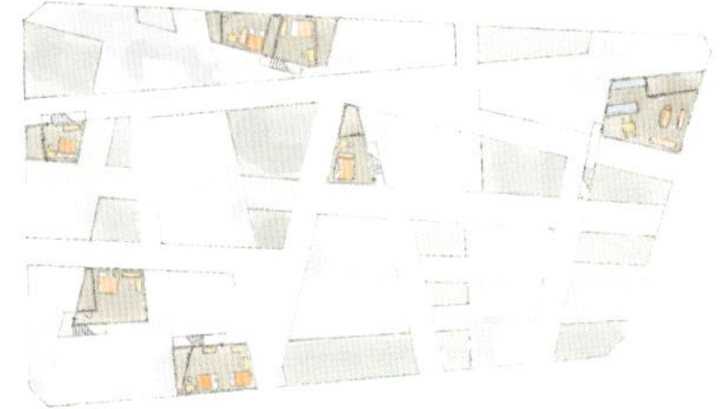

4階平面図

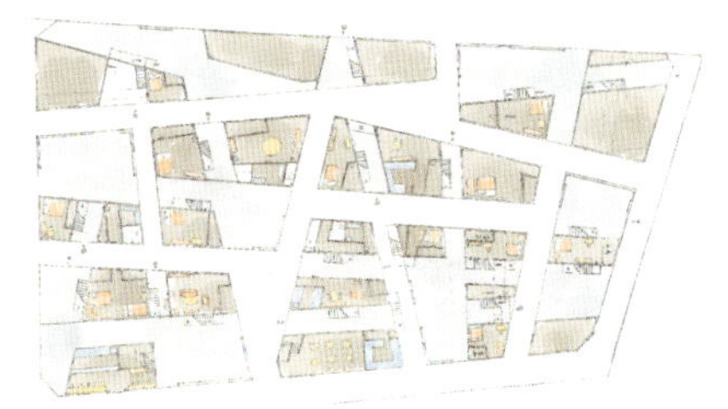

1階平面図

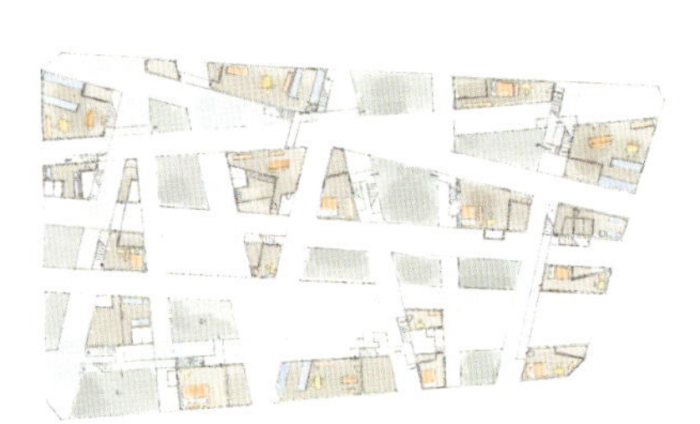

3階平面図

心のもよう

―見えない豊かさを考える―

ID.0289
小笹 遥香
Haruka Ozasa
法政大学
デザイン工学部 建築学科
3年生

作品用途：集合住宅
課題名：目の見えない5人のための集合住宅
取組期間：2カ月

コンセプト

人は視覚から8～9割の情報を得る。私たちは目に依存し過ぎており、目で捉えた世界が全てだと思い込んでしまう。目が見えない人にとって形も色もそれぞれ心のもようだ。家も、目が見えない人にとっては、変幻自在で自由なのではないか。そこで光や風などの五感を全身で感じ取れる空間をエッセイから建築に落とし込み、目が見えない住人のためのシェアハウスを提案する。

■個性溢れる目が見えない５人とそのパートナー

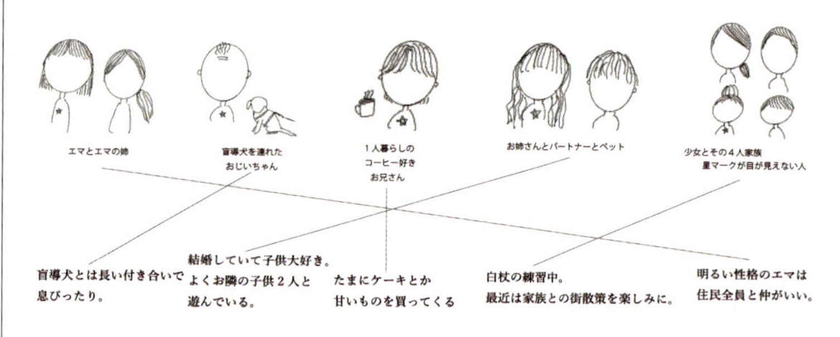

■共有スペースの確保

メインの共有部分を作る→キッチン、お風呂、玄関

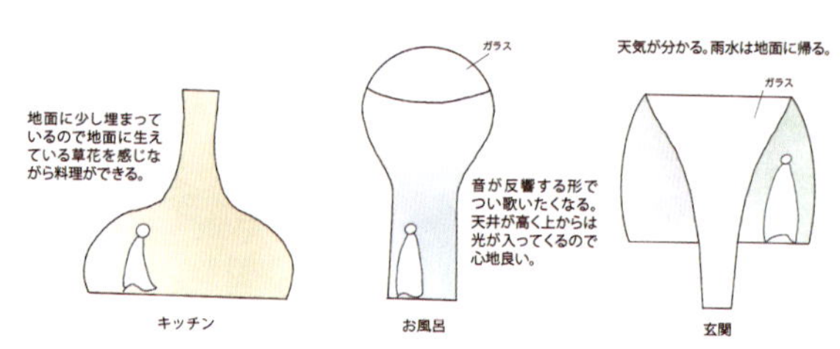

■配置図兼１階平面図

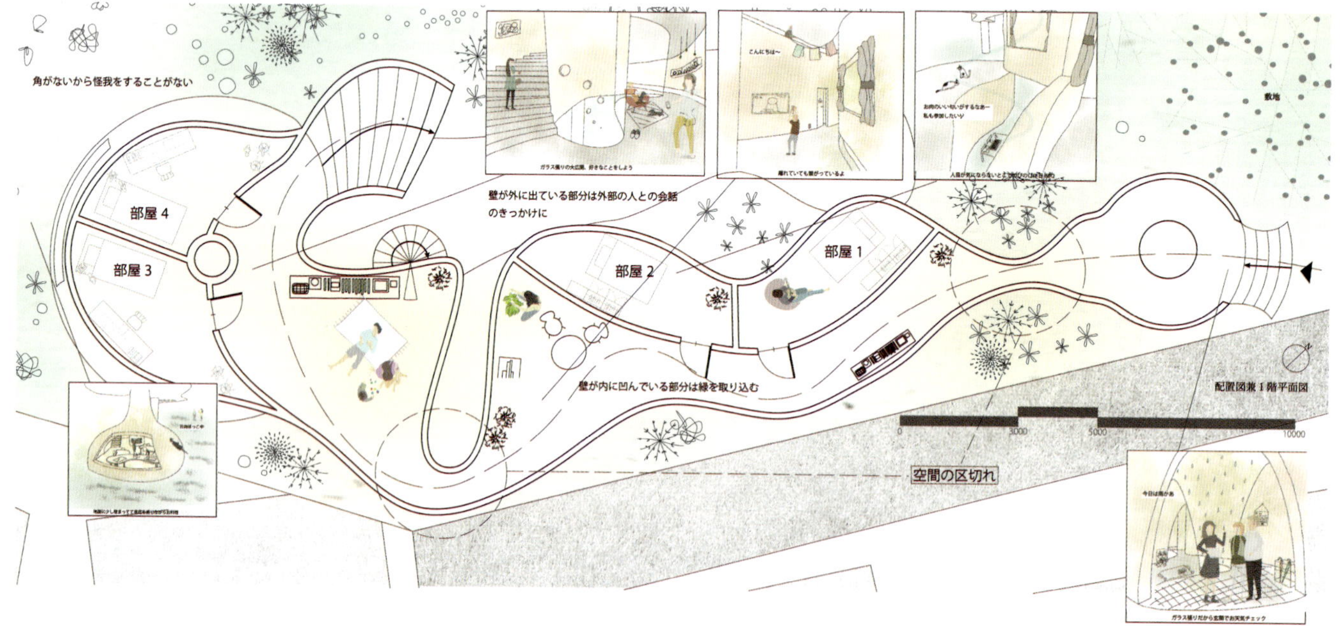

■２階平面図

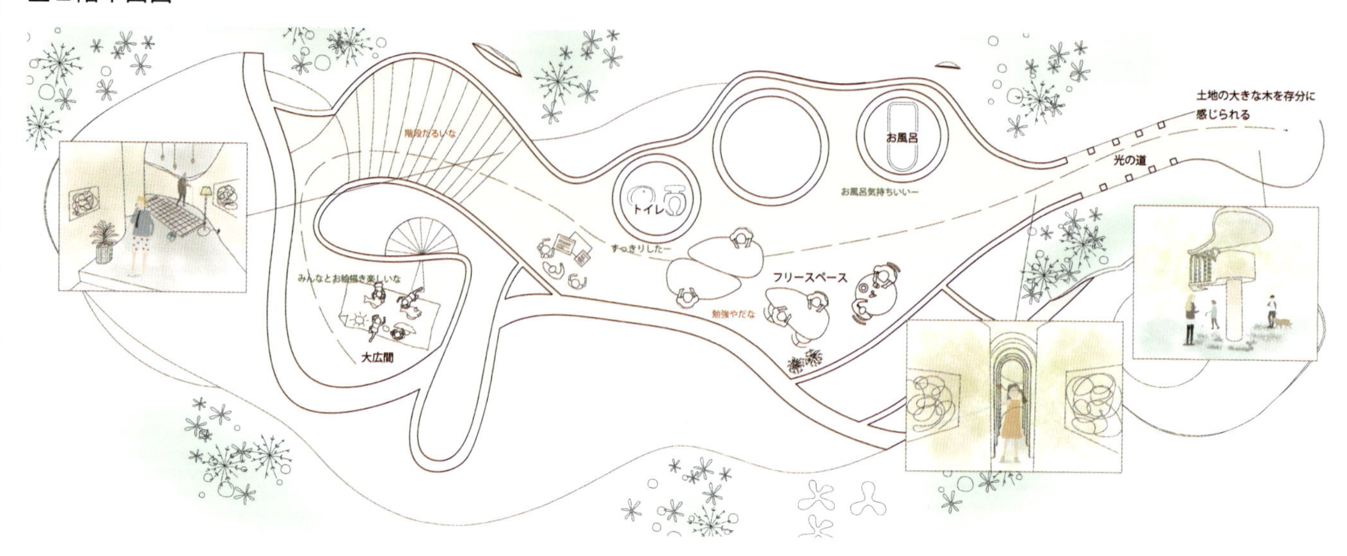

三脈のしるべ

清澄の失われた脈を蘇らせ、やがて新たな結節点となる—

ID.0423
森 咲月
Satsuki Mori
芝浦工業大学
建築学部 建築学科
3年生

作品用途：図書館

課題名：成熟社会における市民の文化活動拠点としての図書館

取組期間：2カ月

■3つの脈から導く動線

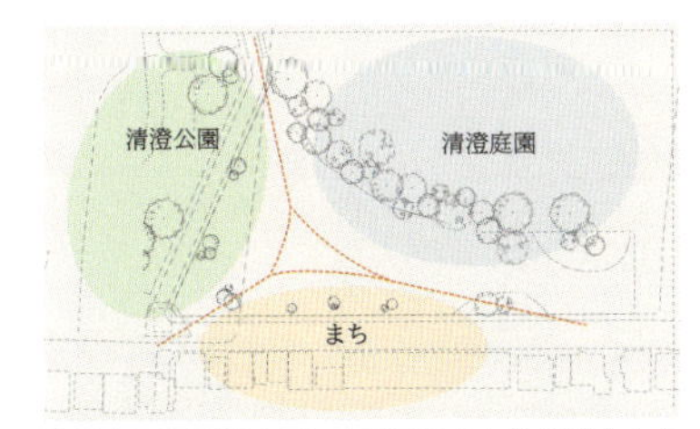

清澄庭園と清澄公園にある三角の土地は現在立ち入り禁止で、人が立ち寄れず溜まれる場所もない。また、現在の深川図書館は東の児童公園と清澄公園の間に突如として現れることが歩行空間の圧迫や周囲の空間の断絶につながっている。そのため、3つの場に対して正対するように入り口を向けることで迎え入れる空間を与えている

コンセプト

まちが発展していく中でまち割りや埋め立ての影響により，建物や歩行空間は分断され、各々の関係は希薄化してしまった。そこで清澄のへそであり課題の根幹である三角地に清澄の脈を浮かび上がらせる新たな図書館を提案する。

計画敷地は清澄白河。清澄は自然·歴史·商業、3つの多様なコンテクストによってまちが形成されている。この背景から手がかりとなるまちの軸を引き出し、道の一部でもありつつ、波及して清澄の軸となる建築を目指す

■らせん状に巡る

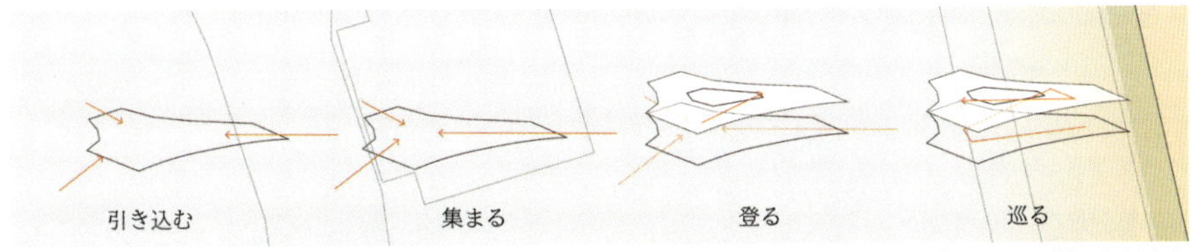

内部に引き込んだ後は中央の大階段と吹き抜けを軸に2階へらせん状に動線が続く。2階はスラブのレベルが段々と細やかに変わり、移動の際にスロープや階段が入り込む。それに付随して外周には広さや性質の異なるデッキが展開する

■異なる3つの要素

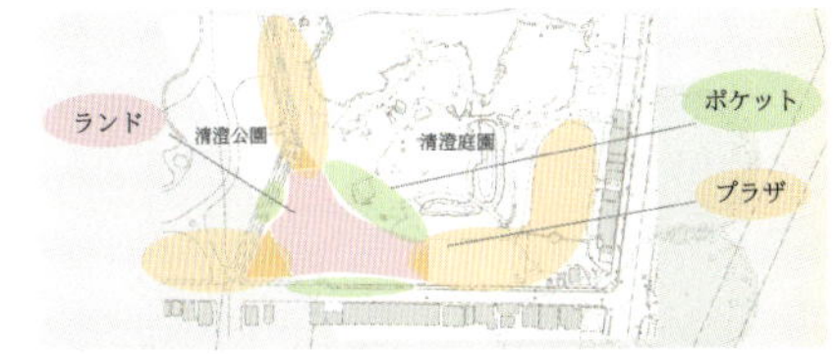

三又に伸びるこの形態は、入り口面は顔となる賑わいのプラザ、まちからえぐれた部分は日常で利用できるポケット、そして中央は3つに分かれるランドの構成で成り立つ

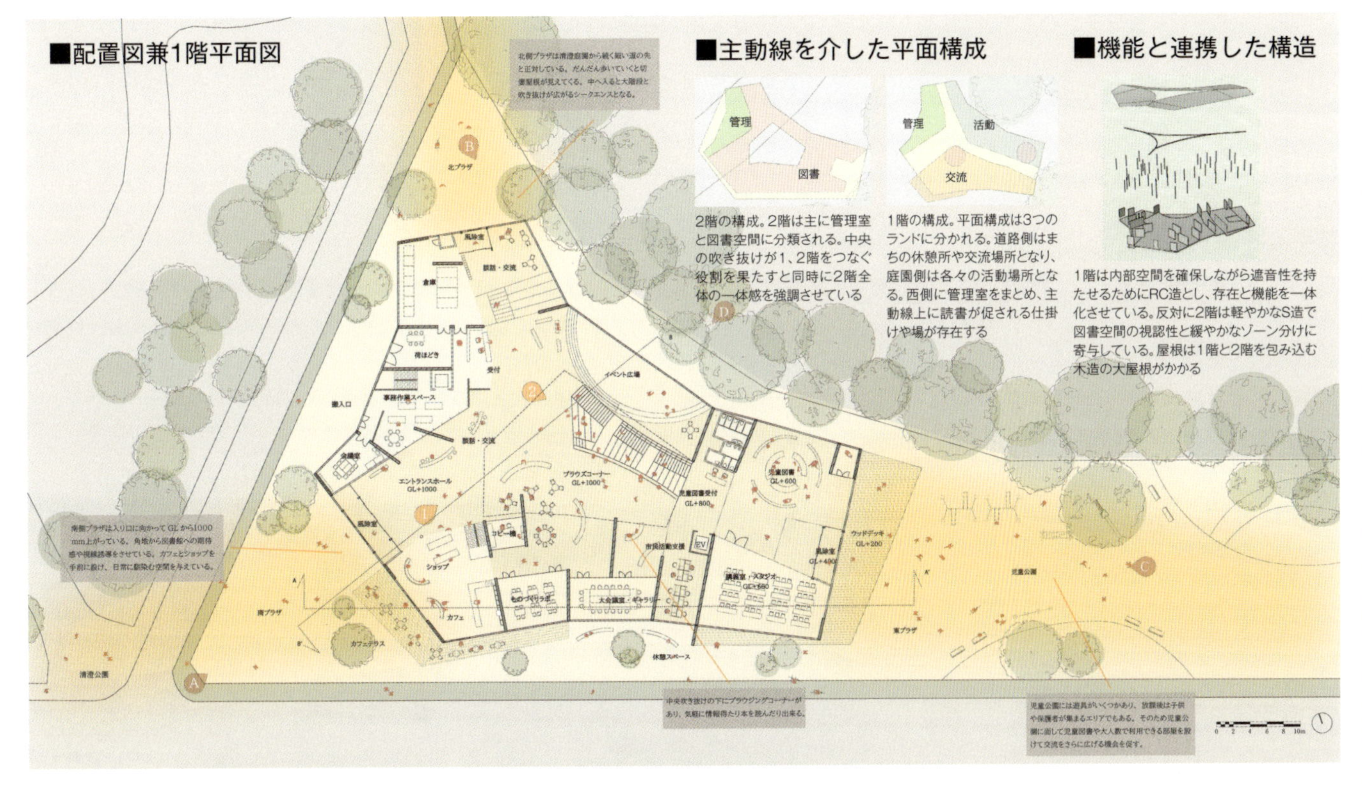

流れを編む

―都市の在り方を再編し変容していく世界図書館の提案―

ID.0509
星野 真歩
Maho Hoshino
早稲田大学
創造理工学部 建築学科
3年生

作品用途：図書館
課題名：西戸山公園にある世界図書館
―本がつなぐラーニング・コモンズ―
取組期間：2カ月

コンセプト

都市には人やモノ、さまざまなアクティビティや都市のエレメントといったさまざまなエネルギーが存在する。それらは相対的なものであり、同時に相対的な多様性を生み出している。それらを受け入れ合成していくことで、都市を変容させ再編していく世界図書館を提案する。

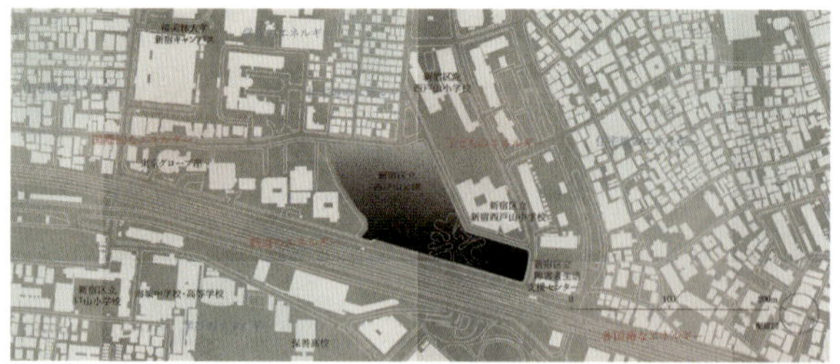
新宿区立西戸山公園

■都市の持つエネルギーの定義とその変容

ここではエネルギーを人やモノ、さまざまなアクティビティや都市のエレメントであると定義する。多様なエネルギーバランスの中で、人間は必要な機能を配分し、都市をかたちづくってきた。しかしこの先そのバランスは変容し、図書館や都市全体の機能分布も変化する可能性がある。その際、都市のバランスを保つための新たなエネルギーの地形としての公共空間を生み出す。それがもとの地形と合成された時に、都市のエネルギーバランスを再編し変容させていく建築を考える。本計画では、その出発点として、国際的な世界図書館を提案する。

■敷地の分析

歴史を遡ると、計画敷地である新宿区立西戸山公園は、この都市において位置エネルギーと運動エネルギーともに最も低く、日雇い労働者が職を求めて集まって来る、いわゆる「寄せ場」と呼ばれる機能を果たしていた。

本計画は、このような敷地を最もポテンシャルの高い空間に生まれ変わらせ、都市の在り方を再編集していくものである。敷地周辺には、多様な風景がそれぞれのエネルギーとともに広がる。このような異なる立面の狭間において、それぞれが描く風景をつなぐ建築が必要であると考えた。

■提案・プログラム

東京都立中央図書館は山手線内に位置し、あらゆる本を受け入れて溜めている。それに対し、本図書館は山手線外というあぶれた場所に存在する。そこで、本図書館は中央図書館の分館として、書き込みや破れによって廃棄または除籍になった本を受け入れる。ここでは本を時が経つほどに価値が増す、人々の行為や記憶を保存する媒体と考え、そこに個性の表れとして痕跡が遺っていく。そして、本やそれぞれの文化を表すものを持ち寄る本棚を提案する。誰かの愛読書を読んだり、遺された痕跡を見つけたりすることで、普段気づかない、交わることのない社会の人々の存在を緩く認識する。

■平面計画

都市のエネルギーを計画敷地に引き込み、かたちある建築について考えると、運動エネルギーが高い空間は人々やモノが流れ、位置エネルギーが高い空間はその流れが淀む。それを図書館という公共空間の機能に変換し、空間を構成する。

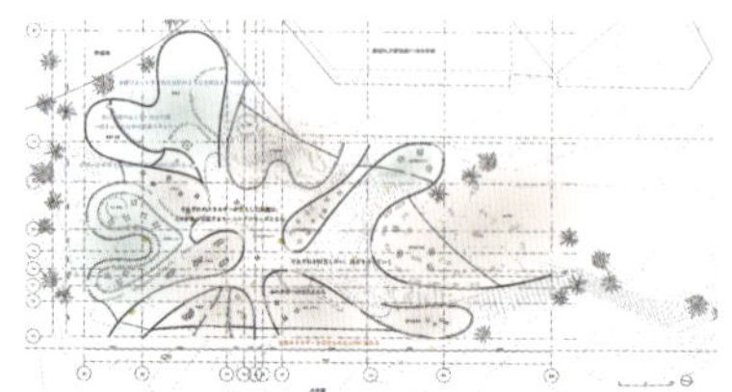
1階平面図兼配置図

・有機的曲線による操作

壁面や本棚をうねらせエネルギーの流れを表現するとともに、世界中の人々や本が国境を越えて、この地で互いに交わることを目指した。うねることで生まれた空間に、エネルギーは淀み溜まっていく。人々は自らの居場所を見出し、多様な空間が生まれていく。

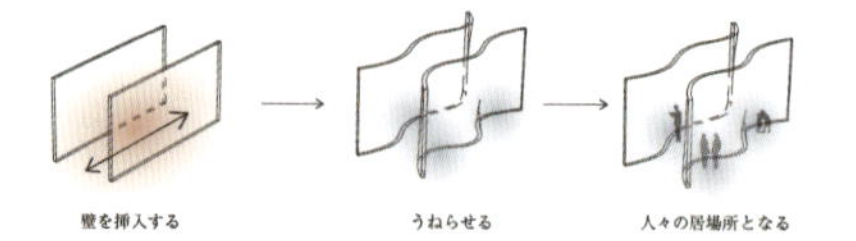

・無数のアプローチ

あらゆる人々を受け入れる場所であることを表現するために、アプローチを無数に生み出した。裏表のないこの図書館には、都市のエネルギーの一部として多様な人々が流れ込み、それぞれの居場所を見出していく。

出入りする人の流れが可視化される

淀みで読書を楽しむ

■断面計画

空間の用途に対応する位置エネルギーと運動エネルギーによって、空間自体のレベルを決める。都市のエネルギーにはさまざまなパターンが考えられ、それぞれを、本を通してつなぎ、重なったところではエネルギーが合成され、また新たなエネルギーが生まれる。エネルギーは刻々と変化し、それとともに空間の使われ方も変化していく。

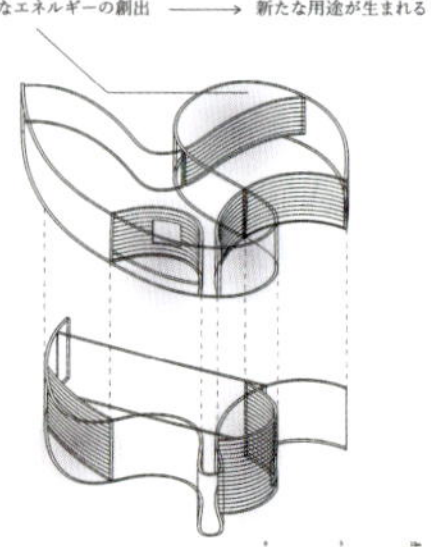

アイソメ図

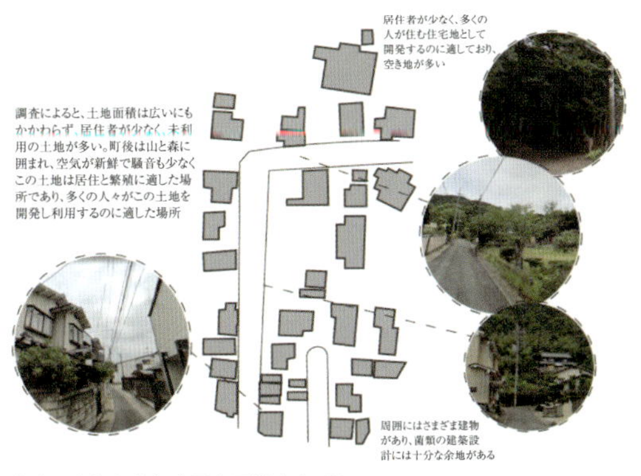

敷地は京都府京都市西京区嵐山山田町

コンセプト

自然と共生し、形状に制限されず、時間の経過とともに外観が変化し、寿命の間に再生し続け、自然に死ぬ構造として菌糸体を使用して設計する。元の建物の腐朽部分の問題を解決し、菌類の増殖の概念を使用して元の建物を変革する。真菌の寄生の概念は静的な結果ではなく、時間の経過とともに徐々に発展する計画だ。生活環境の拡大には一定の限界があり、寄生という概念も今後の町開発において付加価値を高め、進化していく。

真菌の共生

ID.0568
ユアン タン ジェイリン
Jaylene Tan Yuan
京都精華大学
デザイン学部
建築学科
3年生

作品用途: 住宅
課題名: Synthetic Nature
「もうひとつの自然、はじまりの建築」
取組期間: 4カ月

■真菌

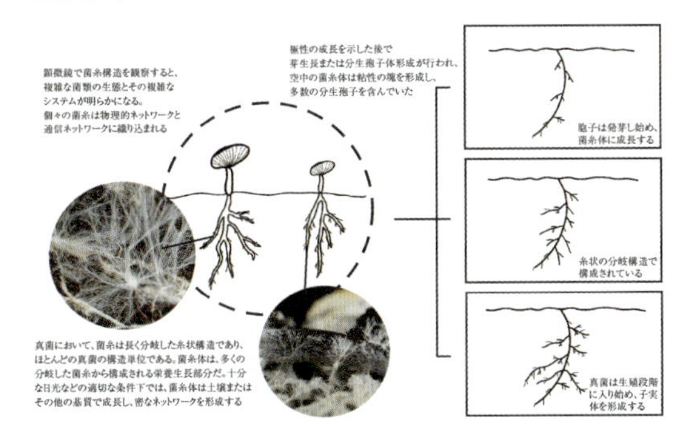

■素材

木造建築物は時間の経過とともに風化し朽ち始めるため、菌類が繁殖する「建物」には朽ちた木材を加工した新しい木材が使用される。

フレームの柱は従来の直管状ではなく、菌類の成長構造と同じように分岐している。荷重を複数の経路で分散して伝達することで、単一の柱の曲がりを効果的に軽減し、構造の耐荷重能力と安定性を向上させる。

また、異なる素材の壁でエリアを分割する。使用される天然素材は再生可能で、環境への影響が少ない。異素材の壁でエリアを区切ることで、そこに住む人にとって快適な住環境を創出する。

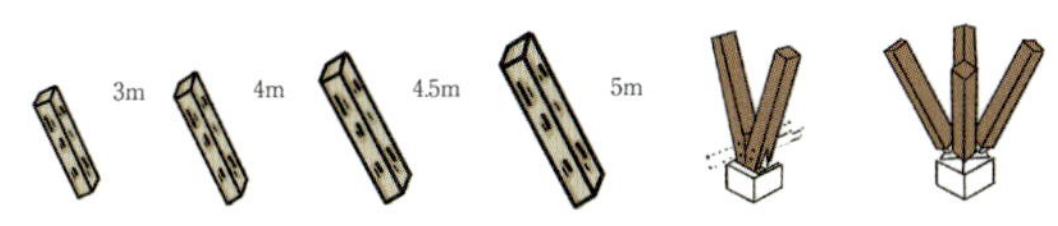

フレーム

■ダイアグラム

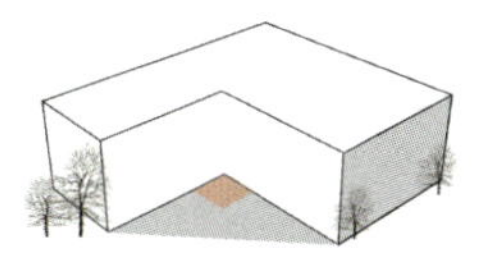
2つの建物の間の隅で真菌が発見された

壁の左右から生えている

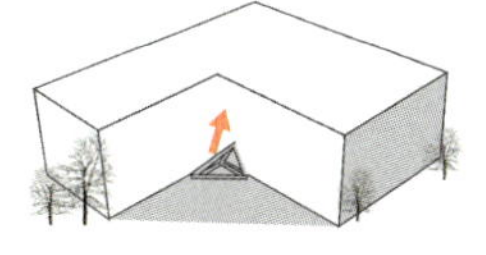
建物にしがみついて上に伸びて行く

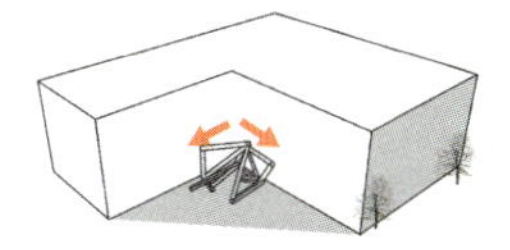
上に向かって成長した後は、左右の建物に向かって成長を繰り返す

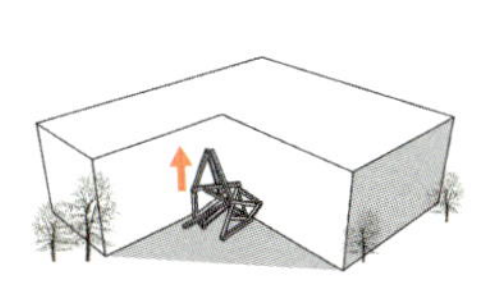
上昇成長を繰り返す

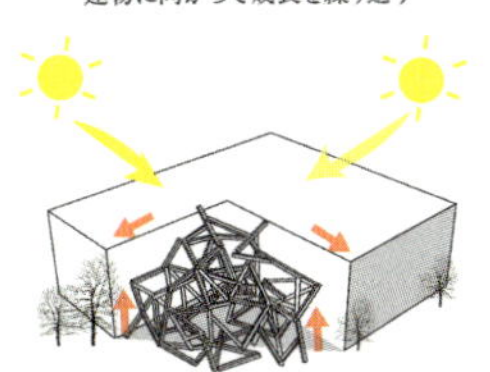
両面に太陽光が当たる

■生成実験

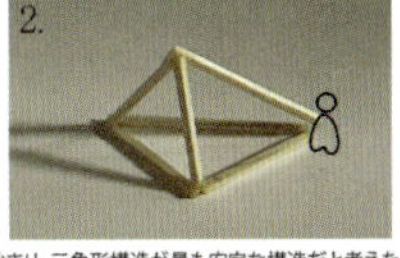

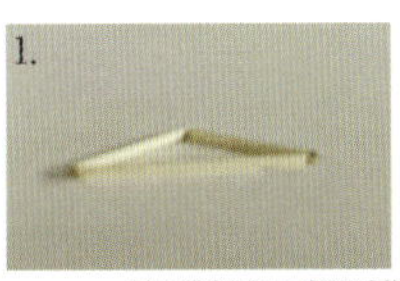

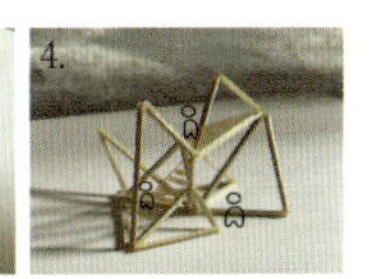

最初の構造進化は三角形から始まり、三角形構造が最も安定な構造だと考えた。その後、菌類の成長と変化に基づいて一連の成長構造が完成した

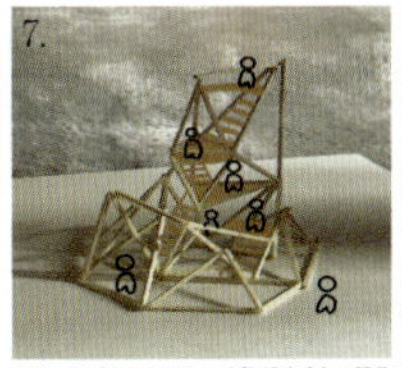

成長の過程では、その地域の気温や太陽の位置の変化など、制御できない要因が発生する。時間の経過とともに元の建物が腐食して居住できなくなることも避けられない

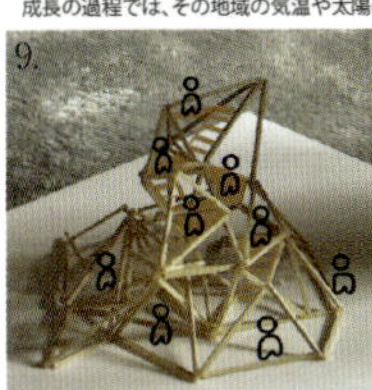

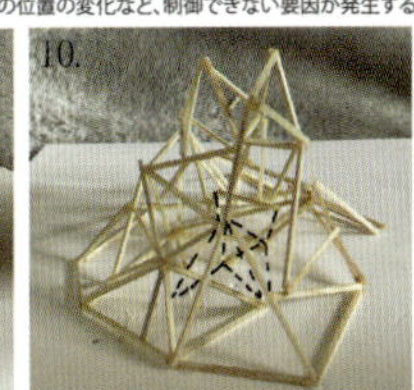

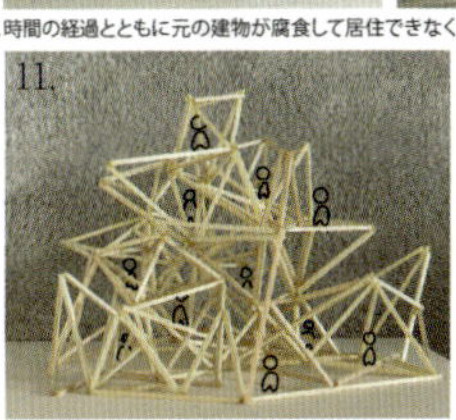

成長過程は人間の体重に耐えられるよう、さまざまな角度に調整できる。菌類の成長方法にもとづいて、菌類は一定のレベルに達すると、繁殖するだけでなく「死」を迎える。このプロセスで、さまざまな空間を作成できる

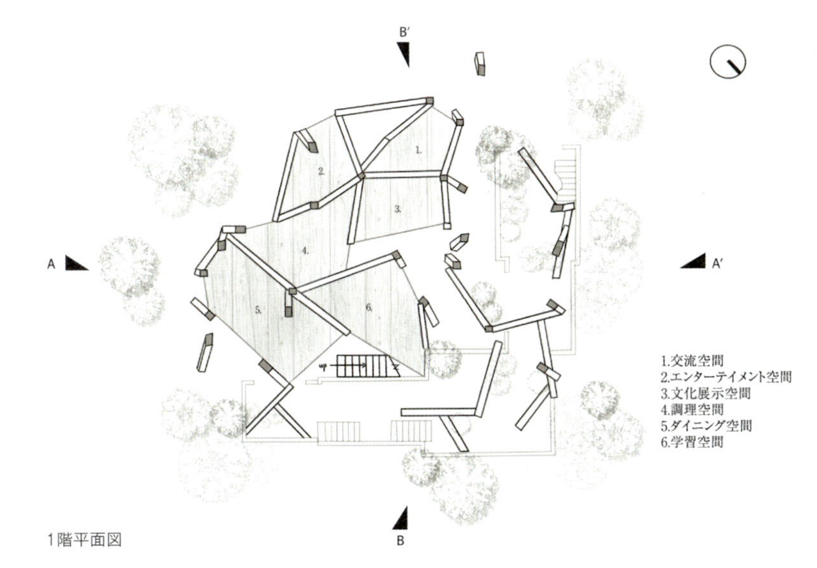

1階平面図

矛盾を引き裂く

ID.0896
前田 陽斗
Haruto Maeda
近畿大学
建築学部 建築学科
3年生

作品用途: 美術館・博物館
課題名: あるアーティストのための現代美術館
取組期間: 2カ月

コンセプト
岡本太郎が提唱した「対極主義」(矛盾する2つの概念をぶつけ合うことで新たな価値を生み出そうとする主張)を基盤に設計を行う。建築設計においても対極にある2つの概念を矛盾と捉えず、コントラストを最大限に生かすことが空間の豊かさにつながるのではないか。

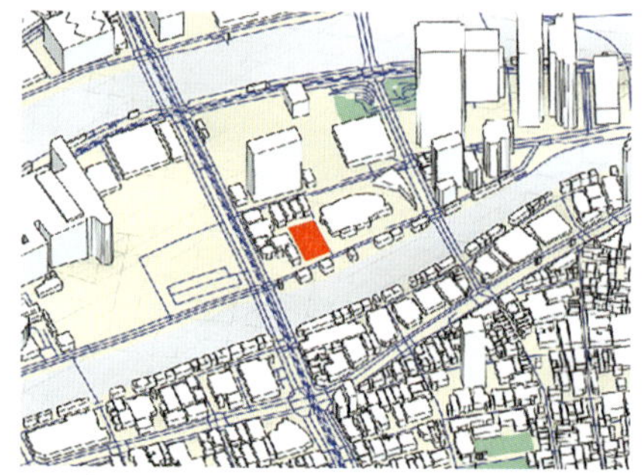
1970年に開催された大阪万博のテーマ館《太陽の塔》など数多くの作品があることから、大阪・中之島の「美術・文化」ゾーンに敷地を選択する。ここは、目的地となり得る多様な用途が集積し、対岸を含めた回遊を楽しむことのできるエリアである

■美術館

芸術の枠を超え、私たちに生きる意味を問いかけた岡本太郎。彼が1947年頃から提唱しはじめた「対極主義」は、矛盾する両極にある2つの概念・対象を、この矛盾のままにぶつけ合い、既存の文脈を超えて新たな価値を生み出そうとする主張である。岡本太郎が提唱した「対極主義」を基盤に設計を行う。建築設計においても対極にある2つの概念を矛盾と捉えず、そのコントラストを最大限に生かすことが空間の豊かさにつながると考える。また、個々の対立要素が重なり合うことで、複合的な現象を体感できる新たな美術館が生まれる。

■設計1:「対極主義」の空間への展開

「対極主義」を展開し、空間内における対立する要素の共存を示すダイアグラムを73個提示する。

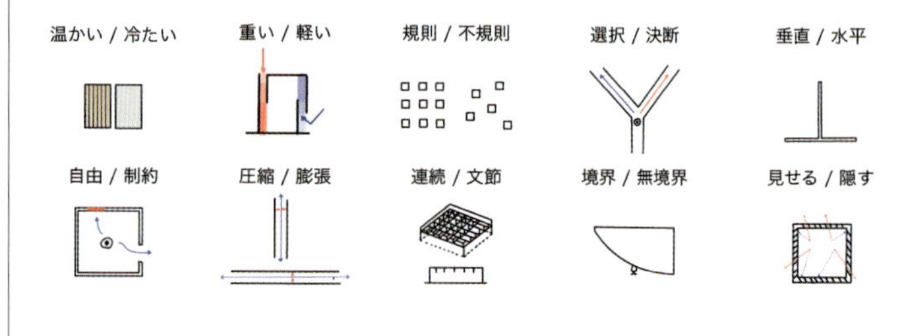

■設計2:境界を越えて

岡本太郎は「芸術は民衆のものだ」と繰り返し述べ、さまざまなジャンルに踏み込むことで、芸術と非芸術の境界を曖昧化しようとした。彼の思想にもとづき、芸術と非芸術の境界、異なる立場の人々の境界を曖昧化することで、これまでの美術館では関わり合うことのなかったさまざまな要素が影響し合いながら新たな価値を生み出す。

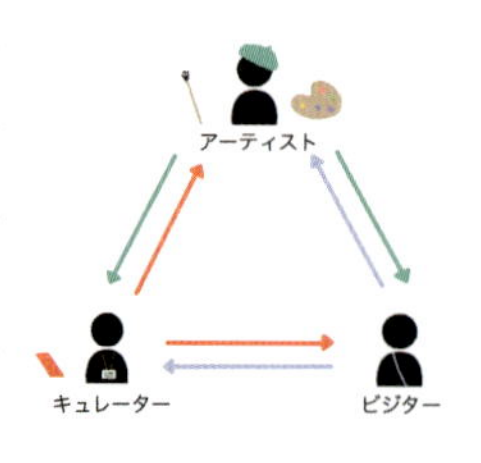

■設計3:配置計画

配置計画では、周辺敷地の読み解きをもとに、開放的な方向性、川への視線の確保、そして周辺環境に調和する低層建築とすることを重視した。

■設計4:元素材を組み合わせる

対極主義を空間に展開した設計1のダイアグラムを元素材として組み合わせ、設計2で決めた諸機能にふさわしい空間をデザインした。配置の意図としては、設計3の敷地との関係性と美術館に訪れた人のふるまいに重点を置き、空間の連なりを一つひとつ検証して決定した。

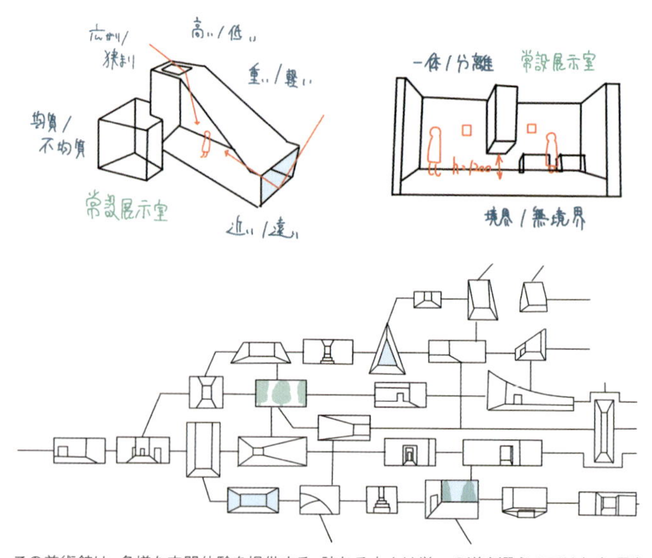

この美術館は、多様な空間体験を提供する。訪れる人々は単一の道を選ぶのではなく、異なるルートや空間を探求し、自分自身の感覚を通じて新しい体験を得ることができる

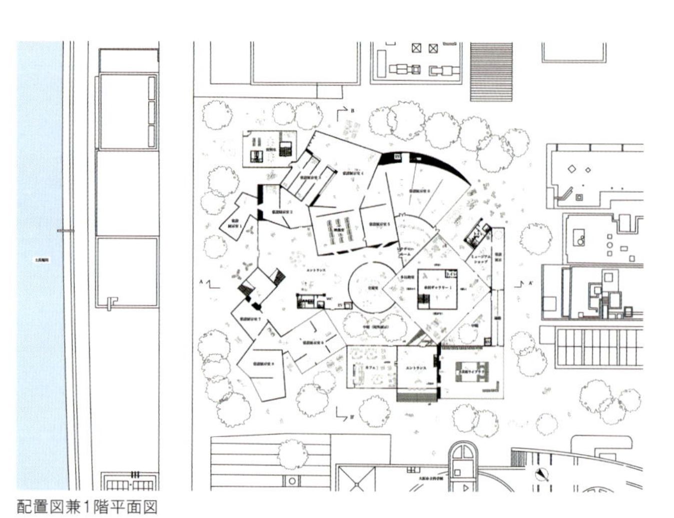
配置図兼1階平面図

対立する要素をリズミカルに配置することで、両者は互いに引き立て合いながら動的に共存することができる。この動的共存は空間に流れる時間を心地良くし、時には思わぬ驚きや新鮮さをもたらす

かたちとなかみ

―建築設計における メタファーを援用した設計の提案―

ID.0990
中藤 堅吾
Kengo Nakato
日本大学
理工学部 建築学科
2年生

作品用途: 福祉施設
課題名: 子ども食堂―まちの居場所
取組期間: 2カ月

メタファーを用いたデザインは、子ども食堂を地域のランドマーク的存在として位置づけ、利用者同士や地域住民の間に社会的連帯感と共有意識を育む場を提供する

コンセプト

計画敷地である世田谷区立羽根木公園に子ども食堂を設計する。高級住宅街であるため子ども食堂の必要性はないとされているのか、その数は極端に少ない。それゆえ、貧困層の実情が表面化しないことが考えられる。「子ども食堂=貧困者のための施設」というイメージは根強く、消えない。よって、建築設計の過程において形態の表れに着目した提案をする。本提案では手をつないだ状態を設計のメタファーとして援用し一般的な施設建築の設計のように機能から形態を直接結ぶ過程を踏むのではなく、形態を決定するメタファーを用意することで子ども食堂という機能を設計の過程で挿入しながら行う。

metaphor

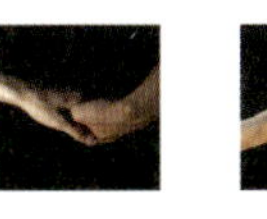

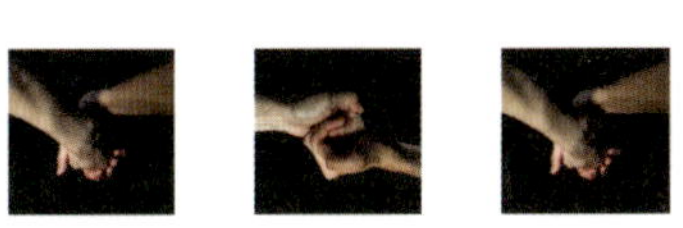
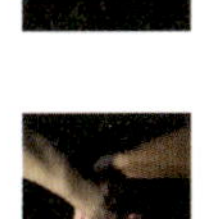
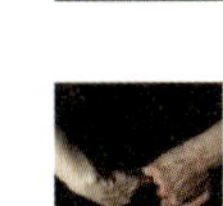
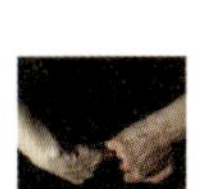
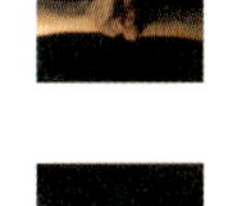

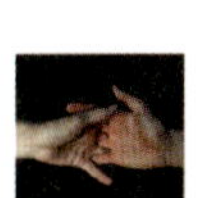
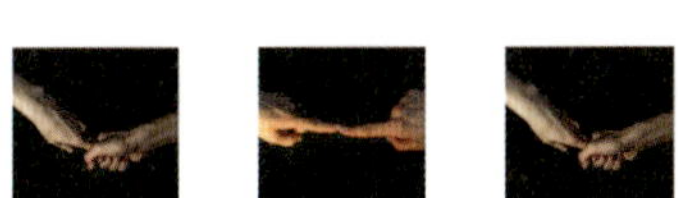

sketch

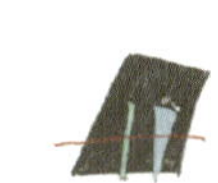

model

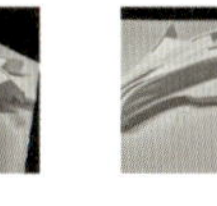

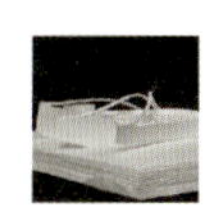
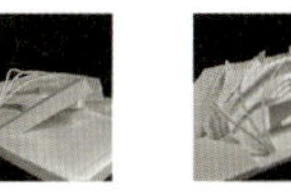

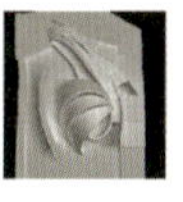

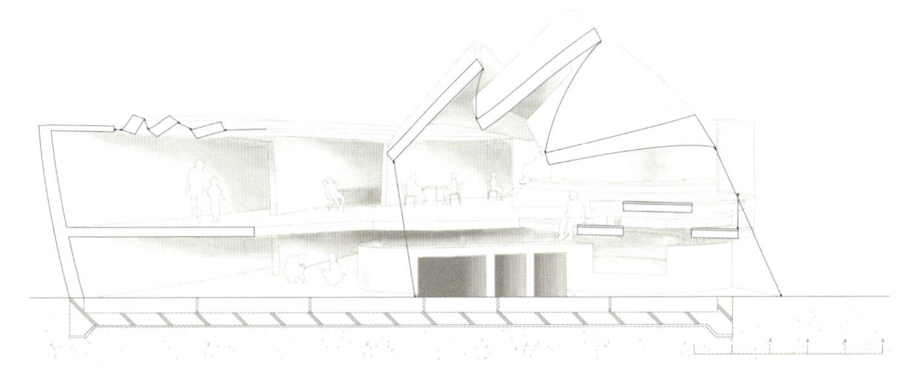

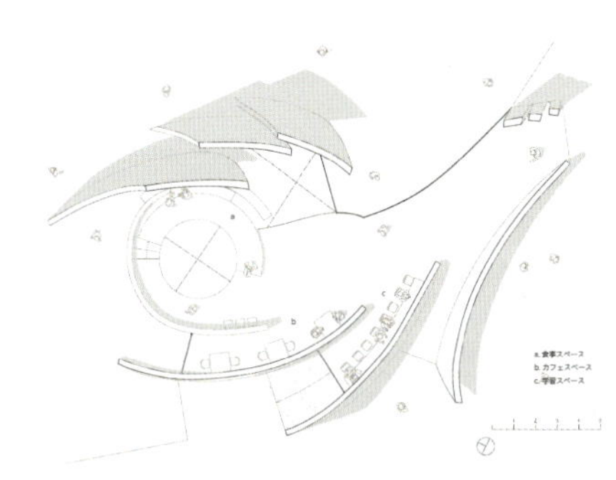

16選

最後の拠り所
―人情味溢れる下町とアジールがつくる拠り所―

ID.1051
梶田 寛太
Kanta Kajita
大阪芸術大学
芸術学部 建築学科
3年生

作品用途: 美術館･博物館
課題名: 大阪アーカイブ建築ミュージアム
取組期間: 1カ月

コンセプト　人情味あふれる下町の風景とアジール的中之島の融合が生み出す拠り所。

敷地である大阪市北区の中之島公園芝生広場。中之島の歴史は、淀川の土砂が堆積してできた砂州にまで遡り、人類学者の中沢新一氏は砂州を「アジール」と表現した

■アジール

「アジール」とは、特定の場所、人物に関連付けられた人々の避難所のことを指す。現在の中之島は、あらかじめ想定された行為のための空間しかない一方で、芝生広場は人々の創造性や表現を許容する「アジール」として機能している。そのため、アジールとしての広場は、さまざまな人が関われる場所を目指すべきだと考え、広場での制作活動やピクニックなどを「生きた芸術」として等しく扱い、製作者や鑑賞者という枠組みを超えて、共につくる美術館を提案する。

■リサーチ

大阪の建築や空間の魅力は、人情味あふれる下町の風景にあると私は考えた。そこで、魅力的な状況が何をきっかけにつくられているかを調査。得られた結果を虚、点、線、面という建築の普遍的な形態を原則に、8つのエレメントとして抽出した。本計画はこれらのエレメントをもとに現代におけるアジールを再定義するものと位置付ける。

■設計手法

特定のルールを用いて設計を行うと、強い秩序を持つ建築になりアジールに相応しくないと考え、スケールを横断して得たそれぞれの敷地の与条件とリサーチで得られた8つのエレメントをもとに緩やかな秩序を持ったものとして全体を設計する。さらに、敷地の与条件と下町のリサーチで得られた8つのエレメントを手掛かりに、行為の拠り所を設計する。出来た建築空間が人と建築の自発的な応答関係を生み出し、また新たな拠り所が生まれていく。

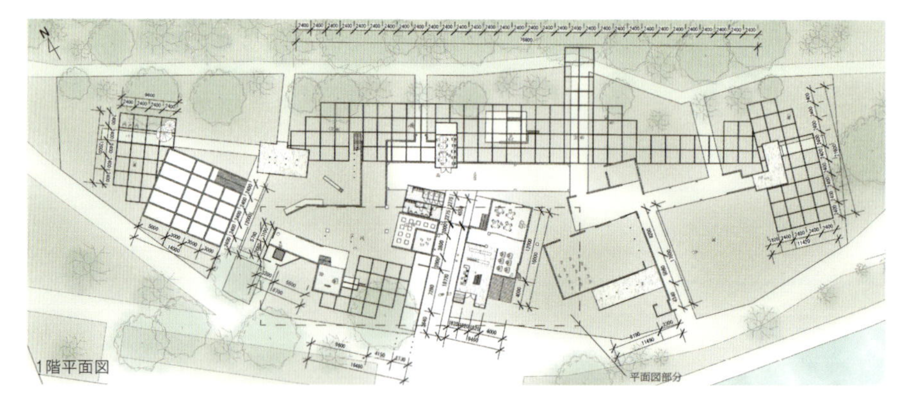

1階平面図

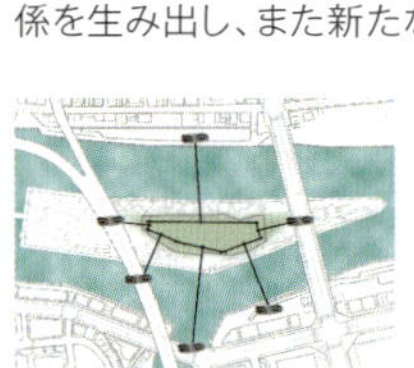

都市に対して：周辺都市に建つ建物のように強い正面を持つ建築ではなく、どこからでも正面となるように軸を引く

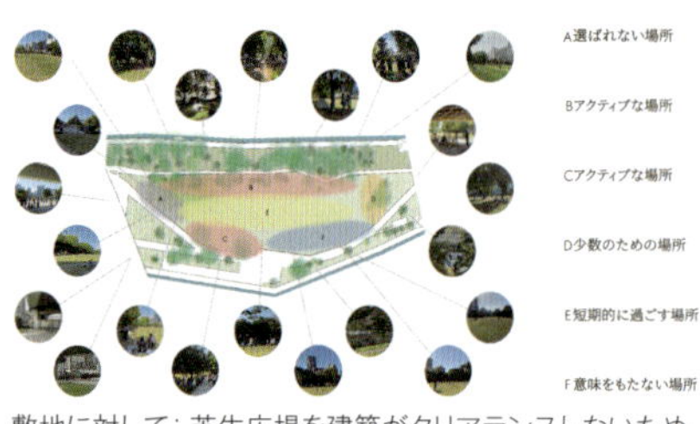

敷地に対して：芝生広場を建築がクリアランスしないため、現在の広場の使われ方を調査し、結果をもとに敷地全体を緩やかにゾーニングする

コンセプト

サーファーにとって、お風呂や水回りは生活の中心にある。しかし、一般的に水回りは家の中で端に追いやられがちで、サーファーにとっては住みづらい環境である。そこで、壁をランダムに配置し、その壁の表裏に機能やモノを配置することで、水回りを含むすべてのモノが壁で分節しながらも緩やかにつながる空間をつくった。

壁に連なる家

―サーファーのための水回りの解放―

ID.1077
桝田 将太郎
Shotaro Masuda
慶應義塾大学
環境情報学部
環境情報学科
2年生

作品用途: 住宅
課題名: サーファーの家
取組期間: 2カ月

■敷地:サーファーの街・藤沢市辻堂東海岸

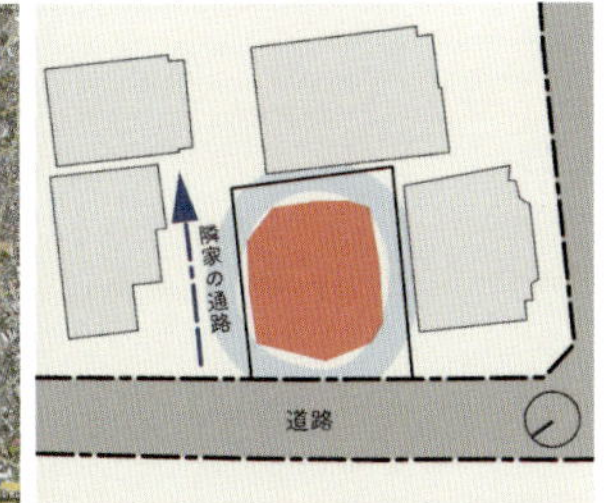

敷地はサーファーの街、藤沢市辻堂東海岸。北東側は隣家の通路、南側は住宅に挟まれた、道路に面した場所である。敷地に対し、建物を北側に寄せることで家の周囲に奥行きのある空間を目指した

■家族構成:サーファーファミリー

家族構成は、会社員の父と母、小学生の子どもの3人家族。父はサーファーで、出社前の早朝を海で過ごすことが日課である。小学生の息子も週末には父と一緒にサーフィンを楽しむ。サーフィンが生活の一部にある家族である。

■目的:水回りの解放

サーファーは風呂や水回りが生活の中心で、入浴行為などが日常生活と連続的である。しかし一般的な住宅では水回りは端に追いやられ、日常から切り離されている。そこで、サーファーのための家として、水回りを居室に解放し日常生活との融合を目指す。

■ランダムに配置された"壁"にモノが寄り付く

壁をランダムに並べ、その壁の表裏に機能や物を配置することで、壁で空間を分節しながらも緩やかにつなげる空間をつくった。また、道路に面した側はハの字のように壁を配置することで、内からは開け、外からは狭まった空間をつくり出し、周囲に対して守られながら開くことができる、外郭の曖昧な住宅となる。

■設計手法:"壁"の下の平等

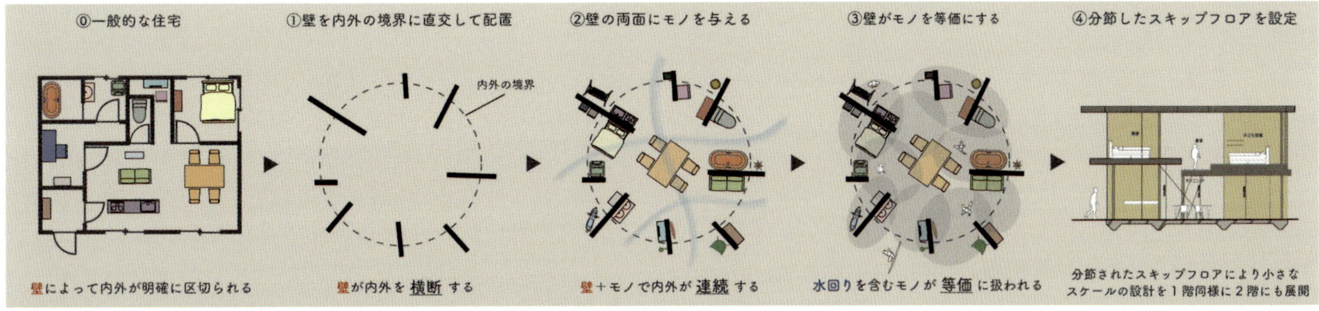

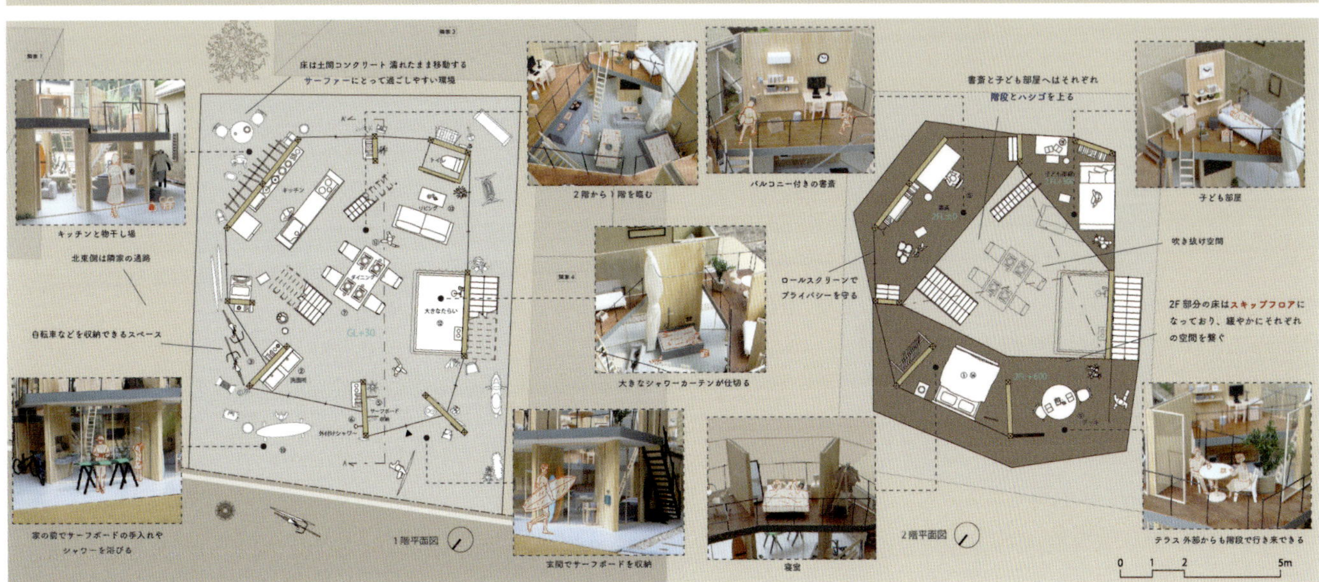

建築新人戦2024 公開審査会ドキュメント

16選へのコメント

ID0289 小笹 遥香(法政大学 3年生)
「心のもよう ―見えない豊かさを考える―」
津川: 一度見たら記憶に残るくらい独自性のある力強い造形をしています。「見えない豊かさを考える」というサブタイトルが付いていますが、視覚優位的な建築ではなく、質感など建築が人の五感にアプローチすることを追求した提案ということで、すごく現代的なテーマ性を持っていると思いました。そのような中においても、五感に訴えかける空間構成のもと高い造形力によって一つの建築として形を成しているところが高く評価されました。

ID0509 星野 真歩(早稲田大学 3年生)
「流れを編む ―都市の在り方を再編し変容していく世界図書館の提案―」
津川: 流れを編む世界図書館の提案ということで、運動エネルギーや位置エネルギーという物理学で扱われているテーマで作品を組み立てています。そのような目に見えないものが持つ精神性を手がかりにして導き出した造形がよくできています。同一のデザイン言語に見えつつも、多層的な面や、平面的なくぼ地、断面的な重なり具合もよく検討されていて、ダイナミックな線形ですが、模型にしてみるとよくできており、そこが評価されたポイントだと思います。精神性からインスピレーションを受けて、ものに精神性を宿らせるという抽象的に空間を捉える力を持っている人だと思います。

ID0423 森 咲月(芝浦工業大学 3年生)
「三脈のしるべ ―清澄の失われた脈を蘇らせ、やがて新たな結節点となる―」
白須: 作品を見た際、プロのプロポーザルの提案に近いくらい高いクオリティに仕上がっている印象を受けました。中身も非常に密度が濃く、模型の内観も、実際にプロポーザルを勝ち取って建っていそうだなと思うくらい非常に優れた作品だと思います。8選に入るか入らないかというところで言うと、作品について何を議論するのかという論点が少し見えづらかったです。

ID1051 梶田 寛太(大阪芸術大学 3年生)
「最後の拠り所 ―人情味溢れる下町とアジールがつくる拠り所―」
白須: 模型がカラフルで元気な印象を受けました。一次審査の際、公開審査会までにブラッシュアップされてどのように発展するかを見てみたいということで選びました。その期待に応えて、非常に発展した作品に仕上げてきたと思います。屋根に降り立ったり、屋根が外れて外部になったりとおもしろいところがいろいろありました。一方で、周辺地域のリサーチをしっかりしている割には、建築的な統合が形で示されていなかった。それが推しづらかった点です。

ID0896 前田 陽斗(近畿大学 3年生)
「矛盾を引き裂く」
門脇: 大阪市に岡本太郎のための美術館をつくるというプロジェクトです。岡本太郎は対極主義という思想を掲げましたが、前田さんは単なる二項対立的なもので終わらせず、「温かい·冷たい」「重い·軽い」といった空間の言語を、70を超えるほど組み合わせて多元的な空間をつくり、さらにそれらを複合させて一つの建物にしています。極めて分析的な提案と言っていいと思いますが、このようなアプローチによって到底ひとりの建築家では考えられない、非常にたくさんの知性が重ね合わさったような多様な空間が出来上がっています。あえて弱いところを指摘すると、一人称

視点での空間体験のプレゼンテーションが少し足りなかった。平面を見ると非常に楽しい空間がたくさん出来上がっているようなのですが、アイレベルでこの空間を見て、そこで人は何を感じるのかを追体験できるプレゼンテーションがあるとさらに共感を集めたと思います。

ID1077 桝田 将太郎（慶應義塾大学 2年生）
「壁に連なる家
ーサーファーのための水回りの解放ー」

門脇：藤沢市の辻堂。湘南ですね。その海沿いの住宅地にサーファーのための家をつくるという提案です。家族構成を想定し、そこでどのようなスケジュールで家族が暮らしているのか、非常に綿密なシナリオを立てたうえで、具体的な設計が展開されています。模型も大きく、ここで営まれる生活を、建築的なエレメントだけではなく、さまざまな小物を散りばめることで上手く表現しています。私は辻堂出身ですが、ここだったら自分も住みたいなと単純に思いました。あえて弱いところを言うと、大変気持よさそうな空間ですが、松田さんが設計者としてどのような主張を作品に込めているのかがわかりづらかったです。人はどんなふうに暮らすべきか、そういったところに迫るメッセージが欲しいと思いました。

ID0990 中藤 堅吾（日本大学 2年生）
「かたちとなかみ ー建築設計における
メタファーを援用した設計の提案ー」

磯野：世田谷区という高級住宅地が建っているような場所にあえて子供食堂を建てる。しかもその子供食堂が、私たちが想像するようなものではなく、ある種美術館を想像させるような、一般的なイメージと大きくかけ離れた形にすることで多くの人を呼び寄せようとしています。そこが審査員に評価されていました。私は専門が人類学ですが、人類学の観点からも、建築を通して子供食堂のイメージを、自ら変えてしまうような想像力が見られたという点で評価しています。少し残念だった点が、「メタファーを通して子供食堂と認識されづらい形で人を呼ぶ」ということが書かれていましたが、むしろ子供食堂そのものを隠してしまうというメタファーによって子ども食堂に対するイメージを変えてしまうような、もう一歩踏み込んだ発想があると、より響く作品になったのかなと思いました。

ID0568 ユアン タン ジェイリン（京都精華大学 3年生）
「真菌の共生」

末光：卒業設計的に都市全体を捉え、これからの建築の在り方を問うような提案です。菌糸に着目して菌が増殖するように、都市の中にセルフビルドの構築物が必要に応じて変質しながら増殖するということですが、特にセルフビルドという点がおもしろく、これからの都市の在りようを示唆しています。最初に計画したことが未来永劫続くかのように現代の建築はつくられていますが、そうではなくて真の持続可能性やサステナビリティを考える時には時間軸の概念と人が関わり続けられる仕組みづくりが大切で、その本質が盛り込まれていると思いました。少しアドバイスすると、セルフビルドということは、例えば材の大きさやディテールのつくり方、建築の単位当たりの大きさなどに工夫が必要になります。そこまで思考を巡らせて、建築の形に落とし込むことができるとよかった。また、私の研究室も菌糸の研究をしていますが、菌糸は自己増殖的にどんどん素材ができていくという不思議な素材で、そういった素材自体もこの計画に盛り込めると、未来的な新陳代謝のイメージをつくることができるのかなと思います。

8選への質疑応答

ID0212 松本 詩音(武蔵野美術大学 3年生)
「富ヶ谷 煙突の家」

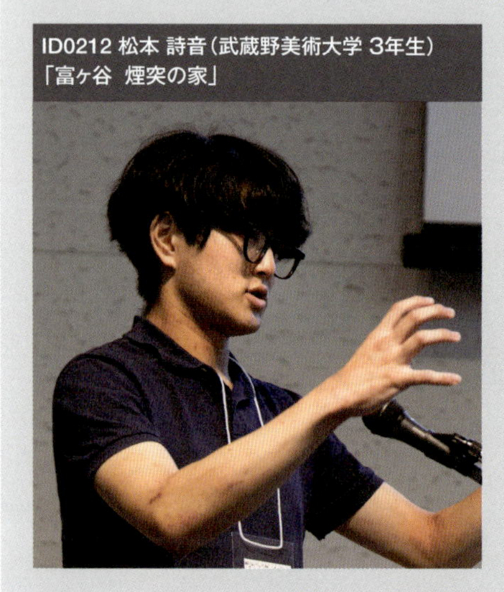

門脇: 学部生の設計とは思えない成熟した設計だと思います。というのは、この作品はリアリティ、それからリアリティから遊離した少しシュールな雰囲気の両方を持ち併せているからです。例えば正方形に割られた非常に幻想的な、藤森照信さんの設計を少し思わせるような窓がありますが、これにはきちんと霧除け庇が付いていて、極めて具体的な窓として考えられてもいる。あるいは、1階にはピロティがあって、フィルミニのユニテ・ダビタシオンのような壁柱で支えられてボリューム全体が浮いているわけですが、ボリュームの壁体は小径材を組んだ木造のトラスになっている。壁が三角形のトラスであることによって、この建物は外殻構造的に成り立っているわけですが、それが全体のフォルムとして少し不思議な感じを生んでいる。このリアルと、リアルでないところの両方を満たしつつ、どちらにも股をかけるというのは極めて上手い設計だと思います。最たるものは煙突です。この煙突はプロポーションやテーパーがかけられていることによって、極めて煙突らしくなっている。しかし、これが宙に浮いていて1階に開放されたピロティの下でピアノを照らしていて、排煙のための煙突ではない。非常にポエティックです。富ヶ谷という非常にリアルなコンテクストの中に建っていてもおかしくはないけれども、そこにはありえないような世界をふっと出現させてしまうという意味で、大変素晴らしい作品だと思いました。

津川: 正直プレゼンテーションを聞くだけだと良さが伝わりづらい部分がありました。というのも、かなり弱々しい前段のストーリーから、なぜこのような形になったのか、この作品の魅力は何なのかということを、おそらく本人があまり自覚できていないのかなという気がしたからです。一方で、屋根の若干の勾配や、プロポーション全体のボリューム感、ピロティの浮かし方の構造で内寄せにしている点など、センスという言葉はあまり使いたくないですが、その建築を組み立てる造形力、構成力がすごくある人だなと思いました。

門脇: 普段から建築をすごく観察している人だと思います。

磯野: 幸か不幸か私はこの辺りの地域をよく知っています。実はこの近くに代々木八幡のコミュニティスペースがあり、さらに代々木八幡の銭湯もあるので、コミュニティスペースと煙突はもう既にそこにあるなと思いましたが、そのようなことも踏まえたうえで、あえてコミュニティスペースも煙突も必要ということでしょうか?

松本: 富ヶ谷は現状として、コミュニティスペースが建物の中にあることが多いと思います。しかし、もうち少しラフに地域のアイレベルとして広がった場所に、公園のような形で設定したくてこういう場を考えました。

磯野: 建築として素晴らしいと思いますが、近くに結構開けた公園もいくつかある中で、富ヶ谷の地域に本当にこれが必要なのかというのが、その街をよく知っている住民に近い目線で見た時に、疑問に感じたところです。

門脇: 機能的なことは置いといて、これはコンテクスチュアリズムなのです。コンテクストを踏まえて、街の中に突飛なものをつくらないという方法をとっていますが、周りのコンテクストだけではなく、そこを一歩踏み出して、少しシュールな夢想的な幽玄的なものをつくっている。おそらくそれが最大のチャレンジなはずで、このレベルでコンテクスチュアリズムが扱えるというのが本当に凄いと思います。

末光: 気になったのが、この光を取り込む煙突は、1階の空間に対しては効いていると思いますが、室内になっている2階、3階には全く寄与していないのかな。それはどうしてでしょうか。あと造形力は認めますが、2階の窓がやはり小さくて、中をのぞくと暗いのですよね。この模型から松本さんの建築に対する愛情をすごく感じますが、その愛情を2階、3階にも向けて欲しいと思いました。

ID0259 沼宮内 さつき(東北大学 3年生)
「土ヨウ日ニ雨」

白須: 「漫画」で表現してあるプレゼンボードは見た人に強い印象を残す作品だと思います。その絵は非常に印象的で心に残る。そこで少し質問させていただくと、「人との関わり」をかなり強調されていますが、プレゼンを聞いていると「人との関わり」というよりも、「人と自然との関わり」を話されているような気がします。造形的な点においても、最低限のエレメントで構成されていて、そこに自然と人に対して建築が媒介のように機能しているのかなと感じましたが、自然との応答であれば建築でなくてもよいのではと思います。建築が必要だと思う根拠を教えてください。

沼宮内: 今回設計したのは集合住宅ですが、集合住宅という人が暮らす場所で、日常的に自然との応答や、自然に抗わずに自然の影響を受けながら土壁を直したり土を均したり、自分の家に手をかけていく。自分の棲みかを守っていき自分の棲みかに愛着を持って、住む環境を整えていくということをして欲しいので、建築が必要だと思います。

門脇: この住宅の形式はコートハウスっぽいですよね。コートハウスというと都市の中で周囲の喧騒から住民を守りながら自然を取り入れる。そういう形式なので、極めて完結的に見えます。しかし、非常におもしろいと思ったのは、模型で明確に表現されていますが、この土壁が土中とつながって、土中環境に開放されているんですよね。つまり土中の生態系が人間社会に侵食してくる。セルフビルド系で難しいのは、結局その後の物語が描けず、自作自演になりがちですが、彼女は漫画という方法で極めておもしろい物語を描いています。漫画のオチでは60数年後に災害が起きて土が流されて、住宅地のブロックや周りの住宅地など人工物と土が入り混じる世界になっているんですよね。つまり一見境界があるようなことをしておいて、そこにちょっとした穴で土中とつなげて開くことによって、いつしかこの人工物が自然物に飲み込まれてしまう。そういう物語が描かれているのが極めておもしろいと思いました。

津川：漫画を読ませていただいて、作者である沼宮内さんの原風景あるいは何か原始的な体験の中に、作品のように建築を捉えるものがあったのではないかなと勝手に想像してしまいましたが、その辺り何かあったりしますか？

沼宮内：建築の一生を考える時に設計者である私たちは、終わりを考えるときにやはり解体しやすいものを使うほうが良いと考えがちです。そのように最初から解体を想定したものを建ててしまうということは、その建築を使っていこうとする意志や覚悟が感じられず、私は建築がずっと建っていて欲しいし、ずっと使って愛着をもって大切にして欲しいという想いがあって今回こういう住宅をつくりました。

津川：ありがとうございます。その言葉が聞けて良かったです。

ID0316 恵良 明梨（法政大学 3年生）
「real.」

末光：審査員のほうからは模型の裏側が見えていますが、裏側はどのように考えましたか？

恵良：この空間は表だけではなく裏側も本を読む暗い落ち着いたスペースになっています。この敷地と照らし合わせて考えた時にパンダ橋の上にいる時は、ホームはあまり見えませんが、裏側の洞窟のような空間に行った際にホーム上の人と視線が重なり合ったり、ホームからしか見えない図書館の姿などが見えたりする。そこが魅力かと思っています。

末光：なるほど、地形化した壁のようなものがあって、その表と裏を行き来しながらこの施設を利用しているということが一番の狙いだったのですね。

津川：同じ疑問を持ってしまったのですが、もともと崖地に施設が建っていて、その間を縫うように場所が生まれるというストーリーだとすっと入ってきますが、上野という東京の都心部で線路もすごく多い橋の上に、全てRCでこの地形をつくるという、かなり強引なやり方だなと正直思いました。このような大地をパンダ橋につくりたいという発想や欲望はどこからきたのですか？

恵良：きっかけとしては、上野駅を歩いている時に、駅舎が敷地の中でうまく建てられているので、あまり高低差を感じられなかったことです。江戸時代は見晴らしや風水的な意味も込められ、高低差を感じることができたと思いますが、それが薄れてきてしまっている。そのような考えから、大地を掘り起こしてみようと思いました。

門脇：最初に見た時は、フレームとボックス、それから地形が二項対立的で、あまり引っかかってこなかったのですが、次第にこれは良い作品だなと思いはじめて、最終的に推しました。100選に図書館の提案はたくさんありましたが、この作品が最も腑に落ちたんですよね。情報化社会の中で、我々は情報とどのように向き合うべきか。これが図書館に取り組んだ多くの人たちが立てた問いでしたが、この提案では、人間がまるで動物のように、情報を捕獲しに行くようになっている。あるいは、情報を享受する際に、我々は動物のように身体性へと回帰していくのだという非常に強いメッセージが込められている。この地形がコンクリートでつくられていることに関する指摘はありますが、スケッチの入ったトレーシングペーパーが展示されていて、そこには身体と斜面の関係をしっかり検討したあとが残っていました。要するに、これは自然の地形のようにも見えるけど、まぎれもなく彼女が設計したものなのです。そう考えると、コンクリートでできていることも不自然ではないと思えてきます。

津川：「不完全な目的地の図書館が情報以上のリアルを持って建つ」とプレゼンボードに書いてありましたが、そのメッセージが一番刺さります。ネットなどで大量の情報を容易に獲得できてしまう今の時代に、その場所に行った時に獲得できる、特異で、かつ大量の情報を担っている建築をつくるんだという確固たる覚悟が、私は一番胸に刺さって、実は一番この案を推していました。

末光：身体と情報との関係を純粋にやるのであれば、この敷地ではない場所で純粋にやったらいいと思いますが、自由に敷地を選べるとしてもやはりこの敷地でやりたいですか。

恵良：私としては橋の上であることよりも、この下に線路が走っていることに意味があると思っています。例えば実際の地面に建てたとして、その裏側の空間は建築だからこそ実際の地形とは違いますが、この敷地では地形が存在する意味を持っているという点が強みだと思っています。

ID0498 小林 舞（文化学園大学 2年生）
「いきるいえ
居心地を創造し経過が住み方を生み出していく」

末光：2年生とは思えないほどの出来だなと感心していました。実際に中の空間と外の空間だったり、中にもう一つ入れ子のようになっていたり、そのような視点で考えられていることが素晴らしいと思いました。一つ質問としては、この最上階のヴォールトの屋根が、全体を印象付けていますが、しかし妙にそこだけ浮いて見えて、最上階にペントハウスが載っているようです。なぜそこだけヴォールトにしたのでしょうか。

小林：周辺から見た時に、顔を出すように見えているのが良いと思って、ヴォールトにしました。

津川：最近学生がつくる建築作品を見た時に、レンダリング技術が発達しすぎていて模型がしょぼく見えてしまうということが多々あります。しかし、この作品は模型の持っている力強さがあります。そこで質問ですが、モネの話をプレゼンボードに書いていましたが、プレゼンには出てきませんでした。その補足はあったりしますか？

小林：モネの絵を平面的に見た時に縦に積層しているように見えました。その一つひとつの葉が全て生活空間になり得るのではないかと考えて、その微妙なレベル差を空間に結び付けた時に、その空間も曖昧に定義づけられるのではないかと思い、建築に落とし込みました。

津川：独自の視点で全く違うものを見ているのに、

それを建築的に変換する際の抽象的な思考力が、この模型に生かされている気がしました。

門脇：この作品は、「即興的に」とか「増築的に」と言わないほうがいいと感じました。即興的というより、バラバラに見えつつも全体が統合されていて、危ういところでまとまっている大変造形力の高い作品だと思うし、足したり引いたりすると全体が崩れてしまうような緊張感もあります。モネが描いた睡蓮が揺らぐような、その反射の中に人が暮らせる、そういう語り方をしたほうが良かったと思います。

津川：呼吸をすると言っているのは増築するから変わっていくということですか？

小林：呼吸をするということは増築を意味しますが、増築だから新たな情報を足すというよりは、意味を与えること自体が増築だと思っています。実際に建築が増築されていくわけではなく、居心地ということを意味付けていくということです。

末光：これを設計していた時のプロセスを紐解いたときに、おそらくまずスラブから決めたと思いますが、そのあと模型を見ながら形を変えていったということですか。

小林：ずっと模索するように動かして、どう見えたらかっこいいかということを考えながらつくっていきました。

ID0656 喜多 爽大（京都府立大学 3年生）
「時速4.0kmのセンロ」

磯野：まずリサーチの仕方が非常にていねいで素敵だなと思いました。私はどちらかというと皆さんがつくった建築を使う立場なので、どういう環境がそこにあるかということをよく知った上で、そこに溶け込んでいるような建築をつくっていただけると嬉しく思います。そのために、ご自身が慣れ親しんだところを人類学者のように外部の視点で捉え直し、すごく綿密にご覧になることで速度を落とすという建築を考えられている。こういう建築家の方が未来に巣立っていただけると、とても街が素敵になるのではないかなと思い、一推しさせていただきました。

白須：改めて模型を見ると、結構造形的というか、強い形でつくられていると感じました。これによってご自身の作品によって環境的に変わるところがあり、環境をそのままを見ることはできないわけじゃないですか。その変わった環境については、どうお考えですか？

喜多：その環境の魅力を少し誇張するようにこの線路を引いています。ただ普通に1本の道を通すだけでは気付かない人もいると思うので、環境の変化を考えながら設計しています。

白須：あくまでフレーミングをしているということなんですね。

津川：この提案がおもしろいのは、新たにつくられる土木的な建築物を利用する人の時間感覚も変わるし、その建築自身が持っている時間、要は物質的に持っている時間すらも、金具を使わない基礎の在り方やあえて腐敗させることなど建築の建ち方によって変えていく。建築によって、まとっている時間を何かに変換しようとする気概がおもしろいし、魅力的に映りました。その中で一つ気になるのが、線路という既存のインフラに対して、割とそれに近しい形状で時速4キロの新しい線路をつくっていることです。なぜ既存の線路に沿わせたのですか。

喜多：この建築を通して感じて欲しいのは、日常的に歩いている風景に対して、もっと速度を落として解像度を上げて欲しいということです。なので、この時速52キロで走る既存の線路に対して、速度を落とすことで、こんなにも景色が魅力的に見えるということを伝えるために沿わせました。

津川：普段電車に乗っている人がこの駅間で電車を降りて、時速4キロの線路を通る。それによって、日常で通り過ぎている風景と速度を変えてみることに価値があると定義したいというとこですね。

末光：この課題は、駅舎と美術館の複合施設の設計だったのですよね。それでデッキのようなものができてしまっているから概念的なところで回収され過ぎていて、それではその概念で美術館をつくったらどうなんだ、駅舎をつくったらどうなんだと、もう少し踏み込んで欲しかった。これだけやれる力があれば、もっとスピードが違うことによってできる建築の可能性のようなものが開けたのではないかな。

ID0902 佃 菜帆（日本女子大学 3年生）
「時熟　―地形が誘引する非三人称建築―」

末光：とてもきれいなランドスケープの建築だと思い、僕が推した作品の一つですが、模型をよく見てみると最初は白模型かと思っていたけれど、めくれているところの下の地面は少しテクスチャーを変えていて、とてもいいなと思いました。一方で、めくれた屋根の裏側が白になっていますが、そこの具体的な素材感を考えたのかどうかが少し気になりました。死者と生きている人を隔てる場所をめくれた場所につくる時に、そのめくれた空間の設定がとても重要な気がしますが、そのめくれた天井はどのようになっているのでしょうか。

佃：天井に関しては、屋根仕上げと同様のものを考えています。地形と一体化することが最初のプロセスだったので、その延長線として表と裏をつくりたいというのは変わらずありました。表と裏を視覚的に見せるのではなくて、例えばその仕上げをコンクリートにして表は違うものにした場合に、ここは裏で、ここは表という感覚で見るのではなく、そこで過ごしている過程で発見的にここは裏っぽいな、表っぽいなと居場所探しをできるようにしていきたいと思いました。

末光：僕が設計をするのであれば、めくれた裏の空間をしっかりつくります。下手すると平たいところにうねうねしたコンクリートの屋根があるだけになってしまうような気がします。そうではなくて、大地と一体化しているものがめくれたんだよと、その辺まで踏み込んで表現したら良い提案になると思いました。それと、この大地と屋根をどういう関係性にしたかという点も少し聞いてみたかったです。

磯野：人類学的な観点から考えると、人間は死者と生きている場所を分けたいんですよ。でも、この作品では微妙に混じっているんですよね。佃さんがこういう発想を持って死を捉えたということ自体がもしかすると、死者と生者を隔離してきた時代から、違う死の概念が現れているのかなと非常におもしろく感じました。死と生が混じることは大丈夫でしたか。

佃: 火葬場の設計があった上で地域住民との交流する場を設けるという課題だったので、最初は弔いの空間と生活空間は分けるべきだと思っていました。調査した過程でも、周りの住民から見えづらい場所に葬儀場は設けて欲しいという声があり、葬儀場内の空間は消防が確保しにくいという問題があったりしたので、そういう問題を解決する手立てにもなるのではないかと思って、なるべく抵抗なく人が流入するという感覚を持てるように設計しました。

ID0936 戸屋 志月（芝浦工業大学 3年生）
「Re:Anker」

白須: 非常に完成度が高く、模型もシートも素晴らしかったです。プレゼンの中でも言いたいことを順序立てて、歴史のところから最後の構成のところまでしっかり説明できていました。その上で、既存のファサードと建築、それから新しい増築部がうまく計画されていそうだったので8選に選びました。疑問に残った点がRCの勾配屋根です。これは何なのでしょうか?

戸屋: この敷地に速度の異なる三層のレイヤーがあって、庭園という速度の遅いレイヤーをその建築的空間に取り込むために一旦空間化したかったのです。レイヤーを一旦同じ建築として空間化することで、レイヤーの順序と断面的な部分を明らかにして、その庭園に合わせるようにRCの屋根をかけました。

白須: 緑化したりデッキにしたりすることがまず思いつくでしょうが、屋根だけすごく抽象的なものになっているので、RCのスラブに留めている点を説明できますか?

戸屋: このRCのかかっている境目の部分が既存建築の背面で、庭園側に向かってむき出しになっている壁です。その壁は庭園の裏側になってしまっていて、この敷地のすぐ右側に庭園で一番見所の富士山という築山がありますが、そこに接続するように設けて、あくまでも庭園の一部に接続するようにつくるけれど、接続しながらもここに既存建築があるという証を対比させて見せるために、あえて緑化しないでRCの屋根にしています。

末光: 図面を見た時にすごい力を持っているなと思って推しました。確かにすごくよくできているし説明も上手でしたが、上手すぎて少し違和感が残りました。その既存建物のところが、ある時期に結構上の階まで増築されていたんですよね。それを戸屋さんは全部1回クリアランスした。そこが違和感の正体かなと思っていて、耐震性や減築などを考えたらそうかもしれないけれど、既存建築が持っていた空間性やまち並みに対してどう考えたのかを聞いてみたいです。

戸屋: 正直、設計をする上でそこをなくすか迷ったところですが、構造上結構厳しくなっているということと、この敷地自体が都市計画事業地になっていて空洞化しています。住人の証自体がもう更新されていない。主にテナントに追従するようにファサードは変わってきたので、その上は空洞化していて、そこまでこの敷地において残す必要がないという考えです。そこにあった証をなぞりつつ、その木造のデッキを増設していますが、ただ木造増築部分に関しては減築したという感じです。

末光: そこがちょっとドライすぎないかな。そういう違法に増築されたような場所こそが、居場所としておもしろい場所になりそうです。そこをあまりにプラクティカルにやってしまうと大丈夫かなという気がします。そこを踏ん張ってもらえる設計者になって欲しいと思います。

ID1124 小倉 珠莉（横浜国立大学 3年生）
「建築内街路」

末光: 模型の魅力がすごくあると思いました。しかし、説明の際の小話がすごくおまけ的で、都市的な構造や仕組みづくりから入っていますが、都市的なものだからこのような内部空間ができて、人との関係がこのように生まれるし、実はこういうルールを考えたからできたというような説明をして欲しいと思いました。自分としてはどちらがやりたかったのでしょうか。

小倉: 模型で説明できている部分よりも、そこの背景となる部分を説明したいという意図でプレゼンしました。

門脇: この構造はおもしろいですよね。表長屋と裏長屋のような通りをしっかりと設計して、それぞれの住戸が両方に面していて、裏長屋的なところは配管までしっかり模型をつくっている。そういう表も裏も両方とも都市の魅力なんだと。それをすべて享受できる集合住宅をつくるんだという強い意思を感じます。ぜひ一度自分の言葉で説明してみるといいのでは。

小倉: 三つの街路に分けたところを上手く説明できていなかったのですが、一つ目に先ほど指摘いただいたような裏路地を感じられるようなものとして、灰色の街路やたくさんの緑の間から生活が垣間見られるようなものを緑の街路としました。オレンジで示したところは、生活が染み溢れたりするような形で、どちらかと言えば階段が多くあったり、渡り廊下が多くなるように設計して、それがどうすれば上手く都市の空間と溶け込みながら生活を豊かにできるかと考えて設計しました。

門脇: どれも小倉さんが好きな都市の側面ですよね。それを排除したり隠したり、あるいはどちらが上だとせずに集合住宅をつくるという試みとして、非常に共感しました。

津川: この街路は、普通に公共の人が敷地内を通り抜けできてしまうのでしょうか。完全にパブリックな道路ということですか。

小倉: インフィルで囲まれている建築内は入れないようになっていますが、それ以外の部分はパブリックで人も入れることにしています。

白須: 大きいボリュームの大きいスリットにはガラスが入っているんですよね?

小倉: それぞれの通り抜けができる道は絶対にガラスの入ったスリットの空間にぶち当たるようになっているので、街路を見ることによってその生活の部分も見ることになっています。

ディスカッション・投票

光嶋：ここからは、さらに議論を深めていきたいと思います。これまで課題の中に含まれているテーマや、建築を通して彼らが考えていること、審査員が考えていることを言葉によってやり取りしてきました。そこには具体的なことから抽象的なことまで広がりがありますので、学びを発動させるためには他者への想像力、使い手としての想像力を駆使して作品にダイブしていくことが大切です。「俺の作品だったらこういうことかな」と自分事として考えながら議論を聞くと学びが深くなると思います。まずは審査員からもっとこれが聞いてみたいという質問をして、対話を始めたいと思います。

白須：前半で聞けなかったことで、住宅作品が気になるので住宅作品に絞って質問します。ID0212「富ヶ谷 煙突の家」とID0498「いきるいえ」、特に0498の作品について、建築の構成やボリューム、形のつくり方は非常に手慣れていて上手だなと思いましたが、「生きる家」と語っている割には平面図からも暮らしが見えませんでした。暮らしをどう捉えているのかを教えてください。

松本：僕は実際にピアニストとして活動していますが、何人かの知り合いのピアノの先生に、ピアノ教室を自宅で開いていることに関してプライベートとコモンで分ける必要があるかどうか質問してみました。分けたいけれど、生徒とは家族のように関わりたいという意見を多くいただいたので、キッチンをあえてコモンに当てて、みんなで団欒できるリビングとしてもピアノ教室としても活用できたらなと考えました。プライベートとして重要視したい安全性という面から寝室を最も空間の深度が深い一番上に置いてみるという操作で、使う側の意見を取り入れながら考えてみました。

小林：この家での暮らしについては、周辺の人々がこの中で一体どんな暮らしをしているのだろうと想像するその奥行きが大事だと思っているので、想像を掻き立てる生活をイメージしてつくりました。さらに、積層したスラブのレベル差で空間を曖昧にしていますが、それが椅子になったり、上へアクセスしたりするという用途を持つだけでなく、空間を広く見せるという見え方も意識しながら考えました。

津川：今の話を聞いていると、松本さんと小林さんの住宅は結構対比的だと感じました。松本さんの作品がピアノの演奏者や先生にヒアリングしたという内側にエネルギーを持った住宅に対して、小林さんはむしろ暮らしが外からどう見えるかという視点でつくっています。それが良い悪いではなくて、議論の題材になりそうです。それで言うと私は小林さんの「いきるいえ」のほうを推したい気がしています。ピアノの住宅は形が建築として美しく、設計がすごく魅力的に見える。でもその一方で、パブリックとコモンとプライベートのその3つの要素を段階的に設計したいとプレゼンテーションで聞いて、その割には意外とパブリックに開かれているところがすごくクローズドで、意図的であればその形式が本当にこれでいいのかなと疑問が残ります。煙突という象徴的なものの真下にピアノを置いて形式としては明快で悪くない。しかし、それ以上でもそれ以下でもない気がして、それ以上の広がりがここから引き出せるのかというところは推している門脇さんに聞いてみたいです。

門脇：松本さんの作品は、いろいろ話を聞いていてよく考えられているなと思いました。けれどもそれ以上に、これは三角敷地に建っていることが肝なんだと思います。ここに住宅を建てると、三面とも道路側から見えてしまうので、住宅としてはプライバシーの確保がしんどくなる。そういう条件の中で、住宅にも見えそうだけれど、ギリギリ住宅に見えることを回避するというバランス感覚が素晴らしい。松本さんは先ほどシュールだと言っていましたが、ここでの暮らしは、なんだか夢の中の暮らしかのような非現実感がどことなく漂っています。たとえば、ピアノが煙突の下に置かれていて、煙突が導く光の下で演奏する光景が、街に現れるようになっている。ごく当たり前の住宅地に、そういう光景が出現するというのは大変ドラマチックだと思うし、そういうことが起こってもおかしくないと思えるような雰囲気をこの建物は持っている感じがして、素晴らしいと思います。一方で小林さんの作品は、窓のスケールや階段の取り付き方などから、どう見ても住宅に見える。だから、小林さんの作品も素晴らしいけれど、住宅的すぎるかなと思います。住宅を設計する際に、暮らしそのものをテーマでにするのはよいと思うのですが、松本さんはむしろ暮らしとそうではないものの間みたいなことを考えているではないかなと思います。

審査委員の門脇耕三

津川：私は意外と小林さんのほうが住宅っぽくないと思っているんですよね。松本さんのほうが家という形式を感じるので、そこら辺を聞いてみたいですね。

磯野：もちろん松本さんの作品は本当に建築としては素晴らしい。しかし、私は富ヶ谷によく足を運ぶので、暮らしという点から考えると、もう少し綿密な調査をした上で設計すると富ヶ谷の家の暮らしに上手く接合したのかなと思いました。あと「いきるいえ」のほうは、この家にどのような人が住むんだろう、どのような人が買うんだろうと考えながら設計したのだろうと思いました。

小林：想像しているクライアントは、デザイナーやクリエイティブな仕事の人で、アイデアが浮かばない時に、均質な家に住むより毎日の暮らしの中で変化がある家がいいのかなと思いました。例えば雨に打ち付けられる階段があったら新しいアイデアが浮かぶのかなと思いました。

津川：でも、クリエイティブな人は多分、もともとそういう性質を持っている性なので、どちらか

というとクリエイティブにあまり触れてこなかった人がこの家に住むと、生活が変わったり、習慣が新しく身についたりする側面を期待して良いと思います。

末光: 小林さんがプレゼンではあまり増築は関係ないと言っていましたが、プレゼンシートや今の受け答え見ていると、自分で手を加えられる人を意識してつくったのかなと。だからいろいろな要素が組み合わさっていて、それが増えても別におかしくないような印象を受けたんですよね。だから、そのように自ら手を加える人限定の家という認識でよろしいでしょうか。

小林: この家に意味を与えたいと思う人を想像しています。家の形としては変わらなくてもいいと思っていますが、内部空間、例えばインテリアなどで結構使い方は変わると思います。スラブを邪魔なものとしてではなく、上手く使いこなせる人と考えた時に、クリエイティブの人なのかなと今の段階では想像しています。

末光: クリエイターにしか価値がないとすると、提案していることの射程距離が少し小さくなってしまうような気がします。クリエイターではない人でも、こんな価値を生み出せるという答えはあったほうが良かったなと思います。

津川: もっと自信を持っていいと思います。我々に恐れずに、自分が信じているものをはっきりと言ってくれるほうが多分この場所ではいいと思うので。

末光: 少し視点を変える質問します。ID0902の佃さんは、生きた人と死んだ人が共存することについてどう思われていますかという質問に対して、課題でそう設定されていたというように答えました。課題がそうだとしても、自分の言葉で語って欲しかった。それを改めて考えてみてください。

佃: 葬祭場という結構広い敷地ということもあって、目黒川沿いでランニングする人の足音や洗濯物を叩く音、犬の散歩の音、はたまたその川に着水する鳥の音などたくさんの動き中で、「死」という少し冷たくて沼のような滞ったものとどう融合させるか考えました。地域住民や活気のある、動的なものが入ることによって死の葬祭の空間だけではなくて、そこに日常と非日常との混濁を埋める、日常に戻ろうとしなくてもいいような、死を受け止めて今後生きていく上で死を忘れずに共に過ごしていけるような空間になるのではないかと思います。

磯野: おそらく人間が歴史の中で死というものをどのように捉えてきて、どのように扱ってきたのかをもう少し押さえてから考えると、さらに素敵なデザインになると思います。そうすれば、今の質問への受け答えがもっとしっかりした根拠のあるものになったかなと思って聞いていました。

末光: 日常の延長として死を捉えることにつながるかなと思って聞いてはいましたが、もう少し深みのある答えがあったんじゃないかな。喪服を着た人がいる中で、サッカーをやっている子たちがいたりする風景を描きたかったのか、そうではないのか、佃さんの死との向き合い方についての想いを聞きたかったです。

佃: 葬祭場を設計する上で、日常を過ごす時間と葬儀を行っている時間のスピード感が違うということに最初着目して、その上で時間の経過の差が死者の他者化、完全に他者になって分離してしまうような感覚を生むのではないかと思いました。サッカーをしている人が隣にいたとしても、それを見ても見なくても、その流れの中で融合するでもなく裏のある空間としてできたらなと思います。

光嶋: 地形という言葉が入っているけれども、目黒のこの場所には既存の地形がある。この地形のコンテクストとあなたのデザインは何か響き合うものがあるのか。根拠があればどういうことを考えたのか、南向きにめくったとか、北側にめくったとか、この地形に対して、どのようにして最終的な形に辿り着いたのかを教えてください。

佃: 地形がもともと南側から北にかけて10mくらい傾斜があることもあり、目黒川に訪れる人も多く、見られすぎず見すぎずのバランスをどのようにとるかを考えた際に地形を少し盛り上げることで、例えば葬祭場の中から控室、告別室に進む流れをランドスケープ的にひと続きにつくるなど機能が先行せず、地形が先行する場所もあったりします。

審査委員の磯野真穂

磯野: 図書館を設計されたお2人に伺いたいのですが、仮にコンペで最終選考に残ったとして、私が建築についてさほど知識はないけれど、敷地のある街をとても愛していて本当にいい図書館をつくりたいと思っている行政職員だとするならば、お2人は設計された図書館の良さをどうプレゼンしますか。

戸屋: この清澄白河に建てる図書館の設計は、96年の歴史がある既存建築を使っています。既存建築は災害復興用住宅として建てられたもので、実際に庭園が火事になった時に延焼を食い止めて、清澄の街の景観を守ったという歴史もあります。1階部分に入っているテナントは、清澄通りの更新に追従するようにその表情を変えてきており、清澄通りの今の顔をつくっています。その建築が空洞化し、建て替えが計画されています。この敷地自体は、既存建築よりももっと歴史がある清澄庭園が既存建築の後ろにあって、人や車の往来の多いメイン通りから、既存建築によって庭園の表情は隠されています。清澄における歴史的なまちをつくってきた名所はこの2つなのに、それが清澄通りからは見えないため、清澄の場所を図書館として一つの空間にして設計することで、新たな文化施設をつくることができるので、この建築を建てるべきだと私は言い切ります。

恵良: 上野は外国の方や親子連れが多く喧騒なイメージがあると思いますが、実はホームレスの方が公園ですごしていたり、1人でビールの缶だけ持ってパンダ橋で過ごしている方がいたりと二面性を持っているような気がします。公共図書館は無料で誰もが入れるため、利用者層が幅広く、こういう人がこんなところで過ごすだろうという私の想定外の過ごし方が実際に起こって欲しいと思っています。この大地の3次元的なものは人の体格や、その日の気分、状態によって想像もしていない過ごし方を生み出す気がします。そういう意味で上野やパンダ橋という特徴的な敷地は、線路がずっと続いて高いところにあり見えづらかったりする分、自分だけが見つけた場所を探しに行く感じが、観光スポットとはまた別の上野性のようなものを引き出してくれるのではないかと思っています。

光嶋：先ほど松本さんがピアニストとしてピアノを弾くと言っていましたよね。今の2人の答えを聞くと、もしかしたら2人は普段あまり本を読まないのかなと思ってしまいました。というのも、本を読む人が図書館を設計した時に、自分の想定を凌駕する使い方、自然光が入る、多様な空間がある、皆が見えているなど、あなたがこういう空間をつくりたいという質問に対して、図書館の空間として何がすごいのか、もう一度端的にアピールして欲しいです。

恵良：私は普段あまり本を読みませんが、数少ない経験から思ったことは、擬似体験的な読書という行為をしている時に、その環境が感覚に与える影響はすごく大きいということです。本を読みたい人が、この本を読みたい場所、そこに辿り着くまでの動線、そこでの体験、そういうものが本とリンクしてきた時に、より豊かになってくると思っていて、それが図書館で本を読む意味になるのかなと思います。

戸屋：この図書館は、都市に追従するテナントに組み込まれているスペースに空間があったり、庭園という普段はゆっくりと見るような場所に面して空間があったりと、普段読書をする時に自分の周りにあるものが、人によって違うと思っています。カフェで読みたい人もいるし、本当に静かな空間で1人で読みたい人もいるなど、各々の読みやすい空間や環境があると思います。この都市の二面性と庭園という場所においては、とてもゆっくりと速度が流れている場所に、もう一つの空間を取り入れることによって、各々の居場所が読みやすい環境になるというのがこの図書館の魅力だと思います。

津川：清澄庭園図書館の提案について8選に残っているので、あえてちょっと踏み込んだことを聞くと、もともと清澄庭園と都市部を分断していたところの店舗住宅に着目して、あのようなルーフをかけて、そこに図書館空間をつくっていますが、私はここで一番大事なことは都心部からみたグランドレベルの庭園に対する抜けだと思っています。表紙になっている屋根のかけ方が、実はその都市部のグランドレベルから見た時に庭園を遮断するかけ方をしてしまっているのではないかと思います。つなげたいという意志で屋根をかけるという操作は間違ってはいないと思うけれど、その操作をする上でしっかり吟味しなくてはならないと思いますが、そこに意味があったりしますか。

戸屋：このプレゼンボードの中には入っていませんが、もともとこの庭園に面した後ろ側は、植栽が多く結構暗い状況です。中に入ってやっと日光が差し込むことで木の表情が少しわかる程度です。ここに屋根をかけたことによって、確かに暗くなってしまいますが、実際に中に入ったテナントや図書館空間でその裏側の空間を既存の窓から垣間見ることができ、その壁を越えて景色を見に行く時に、そのボイドを必ず通るように設計してあります。そのボイドは、ストラクチャーなどを介さない空白の空間で、そこを通ることによって、ギャップを上げて、それによってそこに壁があることをより自覚的にさせて、この敷地に2面性があることを伝えたいと思っています。

津川：戸屋さんは圧倒的に総合力がある。プレゼンテーションも設計も全体的にバランスが良くて、相当な情報量を処理しながら、一つの建築をつくる能力は突出していると思います。ただ、こんなにもリサーチしたのであれば想い入れも強くなっているはずなので、建築の操作をする上で若干バランスが崩れるぐらい強調される部分が提案の中でもう少し見えてきてもいいのかなという気がしました。
上野の恵良さんの作品に関しては、いろいろ想いは伝えてもらっていますが、私が理解している部分は情報空間では得られない圧倒的なリアルな場所を図書館でつくりたいということくらいで、まだまだ理解できていないところがあるでしょう。「不完全な目的地の図書館が情報以上のリアルをもって建つ」と書いていることはとてもかっこいいなと思ったのですが、そのリアルを持って建つということが、こういう複雑な地形においても、規格化された材で構成されるからシンプライズされていく。そのような状況で、ものすごく複雑な地形を使って情報量が多いように見せることが、果たして本当に強いリアル空間となり得るのか。これをやることによって、普通の図書館と何が違う、何が生まれていると思いますか。

恵良：実際に大地のようなコンクリートシェルが核になっていて、坂を上って山を登るように図書館を散策するシークエンスが特徴としてあります。階段のような動線がボリュームを分割していますが、それが洞窟側に隠れていて、橋を通る人にとっては、図書館の体験の全貌が見えていなくて、実際に入ってみると、二面性のある空間が行き来できるようになっている。本を読むまでの間や読んだ後の空間、読む場所を選ぶ瞬間、そういうところに地形が影響して、独自性が出てきます。読む時の体勢もそうだし、見つける時の環境も個性をもって建っており、それが特徴かと思います。

門脇：おそらくあの丘状の建物を通じて得られる情報量が多いと思うんですよ。建物をかたちづくっているシェル自体の情報量が多いのではなくて、そのシェルを通じて自分の身体と対峙する際に、たくさんの情報のやりとりが生じる。この自分の身体と対峙せざるを得ないという意味で、おそらく、とても孤独になる図書館だと思います。本を取りに行くためには、この地形と対話することによって、むしろ自分の身体的な内面性に向き合わなくてはならない。それは非常に孤独な体験だと思うし、それは本を読むという空間にふさわしいともいえるのではないか。つまり、これは自分の身体というリアリティと向き合う図書館なのではないかなと思いました。

末光：言っていることはわからなくはないですが、まだこの裏側の空間がよくわからない。模型はやっぱり設計し切れていない気がします。裏側の空間が箱だけあってブリッジがあるけれど、そこがもっと魅力的な模型になっていると説得力があるような気がして、今はどうしてもはりぼてに見えてしまいます。コンクリートシェルがいらないような感じもしますが、それについてはどう思いますか。

恵良：裏側の空間については表に比べてシェルが迫ってくるような空間というか、基本的に天井高がずっと違うような状態なので、そこでの過ごし方に違いがあるのと、それと同時に南側から光が差し込んでくる時に洞窟は北側が暗くなると思いますが、時に大地に開口があって光が差し込んだり、でも一方で暗いホームも下に見えたりと、そういうところがこの裏側の魅力だと思っています。例えば、児童会館の近くの洞窟の部分であれば、普段はパンダ橋の付近で寝ているホームレスの方が、近くの子どもたちとは接しない洞窟にやってきて、声だけを聞きながら1日を過ごすという、

審査委員の津川恵理

そういう体験を想定しながらつくっています。

末光：そのイメージはわかりますが、抽象的なレベルで止まっているような気がします。それが模型などで表現されていると、もう少し審査員側にも説得力がある答えになると思いました。そこがまだやり切れていない気がします。

津川：この図書館は、実は一次審査で私が激推ししていたことを今思い出して、何が良かったのだろうと思い返したら、一巡目した時に私は人工物でつくっていると思っていなかったんですよ。もともとこういう地形があって、そこにこういう建築的なアプローチをしていると、初めて見た時は思ったんですね。二巡目でよくよくプレゼンボードを見たら、これはRCシェル、つまり人工物で上野のパンダ橋につくるんだと知りました。これはRCシェルの膜のようなものが、建築の一部にある種、パラサイトしているように見えるというか、水平面のスラブがこの地形に陥入して、床でも壁でもない状態がRC壁でこのように競りあがってくる。しかもそれが別の室とつながっていくという、この構築はすごくおもしろいと思ったんですよね。何か惹かれるものがあって票を入れましたが、やっぱり私も末光さんと一緒で、裏の空間が、模型で見た時にどうしてもパンダ橋の人の視点に重きを置いたのではないかと感じます。でも実際に図書館を使う人は室内空間なので、裏は裏で全く違うつくり方でも良かったかなと。例えばホームを上から眺める都市体験なんてなかなかできないので、そこがバルコニー的に広がってむしろパンダ橋のほうはボックスで閉じているけれど裏に回るとRCシェルが屋根になっていることによって半屋外空間のような図書館でそのホームのうるさい中で本を読むというような特殊な体験をする場所だったとしても良かったかもしれないですね。

光嶋：ID0259の土壁の作品、ID0656の線路の作品、ID:1124街路の作品の3つがまだ議論されていませんが、この3人には設定された課題を超えたところでの工夫、自分にとって最大のテーマや強度を何に置いたのか、つまり誰のための建築なのか。特に力を入れて、こういう人に向けて、こういう建築をつくりたかったんだということを教えてください。

沼宮内：私の設計した集合住宅は、7世帯あってそのうちの一棟に自分が住むという課題だったのですが、設計者として設計したものを長く使い続けて欲しいという想いがある一方、快適な空間に住んでいるということだけではなく、実際にその建物を使う、その建物に手をかけるということを通して自分がその空間に存在している、生きているということを感じ取って欲しいと考えて、関わりしろというのを示しました。あえて、雨風によって土が削れたり、土が傾いたりそういうことを家の中に取り入れて、住人が家に手をかけるきっかけを残して、その中で愛着を持って欲しい。課題の大きなテーマは「建築の一生を考える」ということでしたが、自分でシナリオをつくってこういうふうに出来上がって、こういうふうに使われて、こういうふうに終わっていきますというように建築家の言葉だけでは語れないと思い、やっぱり使う人がいて初めて建築は一生を送っていくと思っているので、使う人によって要素が変化したり、住人が愛着を持つ対象が変わったりするような建築を、この課題の中で考えました。

津川：おっしゃられている内容に共感するし、なぜか沼宮内さんがしゃべると胸がきゅっとなります。とても意地悪な質問をすると、インテリアの領域だったら、人はずっとコミットし続けられるじゃないですか。建築は構造を持つし、たとえば雨風からしのがなくてはいけないなど、制約がすごく大きくなるのが建築のスケールだと思います。そのような中、なぜこれを建築でやるのですか。インテリアではダメなのですか？

司会の光嶋裕介実行委員長

沼宮内：例えば、雨が降って家に水が流れた時に床が傾くことで、少し家具も傾きますが、それによって人が手をかけないといけないという想いが強くなって、その建物に関わるきっかけが生まれると思います。壁紙を変えたり、模様替えをしたりするだけだと気分を変える効果はありますが、その建物自体に関わることまでには至らないと思うし、やっぱり建物自体に手をかけることをして欲しいと思います。

末光：あなたの提案で特徴的なのは土だと思いますが、木など土以外のやり方もあったと思います。あえて土でやることでこの関わりしろをつくろうと思ったのでしょうか。その理由を知りたいです。

沼宮内：土はやっぱり木と違って、動く要素があります。自然の流れをそのまま受け止めて、人が簡単に手をかけられる素材でもあるので土を用いました。

末光：そういう技術的な意味合いが強いということでしょうか。この土地のコンテクストや歴史などまで受けてはいないのでしょうか。

沼宮内：技術的というよりは、自然と一体化したり、領域が曖昧になったりして、そこに人が自分で手をかけて、自分の領域を確保していくことを意味しています。

光嶋：建築における時間軸を考えていくと、それは、「建築を手入れすること」によって建築と関わりながら愛着を育む場をつくることなのかなと思います。

末光：愛着という言葉が結構重要な気がしていて、今言葉に仕切れなかった想いは、土を選んだ理由と関係しているような気がします。その場所にある土を手でこねてつくるという世界観に、愛着の可能性を感じるということですよね。

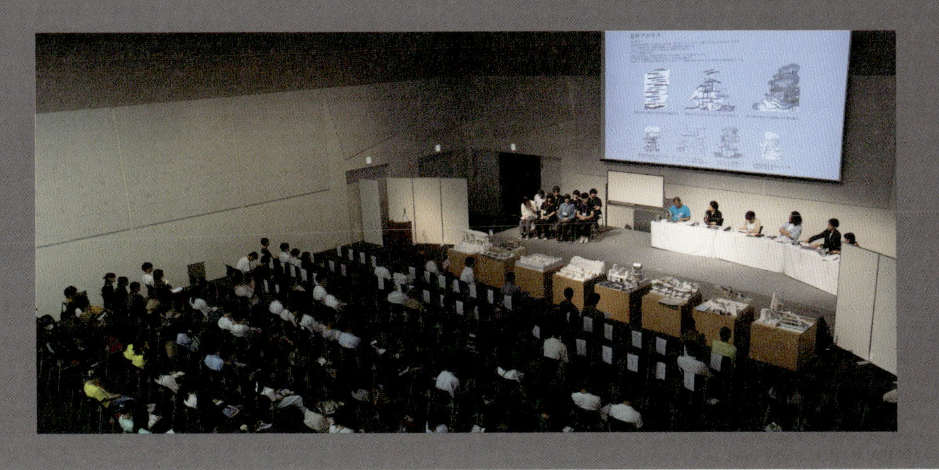

門脇：とても逆説的ではあるのですが、あえて弱い建築をつくって、人間がそれに手を入れないと存続できない、そういう状況をつくってしまっているように見えて、本当にそんなことをする必要あるの?と思ってしまいました。一方で、人間と建築をとても信頼している人なんだなとも思った。建築が弱くても、人はそれを必要とせざるを得ないし、そういう建築と共に我々は生きざるを得ないと改めて感じました。

津川：現代人がほぼ失っていたプリミティブな生命力みたいなものに期待をしていて、例えば傾くとか、汚れるとか、壊れるって、普通はネガティブに捉える建築要素を、彼女はポジティブにも捉えていないし、ネガティブにも捉えてないし、それが生きることなんじゃないかぐらいのとてもフラットな視点で見ているのが、すごく特異なオリジナリティだなと思いました。漫画もそれを説得するためのものではなくて、ものすごくフラットに描かれています。その視点がどこから生まれてきたのだろうとすごく気になったのですが、それは、今建築をやっている人にとっては失われつつあるけれど、ものすごく大事な本質がある気がして、期待したいと思えます。

門脇：安易な人間賛歌でもなく、自然の美化でもなく、建築の施設化のようなことにすごく抵抗している。建築は断じて「施設」ではなくて、人の営みから紡がれるものなのだという思いが感じられます。一方で、ここには設計されたものと、生きられたものの対比がありますが、生きられたものの比重が大きくなった時に、設計者のクリエイティビティはどのように尊重されるのかという点は気になるところです。

光嶋：これは結構ハードルの高い質問でもあるので、喜多さんと小倉さんも時間がありますので、端的に課題を乗り越えていくために考えたテーマを教えてください。

審査委員の白須寛規

喜多：駅と駅のちょうど中間の地点に新しい3000～6000㎡の駅を建てるという課題ですが、実際にはそんな短いスパンで駅は必要ありません。そういうコンテクストを無視して設計するのはこの土地に対して失礼かなと思ったので、逆に自分はこの土地としっかり向き合おうと思い、周辺のリサーチをていねいに行いました。課題は敷地に駅と美術館の複合施設を建てるというものですが、駅は人と場所とをつなぐ結節点だと思いました。そこに訪れた人とこの土地の魅力をつなぐ結節点が自分の中の駅で、その魅力が今回の作品でいう美術作品です。つまり、この土地の魅力が美術作品で、そこに対して駅を建てるという読み替えをして、ここに設計をしました。

門脇：要するにオープンエアミュージアムですね。人間と自然が織りなす構築環境そのものを一種のアートの結果としてみていくということだから、それはあり得る話です。

小倉：今回の課題は、集合住宅をこの敷地に建てるという課題でしたが、私はその中でも都市に住むということ、田舎ではなくて都市に集合して住むその理由を考えました。占有空間の小さい都市だからこそ、その占有空間から溢れることに意味があるのではないかと考えて、占有空間と占有していない空間、その中間のような空間の3つに分類し、それを街路と一緒に考えながら設計しました。例えば食事をとったりくつろいだり、洗濯をしたり、趣味のものを置いたりと、生活が溢れ出る空間として、街路につながっている屋上や、街路の延長にある2階、建築になっている1階部分とかそういうところで生活行為がなされることで、住んでいる人同士も関わり合えるし、都市を歩いていて、そういうふうに溢れているものを見るのが楽しいなと思いながら設計しました。もう一つ、ここの場所は防火帯建築が多く建っているところで、その防火帯建築に魅力を感じたので、それを取り入れようと設計しています。

白須：初めにあの路地の設定が気になりました。路地性をどのように考えているのか。出来上がったものがかなり高いものに囲まれているので、周りにそういう要素も見当たらなく、そこはオリジナルの考え方なのかなと思います。この路地の線の引き方について教えてください。

小倉：この線は、例えば左側を見てもらうと、そこはずっと裏路地感の強い路地が続いている場所で、やはり防火帯建築は長い帯のようなものなので、前側と裏側という都市に対して表裏をつくる壁のような建築だというのを感じて、それでその

審査委員長の末光弘和

路地感を出したいなと思い、路地をどんどん挿入するという操作をしました。

末光：中間的な領域ができているのはおもしろいと思う一方で、最外周の屋根のところまである壁がなかったら、この提案はどうなってしまいますか。機能的にはなくても成り立つはずですよね。そこを教えてください。

小倉：建築内街路は、見えないながらも街路であって、人が入れないというそのプライバシーとパブリックの間に位置して、その空間が自分の占有空間ではないけれど、共有空間であるということが、建築内街路の大切な部分だと思っています。この塀がないと、おそらくただの箱がむき出しに置かれているだけで、生活は溢れ出てこないと思います。囲っているからこそ、屋上や2階、1階の部分が、うまく使われるようになったり、部屋と部屋を移動する時の街路を廊下のように日常的に使うことにつながったりするのかなと考えています。

津川：防火帯建築をある意味コンバージョンし、次の在り方を提示しているということですよね。その前提がなく単体で見た時に私が感じた印象は、設計者がその敷地内に街路を通したいという計画のために暮らしが犠牲になっていないかという疑問です。要は人々の暮らし、生活が、都市のために使われているように見えてしまう。それは防火帯建築自体にそういった側面があって、周辺からの延焼を止めるために、耐火建築としてかなり閉鎖的に建てられる中に人が住むという提案ですよね。やはりその要素が残っているということが、住み手にとってどうなのか気になります。もう一つ、建築内街路を通そうと計画したけれど、街路の中が設計されていないように思いましたがどうでしょう。断面模型が魅力的に見えたのは、あれはどこが街路でどこが内部空間なのかわからないくらいエネルギーに溢れる生活風景が広がっているように見えるからです。でも、プレゼンテーションを

聞いて少し拍子抜けしたのが、新しくつくられたこの集合住宅に住まう人にとって、どう魅力的なのかがあまり語られなかったことです。どちらかというと、防火帯建築からここまでの設計・思考のプロセスをプレゼンしてもらいましたが、結果できたものの良さはどういうところか模型でしかイメージできません。

小倉：街に対して生活が犠牲になっているという点に関しては、私は逆に都市で生活する時に都市側からの視点、住居の中の視点は大事だと思いますが、都市に対して自分はどう見られたいかという都市と居住者の関係を意識してつくったので、だからこそ生活が溢れるのかなと感じています。2つ目にこの模型でしか表れていないことに関しては、街路の設計が不十分だと言われましたが、例えば路地裏や渡り廊下の幅などは全てきちんと設計してあります。その渡り廊下の部分は、路地の一要素として細かく設計していて、3種類の街路に分けましたが、その3つの街路のうちの例えば、オレンジで示されている生活が滲み溢れているところは、どちらかと言えば幅が大きいものになっていて、玄関や階段に渡り廊下が多く存在します。緑のところはむしろバルコニーのような要素が多く出ているので、人目につかないながらも、緑を感じながらそこでくつろげる空間になったり、赤い空間同士ではそれが見えたり見えなかったりする場所が生まれると思っています。

光嶋：まだアピール合戦をしたいのですが時間が切れましたので、投票に移ります。建築新人戦の審査で難しいのは、卒業設計のように自分たちが主題を選んで設計しているのではなく、与えられた課題の中でそれぞれの建築的な評価軸が問われることです。建築は大変複雑で、評価の軸は卒業設計であれば集大成としての完成度に置けるかもしれませんが、建築新人戦はもう少し自由度があります。例年、選考は難航しますが、建築新人戦は伸びしろや将来性を考慮して、建築家としての可能性を後押しするような視点も重要です。重み付けがあるので、どの人に最も価値があるかを考えて選んでください。

光嶋：お待たせしました。投票の結果、今年は一発で決まりました。最優秀新人賞はID0259沼宮内さんの「土ヨウ日ニ雨」、9票を獲得しました。続いて優秀賞はID0212松本さんの「富ヶ谷 煙突の家」、ID0498小林さんの「いきるいえ」となりました。異議もありませんので、正式に決定といたします。おめでとうございます。

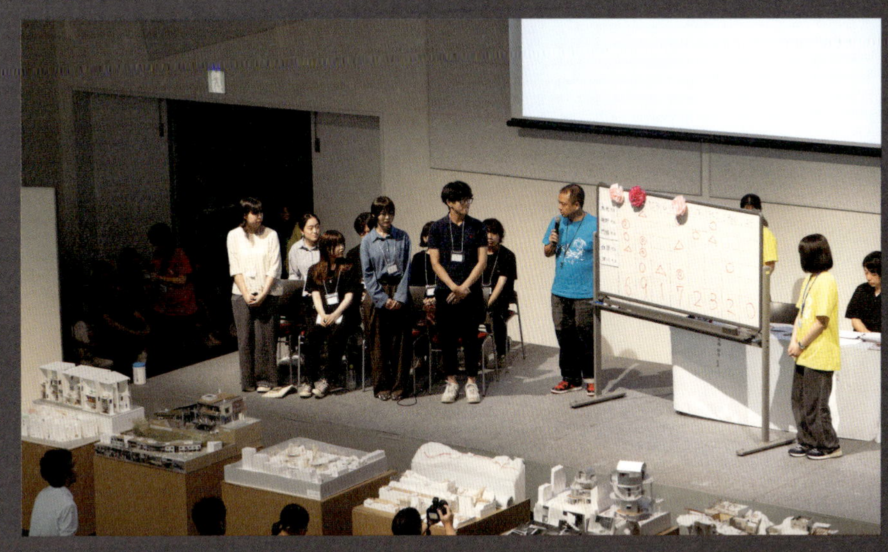

	ID0212 松本詩音	ID0259 沼宮内さつき	ID0316 恵良明梨	ID0498 小林舞	ID0656 喜多爽大	ID0902 佃菜帆	ID0936 戸屋志月	ID1124 小倉珠莉
末光弘和		1		3		2		
磯野真穂	3				2	1		
門脇耕三	2	3		1				
白須寛規	1	3					2	
津川恵理		2	1	3				
計	6	9	1	7	2	3	2	0
	優秀新人	最優秀新人		優秀新人				

※各審査員の持ち点は3点、2点、1点で投票

100選入選交流会

エスキススクール 2024

教員実行委員が100選の中から28名を講評するエスキススクール。8選に選ばれなかった16選の8名、そして100選から抽選で選ばれた20名がステラホールに集まり、熱心にプレゼンを行い、教員実行委員の4名による熱いエスキスを受けた。

光嶋 裕介

（光嶋裕介建築設計事務所）

毎年一次審査で1000作品近くを見ていますが、こうやって話を聞くとどれも良い原石を持っているように感じました。でも今回はエスキススクールなので、僕は、「設計はそんなに甘くないぞ」と厳しめにコメントしました。建築は、他者への想像力で、それは独りよがりに陥りやすい。かつ建築は何かをつくる創造主であるので、自信のない作品は何をしたいのかわかりづらい。しっかりと人との関係性の中でものをつくっていくことが設計で、つまり設計には終わりはない。作品を提出した後も、もっともっとブラッシュアップできる余地があるものです。そうした主体的な努力の芽が建築新人戦で起きているし、本当に大切なことは勝ち負けではなくて、何を学びたいかです。答えのない答えを自分なりに考え続けてほしいし、そのためには建築をドンドン好きになってほしい。自分の使っている言葉の一つひとつが本当に通じるか、一人よがりになっていないかということを自問する。そのために良い建築を見て、たくさん本を読んで、自分の感性と言葉を鍛えてほしい。それらのためにも建築新人戦があると思います。ものに対する愛着が結果的に建築につながると思うので皆さんがんばってください。

山口 陽登

（大阪公立大学講師／YAP）

昨日に引き続き100選に残った皆さんの作品を見させていただいて、いろいろと学びがありました。設計課題の問いにしっかり答えるのは大切です。一方で8選や16選の作品では、課題の問いを跳び超えて、自分なりの問いを見つけることができた作品が多かった。課題の問いに答えるけれど、自分はこういうことにも興味があるという、両方の答えを兼ね備えている。単純に難易度が上がるので、審査でも興味を引く作品になりますよね。それは建築家がクライアントの要望に答えるだけではなく、その先の新たな建築の世界の提案をすることと似ている。自分なりの問いを見つけることを続けていけば、卒業設計やその先でも素晴らしい作品をつくっていけると思います。2日間とても楽しかったです。

宮原 克昇

（近畿大学准教授／FlipLA）

参加された皆さんは100選に入られた方で、クオリティの高い作品が集まっていたと思います。

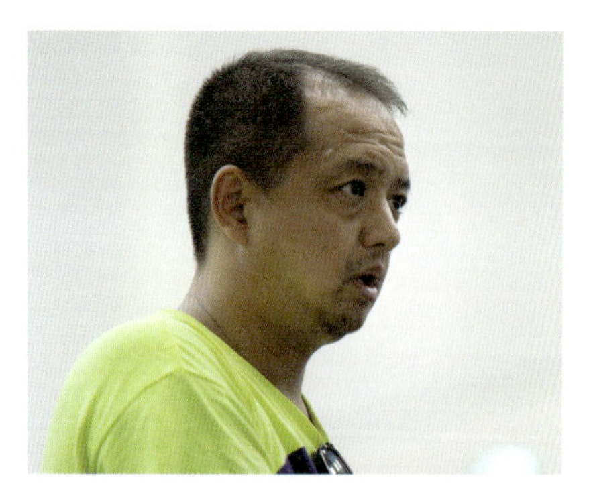

先ほど岸上先生がおっしゃったように、審査員が変われば審査の結果は変わります。今日の講評でも、先生によって意見が違うので、どれを参考にしていいのか悩むことがあると思います。しかし、大切なことは自分の作品がこれだけの人に見られていて、これだけいろいろな意見があるということを知ることだと思います。次回、また同じような場があったときにできるだけ、今回のようにさまざまな人に評価してもらえるにはどうしたらいいのか考えることだと思います。

岸上 純子

（大阪工業技術専門学校特任教員／SPACESPACE

今回、初めて100選を選ぶ一次審査から参加させていただき、今日のエスキススクールも初めてだったのですが、学校の課題をもとにした作品を選ぶ「建築新人戦」の審査は難しい。しっかりとしたリサーチが求められる課題は作品の密度が上がり、100選には残るけれど、なかなか飛び道具的なアイデアが出しづらいと思います。どのようなコンクールに出すかによって、あるいは審査員によって評価が変わってきます。A1のプレゼンボード2枚と提出物が決まっている中で、そこにどれだけ伝えたいことを入れ込めるか、何をそこで表現するかによっても評価は左右されます。表現する媒体だけでも変わるので、今回はこういうレースに出てみて、こんなふうに言われたなくらいの捉え方でいいと思います。

でも、建築を学んだり、仕事にしていたりする限り、いろいろな人の目にふれて評価されるのは宿命だと思います。良くも悪くもこういう考え方もあるんだなと全てプラスに受け止めて、進んでいってくれたらいいかと思います。

【学生参加者】

16選

ID 0289　小笹 遥香
ID 0423　森 咲月
ID 0509　星野 真歩
ID 0568　ユアン タン ジェイリン
ID 0896　前田 陽斗
ID 0990　中藤堅吾
ID 1051　梶田 寛太
ID 1077　枡田 将太郎

100選（抽選により）

ID 0034　河村 咲希
ID 0040　志村 里桜
ID 0241　小沢 誠一郎
ID 0247　石津 心之輔
ID 0267　大久保 愛里
ID 0376　長谷川 航洋
ID 0413　岩田 舞
ID 0442　長沢 夏帆
ID 0447　小林 勇那
ID 0449　山中 祥
ID 0468　大野 友菜
ID 0645　有吉 一翔
ID 0692　亀井 惠勇
ID 0717　栗原 颯冴
ID 0718　水野 颯良
ID 0804　秋山 友陽
ID 0917　内堀 藍輝
ID 0925　宍戸 悠人
ID 0935　増本 唯衣
ID 0948　岡本 珠羽

一次審査会 教員・学生実行委員座談会「建築におけるAIにどう対応するか」

1次審査の様子。午前中は個別に提出されたシートを読み込み、各審査委員で点数をつける。午後は午前中の結果をもって、審査委員全員で議論しながら100選を決めていく

【審査委員】岸上純子(大阪工業技術専門学校特任教員/SPACESPACE)、光嶋裕介(光嶋裕介建築設計事務所)、小林恵吾(早稲田大学准教授/NoRA)、榊原節子(榊原節子建築研究所)、白須寛規(摂南大学講師/design SU)、西澤俊理(滋賀県立大学准教授/NISHIZAWA ARCHITECTS)、畑友洋(神戸芸術工科大学准教授/畑友洋建築設計事務所)、前田茂樹(GEO-GRAPHIC DESIGN LAB.)、宮原克昇(近畿大学准教授/FlipLA)、山口陽登(大阪公立大学講師/YAP)

今年の提出作品と課題の傾向

光嶋｜今年から教員実行委員のメンバーが数名変わりましたので、改めて今日一日どのように審査をしたのかを総括してもらいます。昨年に引き続いて審査された先生はここ数年の傾向を、今回初めて審査をされた先生はやってみてどう思ったかをお話しください。

山口｜集合住宅や住宅にまつわる機能、美術館や図書館といった公共の機能の作品が多く見受けられました。住宅で特に印象に残っているのは、集まって住むような機能の中に店舗がバラバラと入ったり、人が通れるようになっていたり、あるいは図書館や美術館などの公共的な空気感がその住宅の中に貫入しているような作品が多いように感じました。

西澤｜初めて建築新人戦の審査員を務めましたが、まず全体的な印象として、2年生や3年生にしては図面をしっかり描けている学生が予想していたよりも多かった。一方で、私が審査をするにあたって基準の一つにしたのは、機能やプログラム、造形表現といった従来の建築の価値や美学を超えて、その学生なりの建築や空間の性質を見出そうとしているかどうかという点です。そういう意味では「目の見えない人のための集合住宅」という課題は、建築にとって普段感じられない側面にスポットが当たりやすい課題で、実際にその課題の案は興味深いものが多くて、審査していて楽しかったです。

岸上｜今年初めて関わらせていただきましたが、100選に残る、あるいは一票でも票を獲得している作品は、しっかり計画できているという印象を受けました。一方、そうでない作品はプランが曖昧なものが多かったです。模型写真やパースなどを見て、少しおもしろそうだなと思っても、プランがスカスカで、きちんと計画できているのかが気になりました。断面図なども含めてプランはすごく大事で、図面にしっかり表現されていることが大切です。課題については、住宅であっても閉じるのではなくオープンスペースを設けるなど、周辺環境とどのように関係を持たせるかという公共性が問われている課題が多く見受けられました。

畑｜課題自体はやっぱり教育的になってしまうと思いつつ、興味深く感じたのは人と距離を取ろうとする姿勢が身体感覚として変化してきているという印象を受けたことです。コミュニティや人とのつながりをフィクションに感じつつあるのかなと見えました。もう一つは社会構造そのものに切り込み始めた案が少し出ていて、ユニークな店のあり方やバーチャル空間とリアル空間を組み合わせて、基盤そのものを書き換える時代に入っている予感を感じさせる提案がいくつかありました。それは見ていて非常におもしろかったです。

宮原｜今年から審査員に加わらせていただきました。僕はランドスケープアーキテクトで、大学に勤め出してから建築新人戦100選の作品を毎年梅田スカイビルの会場で見るようにしていましたが、ランドスケープ的なプロジェクトが年々増えてきているなと感じていました。ただ今日の審査を見ていると、ランドスケープ的な側面が垣間見える作品は多々あったものの、コンセプトやストーリー

につながっているものがあまりなかったので、今後のさらなるブラッシュアップを期待しています。

光嶋｜4人の新しい先生方が言われたように、やっぱりもう少し図面をがんばったほうがいいですね。ブラッシュアップに期待してという選び方もあるのが建築新人戦のおもしろさであり魅力でもありますが、今年も飛び抜けて凄いという人が見当たらなかったように思います。でも大学の中で評価されても、されなくても、それをもう一段階がんばって建築新人戦に出す。それで選ばれたらまたがんばるというのは、良い傾向であり、それぞれが大学の評価の外で建築に向き合う努力を積み重ねることが素晴らしいですね。今年はすごくプレゼンの密度も高かったし、期待値も高いので、このまま切磋琢磨してがんばってもらいたいなと思いました。

小林｜例年との比較で言うと、課題内容では美術館や図書館、学校といった公共的な機能と、集合住宅が依然として大半を占めており、テーマとしても「繋ぐ」とか「○○と○○の間」といったものが多かった。それが一昨年くらいから続いている印象があります。自ら課題を考える立場として、果たして今の時代にこのままずっとこうした同じような課題内容でよいのか、いろいろ悩みますが、今回はこうした中にも、建築やそこでの暮らしを長期的に考えさせる課題、ヨーロッパ中世の「リビング・ブリッジ」のような、定番のビルディングタイプ的思考から解放してあげるような出題内容などがあり、新鮮に感じました。

前田｜公共建築の課題は皆さんが少し複雑な機能を解きながら設計力を磨くために設定されていますが、その規模のためか住宅課題に比べると「自分ごと感」が表層のかたちで終わっているように感じます。ただし、そのような中でも課題にある前提が本当に正しいのかという、住宅設計時に使った思考を公共施設においても持てている人が何人かいて、それが滲み出しているというか、しっかりと図面などの表現まで辿り着いている作品は必然的に選ばれていると思います。

榊原｜リサーチから始まってダイアグラムをつくり、それをどのように建築空間にしていくかということについては、皆さん密度が高くて、エネルギーをつぎ込んでいるのだなと毎年感じています。全体的に求められている緻密性に対して、学生の方もとても誠実に対応しているのは、毎年感じています。今回集合住宅が多かったと思いますが、単に公共性やパブリックとかということだけでなく、本当にその立場になって深く考えなければたどり着けないような課題があったのが、ある意味新鮮で、それに対する学生の答え方も多様性があって、大きく気付かされました。

白須｜タイトルが気になりました。かなり短い時間での審査なので、タイトルで引き込むものが増えたように思いました。内容を読み込まないと分からないということは、この審査には合わないという認識が共有されているのでしょうかね。一方で、これまでは1枚目が良かったら後ろのページは信頼できましたが、1枚目はいいけど次ページ以降は……というような作品が残念ながら結構ありました。短い時間の審査でも、良いものが1枚目だけだとやっぱり落ちてしまうし、最後のページまでしっかりできていないと選ばれないなと思いました。

学生時代からAIを学ぶべきかどうか

学生｜先生方のお話を聞いて、社会構造の基盤そのものを書き換える提案があるなど、今後の社会状況はより変化していくと思いました。特に今後AIの活用が建築業界にも浸透してくると思いますが、そうなったときに建築学生たちは設計課題に取り組むに当たって、リサーチの仕方など何か変えていかないといけないことはありますでしょうか。

光嶋｜AIの利用もそうですけれどデジタルになってきた時に、参照元が少し見えにくくなってきたように感じます。私の学生時代は、圧倒的に『El Croquis』です。けれど今は『El Croquis』に載っている建築家たちを真似するということが、ほとんどなくなっていると思います。現代の日本人の建築家さえも参照元が見えづらくなったというのは、雑誌を読まなくなってしまったからなのでしょうか。そもそもAIというものが出てきた瞬間に、勉強する意欲やいろいろなことをもっと知りたいという意欲、旅に出たいという気持ちなど、建築に対する熱量が小さくなってしまうのではないかと今の質問を解釈しました。

畑｜私は真逆の意見です。我々の時代には模型がなければだめだという考えがありましたが、参照しているものは建築家の作品性ではなく、その背景にある形式の概要ではないかと思うので、皆それが正しそうだ、しっかりしていそうだというふうに思うのです。AIの質問は大事だと思いますが、もはやそういったことそのものを疑わないといけないから、模型なんてつくっている場合ではないのですというような表現方法そのものが、問いとして立てられたらよいのではないかと思います。AIは単なる画像生成のツールではないはずです。本当に見るべきは、単なるリサーチのツールではなくディープラーニングができるのかどうかだと思います。学生に限らずディープランニングをしている人がここにいるということを本当に考え始める時代であるのかなと思います。教育においては、やや危ないのではないかという意見はありますが、僕はAIに関する教育をどんどんやったら良い、やらなければまずいのではないかと思っているくらいです。AIに限らず、新たな技術は用いるべきだと思います。

山口｜別の視点からなのですが、AIの活用に賛成しています。もっと早いスピードで建築の世界に入ってきてほしいなと思っているくらいです。例えば設計実務をやっていると、私じゃなくてもできる仕事が山ほどあります。この敷地にどのような大きさの建物が建つかを検討したり、用途地域によっ

前田茂樹

山口陽登

1次審査の様子

て建てられる建築を調べたり、何度も何度も法令集を確認します。それらを一瞬で解決してくれたら、そこから先の時間は全部クリエイションに使えますよね。自分の能力でしかできないようなことがあるとすれば、そこに時間を使いたいと思うのです。設計はAIによって書き換えられていく仕事の割と最上位にあると思っています。私たちの仕事のかなりの部分でAI的な仕事を含んでいる。なのに、自動的に出せるようなことも自動で出せていないのです。この先の社会のあり方や、設計の仕事のあり方を考えると、今の段階から教育の現場で使われていくべきではないかと思います。

畑｜日本はヨーロッパと違いコーディングを勉強しません。しかし、コーディングができなければ、自分でプロンプトをつくれないので、用意されたプログラムに乗っかり、そのアプリしか使えなくなってしまいます。コーディングできないと厳しいし、やらなければいけない時代ではないかと思います。

西澤｜何のために新しい技術を使うのかというところが重要で、その新しい技術を使って初めて接続できる世界があるので、そのために使うのであればよいのでしょうし、ポジティブに新しい感覚を発展させていけるのではないかなと思います。そうでないのであれば、自分でコードをつくれるかという話に近いのかもしれませんが、何にアプローチしていくのかということを主体的に考えることが学生にとって大切ではないかと思います。

榊原｜この議論は手描きの図面からCADに移行するときに沸き起こった議論と似ているような気もします。

畑｜CADへの移行で分かったことは、手描きとCADそれぞれ共に必要なことが分かったということではないでしょうか。CADが浸透しても手描きで有効なことがあることが見えてきて、今でもアイデアスケッチなど日頃手を使うことは皆さんあると思います。なので西澤さんがおっしゃったように何のためにそれをやるのか、それをやるから得られるものを考える。ただAIはそれが少し複雑化し過ぎている。そのため主体的に使いこなすのが難しい。手描きの図面をデジタル化しただけのCADと大きく異なるのではないかと思います。

白須｜15年後、今の学生達が35歳くらいになると、2040年問題（※1）というのが出てきますよね。その時の価値観と今の価値観は違うだろうし、レポートを自分で書かなきゃいけない、AIを使ってはいけないという価値観でいると問題でしょう。今のうちから効率的にできることは効率的にやっておいて、クリエイションやその人にしかできないことに時間を使った方がいい。そういうことができない人は時代や社会に置いていかれるのではないか。学校で教えている価値観と全然違う状況の中で君たちは働かなくてはならないので、学校のことを信用してはいけない。将来、学生たちが生きる社会はそういう常識ではできていないと伝えるようにしています。

光嶋｜2000年頃、私たちは手描きからCADに変わった時代ですよね。時代は常に動くわけですから今の学生にも教育のタイムラグがありますが、そのタイムラグをなくす方向にはなかなか修正できない。社会は絶対に変わると思うと、どうすればよいのだろう?

白須｜日本の人口や労働人口などどうしようもない状況が動いていくということは、今の状況と圧倒的に異なる気がしています。

光嶋｜私たちの時も高齢化が起きると言われていましたが、その比じゃない逆転が起きるのでは?

白須｜CADでも時間がかかる人がいる一方、手描きでもとても早い人がいます。そのスピードの違いはあまりなかったなという気がします。CADと手描きはツールの目的の違いなだけですが、AIはもっと違う話ではないかと思います。なので、学校でAIを使わないという考えに対して信じてはいけないよと話しています。

岸上｜AIを使う教育をされているのですか?

白須｜使うかどうかは任せますが、使ったレポートは「どうかな…」と言っています。すごく濁しているけれど、レポートで使うことは良くないことですよね。

岸上｜結局AIを使っても、それが本当に正しいかどうか判断する能力は絶対に必要だと思います。

白須寛規

西澤俊理

岸上純子

自分が手を動かしたら絶対に自分の良い点が出てくるけれど、そうではない言葉だけでできたイメージを正しいかどうか判断する。想像以上のものが出てきた時に、最終判断するのは人だと思うので、判断基準をどうつけていくのかということを学生に伝えていかなければならないと思いつつ、その判断基準はどうやって獲得していくのかと考えています。自身の判断基準がないと勝手に生成されて、オリジナリティやアイデンティティがなくなっていく。そこの難しさはありますがAIは絶対使うべきだと思います。

山口｜私たち教える側もわからないので判断基準を教えられないですよね。これから何となく醸成されていく、としか言えない。

白須｜私の場合、授業のスライドの構成はAIに何回か投げています。それを並べて自分で選んでいきますが、最初のたたき台を出すのにはAIを使います。

岸上｜最初から自分でたたき台をつくるより、効率やクオリティが良くなりますか。

白須｜クオリティは分かりませんが、効率はいいでしょうね。あとは、スライドの内容を文章化したものをつくってもらっています。

宮原｜そんなこともAIができるのですか。

山口｜例えば、100ページのPDFとかをChatGPTに投げたら、数秒でサマリーができます。

光嶋｜それはどうなのでしょうかね。私は100ページをきちんと読まなければならないと思います。スライドを言語化するのはスライドを何度もつくってきたその経験とリテラシーがあるからできるのであって、そうではない人は気軽にAIを使わないほうがいいと思います。経験がない人がそこを飛ばしていきなりAIに頼るのは結構危ないし、

榊原節子

身体化させるためには100ページ読む努力（勉強）を経験しないといけない。それは生成画像にも当てはまります。生成画像を見て違和感を覚えるのは、自分がそれまで絵を描いてきたからですし、自分の美学に積み重ねてきた自信があるからだと思います。

榊原｜「簡易的にできること」と「自分で本質的に考えなければいけないこと」で、全然種類が違うことがあります。本当に簡単な資料をつくるのであれば、効率化ができるところは効率化することで良いこともあるでしょう。

光嶋｜仕事であれば効率化はありますが、学びにおいては、それぞれがそれぞれの身体を通して丁寧にディープラーニングしないといけないので、学びを効率化と言った瞬間に少し怪しいなと思ってしまいますね。

山口｜例えば、ある出版社に雑誌の文章を書いて提出しないといけないと時間が限られているとき、国立国会図書館にしかない書籍を見に行かずにGoogleでサマリーを読んでしまうし、それをもとに書くこともある。本を読むことによって得られた時代と、本を読まずに得ている時代の狭間にいるので、「本って何？」となることが本当に想像

畑友洋

することすらできないですね。Google翻訳はもはや否定できないし、Pinterestもかなり使えます。

畑｜建築の分野では、70年代のコーディングやビジュアル技術はもう全然役に立たないと思います。ただし、それは技術革新に取り残されないように常々新しいものに触れていなくてはならないということではない。ピラミッドをつくっていた頃の技術でも未だに適用できることもあるし、ローマ時代の考え方が未だに使えるかもしれない。当然新しいものに常々触れていなくてはならないけれど、今までの蓄積も知らなくてはならない。そういう意味では新しいものから古いものまですべて把握していなくてはと感じます。AIコーディングもしたいけれど、伝統的な構法も使えるという状況は、他の分野ではなかなかない。50年前の技術を未だに使っていたら、全然太刀打ちできないということではないから、教育の場ではAIを使っていいと思っているけれど、だからこそ教育は実践・体験にどんどん持っていかないといけないと思います。講義はYouTubeなどがある。別に私たち教員がいなくたって講義はできるし、もっと言ってしまえば、いろいろな著名な建築家を招いてレクチャーをひたすらしたほうがよい。文章の論文もAIで書けてしまうわけだから。ということは、もう一個人がその時間に対してお金を払って、何を体験しているかとか、体験させられたかとかいうことにどんどん限られていくのではないでしょうか。何のために大学をはじめとした教育機関に学費を払って通うのかを考えると、やはり体験しにいくためになるのではないでしょうか。

前田｜3年後くらいのことを考えると、似たようなAIの画像が出てきそうですよね。今日の審査で少しずつ変わってきているなと思ったのは、手描きスケッチが割と消えて、Photoshopなどで模型写真をスケッチ風、パステル風にするのが増えています。つくっている本人からしたらそんなにたくさんあるという認識はないでしょうが、審査で

質問をする学生実行委員の面々

小林恵吾

光嶋裕介

宮原克昇

何百案も見ていると同じようなものが多かった。今度、AIが画像生成でもっとしっかりした3DモデルをArchicadなどと連動してつくっていくようなことができたとしたら、結構似たような画像が出てくる。その似たようなものでよしとする人はそれで有用だけれど、そこから先に時間を使うかどうかというのは、自分の価値観と関係してくると思います。AIを使うか使わないかでいうと当然使ったほうがいいし、3年後自然に使うツールの一つになっている可能性はあるけれど、どのツールであっても同じではないでしょうか。鉛筆しかない時代であっても多分そうだった気がします。

実際に建築に携わってからの実感とは

学生｜自分はまだ学生なので設計しても実際に建てたという実感がなく、社会に出たときにどれだけ建築家として影響を与えられるかということに不安があります。そういったことを含めて、先生たちが学生のときに設計で考えていたことと、社会に出てからの設計にギャップはありましたか?

光嶋｜ギャップはないかもしれないですね。僕は石山修武さんという建築家の背中を大学2年生、3年生からずっと見てきました。建築家石山修武は、建築家という生き方や建築家はこうあるべきという道を示してくれました。建築がいかに社会的なものであるか、あるいはどう意志(コンセプト)を持たせるのか。その意志というのは設計者あるいはクライアント、あるいは抽象的かもしれないけれど、社会性ということも石山さんは言っていました。石山さんが模型を作ったり図面や絵を描いたりするのを見て、あるいは石山さんの本を読んだり、クライアントとしゃべっているのを聞いたりして、その延長線上で自分は設計をやっている。初めて建築をつくった時も内田樹先生のような建築をつくってみたいと考えていたことは学生時代から根っこのとことはあまり変わっていない。一級建築士に合格した瞬間は建築士になったと言えるかもしれないけれど、建築家はもう学生時代から始まっているような感覚があります。ある日から突然建築家になるのではなく、自分の中にある種がずっとていねいに育てられているのではないかと思う。

小林｜この間、知人から廃材がたくさんあるから家具をつくってほしいと言われて、製図が優秀な学生たちに事前にアイデア考えておいてもらって、実際に自ら木材を切ったり、くっつけたりして制作することをしました。テーブルや棚などをつくりましたが、見事に全部まともに立たないし、付けたものは次々と外れてしまう。1週間後に、その知人から作ったものがほとんど役に立たないという電話が来ました。やっぱり実際にやってみないといけないというか、学ぶことと同時に体験しなくてはならない。理想ではかっこいいデザインでも、つくってみると上手くいかないことがいっぱいある。何のために筋交があるのだろうというような次元の話が、実際に自分でつくってみると彼らもすんなりと理解できる。家具でもなんでもよいのだけれど、なるべく実践的にやってみるとよいのではないかと思います。

畑｜すごく現代的な質問だと思いました。社会的影響とはおそらく、定量化してその波が大きいか小さいかということを競い合っている感じがします。個人がメディア化しているから、どうしてもいくつ評価がついたのか気になる気持ちは理解していて、建築家はマニアックなものをごく少数つくって、社会的に何の利があるのだろうというようにきっと見えるのかもしれない。でも、本当に大事なのは、すごくささやかなことをやっているのだけれど社会的にみると、ものすごく質のいい変化をじわじわ与えていることかもしれない。つまり定量化できるようなもので、大量につくることや、ものすごく巨大な構築性があるという話になった時には、逆に言えばインパクトがあるけれどそれは物凄く「悪」かもしれない。なので、大きさを見ようというより、質の問題や影響の中身が具体的にどうなのかということを見ようとしたほうがよいのかもしれないですね。
感覚的なものなので、学生たちの身体性と比較すると分からないけれど、インフルエンスということに対して何が気になっているのかがちょっとおもしろいと思いました。

設計が辛いと感じてしまうのは

学生｜私は2年生で最近ようやく設計課題をやり始めたのですが、壁にぶつかることが多く、自分で納得いくものができないし、周りにも違うなという反応をされることが多くあります。私は設計をしていると辛いと感じる時間が多いと思うのですが、先生方の学生時は何をモチベーションにしていたのか、どういうところにおもしろさややる気があったのか教えてほしいです。

山口｜例えがいいかは分かりませんが、私は学生時代にバスケットボールをしていて、バスケ部の練習は「しんどい」とは思ったけれど、「辞めたい」と思ったことはなかったです。それに近い感じでしたかね。

光嶋｜しんどいけれど辞めようとは思わない。それは上手くなる、上手くなっているという実感があるからだと思います。そういったプロセスを経て好きになっていく訳であって、つらいと思うということは、今はまだ設計が好きではないのでは。

宮原｜答えを探そうとするとしんどいけれど、問題を探そうとするとワクワクに変わったりすることがあります。

岸上｜やり残したことや自分はもっとできたのにと思っているくらいのほうが次に進めることが多いと思います。絶対自分の中の100点満点を取らないといけないと思っていると、しんどくなってしまうでしょう。逆に、学生の時に考えたことを今でも考えたりするので、ずっと考えられる問いを見つけられたということは、今の段階でそれに答えを出さなくてもよくて、もっと考え続ければいいと思うし、そのほうが楽しくなってくると思います。

白須｜学生時代は、評価を得られないからといって悩んだことはそれほどありませんでした。目立とうとしたから発表はさせてもらっただけで、学内で評価されたことはほとんどありません。評価されない理由を「先生が分かってくれないから」「先生の評価軸が良くない」と勝手に思っていました。本当はそんなことはないのですが（笑）。建築は評価されたからつくれる、評価されなかったらつくれないというものでもなく、そこで出会った相手によることもあると思います。当然ある一定の実力も関係するけれど、今日の審査も100％正しい評価軸ではありません。

座談会は2024年8月23日の1次審査の後に、総合資格学院 梅田校にて開催された

光嶋｜少なくとも審査員が1人2人変わっただけで100選のうち10作品は変わるかもしれません。

白須｜順番も影響してしまうと思います。いろいろな審査で公平性を担保しようとしていますが、公平にならないこともあって、それはどうしようもない。時間の区切りも関係していて、評価というのはそれぐらい水物だと思います。

光嶋｜基本的に評価というものは、100選や最優秀が偉いわけではないのです。学生にとっては偉いと思われるかもしれないけれど、勝ったか負けたかというその時の評価は重要ではない。気持ちとしては人の評価を気にしないというのは難しい。たった一人評価してくれるその人を見つけるまでは、自分を自分ですごいと思っていないと、ものをつくれないというのはある程度あると思います。ものづくりのおもしろさはそういうところなのであり、今は評価に惑わされ過ぎだと思います。辛く思うというのはそういうことです。

小林｜学部2年生ならば、好きな対象を探す時期なので、別に設計だけが好きじゃなくても良いと思います。自分はデザインが好きであったけれど、好きな対象が計算であったり、実験であったりしても良いと思います。自分が好きなことを、好きだと他にも言ってくれる仲間がいるような環境を見つけることも大切だと思います。良い先生と出会えたら急に楽しくなったりすることもあります。そもそも2年生の時点で、設計が楽しいと思っている人は確率的にそんなにいないと思います。

宮原｜もともと私が学んでいたのはランドスケープとは関係なく土木や環境のほうだったのですが、本当は建築史をやりたかった。建築を勉強したいと思い海外留学もしようと思っていたのですが、建築を見ていたら、ランドスケープを発見してしまって、たまたまデザイン学部の中に建築ランドスケープがありました。そして、見ていくとランドスケープのほうが建築より大きな都市のデザインや、生態系の話に関わってくるので、ランドスケープのほうが自分に合っていると感じました。そのときはまだ誰もランドスケープのことを知らない時代でしたが、もともとデザインをやりたいと思っていたので、体力的には辛かったけれどデザインの授業も私には苦痛とかではなくとても楽しくて、そのままの延長でずっと来ているので幸運だったなと思っています。

光嶋｜それを楽しいと思えるかどうかは結局好きかどうかだと思う。そしてその好きと言うのは意外にちょっとした評価だったりする。評価を受けるため学生時代によく協力してもらっていたのは絶対評価してくれる家族です。兄や親に模型を見せていた。今は小3の娘にA、B、Cの案を見せてどれがいいか答えてもらうと大抵クライアントが選ぶものを選びます。建築プロパーではないフレッシュな友達に自分の建築の模型等を見せてプレゼンすると自信がつく。そういったことを積み重ねて今があるので、辛いと思ったことがありません。行ったり来たりの飴と鞭みたいなものではないでしょうか。がんばってください。

座談会の参加者全員で記念撮影

※1「2040年問題」
1971～1974年に生まれた団塊ジュニア世代が65歳を超える年で、人口減少と少子高齢化が進むことにより顕在化するさまざまな問題の総称。65歳以上の総人口に占める割合が35％程度に達し、社会保障やインフラの維持が困難になるとされる。

学生実行委員特別企画1
学生WORKSHOP

本選前に学生実行委員内で毎年開催されるワークショップ。2024年度は6月1日(土)、8日(土)、15日(土)に「モラトリアムな秘密基地」をテーマに実施された。約50名の学生実行委員が8班に分かれ、梅田スカイビルの足元に設けられたランドスケープ「中自然の森」に秘密基地を提案する。最終日は、山口陽登氏、畑友洋氏、白須寛規氏の教員実行委員3名による講評会を実施し、終了後は会場である畑氏設計の原池公園拠点施設にてバーベキューを行って親睦を深めた。

【提案内容】

パンデミックが終焉を迎え、私たちの生活は次のステップに進むことが求められている。さまざまな恐怖と不安が蔓延する現代の中で、未来に希望を持ち進むためには、温故知新の精神を持ち、もう一度原点を試みる時間や空間が必要であると考える。そこで、「子どもと大人の中間地点に立たされている私たち大学生が、今の私たちにしかない想像力で建てることのできる建築が存在するのではないか」。このような考えのもとで、それぞれの幼少期を振り返りながら話し合い、未来のために私たちの原点について思案できるワークショップを企画した。原点として形態操作という設計の基本的内容を含み、自己と他者、プライベートとパブリックの関係性を示した過去を道標として、未来を「灯す」建築としての私たちのための秘密基地の提案を求める。

【設計概要】

丸、三角、四角などの幾何学的な図形を用いて設計する。

【提出物】

1/50模型と詳細模型　A3シート1枚

【参加人数とグループ】

5~6名ずつ8班
設計ワークショップ　43名
6月1日　40名
6月8日　40名
6月15日　35名

【スケジュール】

6月1日　総合資格学院 梅田校
12:00　梅田スカイビル前広場集合・班ごとに敷地調査
13:00　総務からワークショップ概要説明
17:00　中間発表
18:00　終了

6月8日　総合資格学院 梅田校
13:00　各班に分かれて設計。設計が終わり次第、シート・模型の作成
18:00　終了

6月15日　原池公園拠点施設
16:30　集合、写真撮影
16:40　総務からワークショップ概要・敷地の説明
17:24　1~4班発表(発表2分・講評2分・転換1分)
17:40　5~8班発表(発表2分・講評2分・転換1分)
18:20　全体講評
20:30　閉会・片付け
21:00　完全撤収

講評会とバーベキューは「原池後援拠点施設」で行われた。
同施設は審査員の畑友洋先生による設計

審査員の山口陽登(大阪公立大学講師/YSP)

審査員の白須寛規(摂南大学講師/design SU)

審査員の畑友洋(神戸技術工科大学准教授/畑友洋建築設計事務所)

制作は総合資格学院の梅田校で行われた

【敷地】

梅田スカイビル　中自然の森

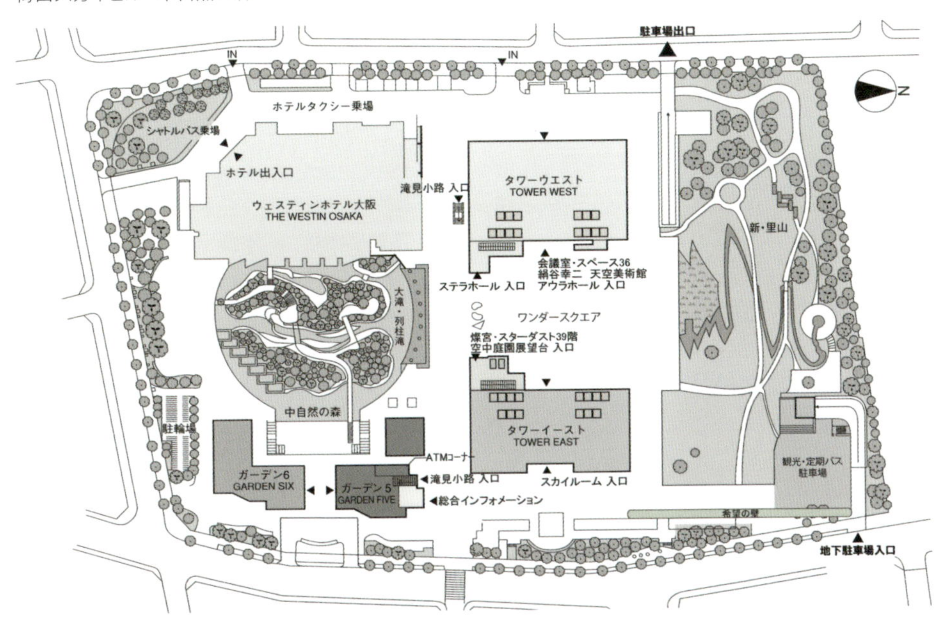

出典：梅田スカイビルのホームページより

敷地リサーチの様子

中自然の森には大滝・列柱滝からせせらぎが流れている

【講評会・バーベキュー】

講評会場には模型も持ち込まれ、各グループが熱の込めたプレゼンを行った

講評会後にバーベキューを開催。実行委員同士の親睦を深めた

1班「わたしたちの空間、わたしの空間」

山口：作品を見て、梅田スカイビルという巨大な空間の足元に繊細な空間が広がるイメージが浮かびました。しかも、それがすでに原広司さんの「中自然の森」にインストールされる。パースに描かれている植栽はおそらく既存のものを避けるると思う。ここから先はどれだけ繊細に考えられているかがポイントになります。柱の太さや床レベルの高さについて、もう少し細かく考えていくと、おそらくもっとレベルの高い作品になっていたと思います。

畑：野点の茶室を知っていますか？ 屋外で四畳半くらいの場所をつくり茶席に見立てて茶を立てるのです。例えばもう少し木を床の間のようなところに取り込むとか、囲われたところを取りに行く（増やす？）といいかもしれない。隠れ家というのは、そこにどういう場を見出せるかが重要な気がします。固定化されるよりも、野点の茶席のように仮初めの場所をすぐにつくり出せる仕組みがあると、もっと楽しくできるのではないかな。常設されるよりも、そのほうがもっとおもしろくなるでしょう。

白須：寸法の決め方が非常に気になりました。模型の景色を見ると、幾何学が他の木と紛れて消えていく状況を想像させられたのがすごく良かったです。柱の立ち方は工学的に考えるものですが、目線を水平にすることでランダムに立っているように見えます。そういう立ち方を、この幾何学の柱がしているように思いました。

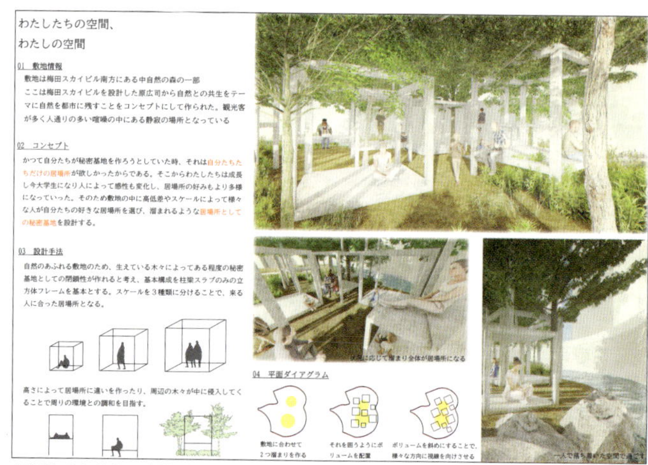

1班「わたしたちの空間、わたしの空間」のプレゼンシート

1班「わたしたちの空間、わたしの空間」の模型

2班「逃れ憩う」

山口：今回のワークショップでは梅田スカイビルをどう捉えたかが大事です。開かれた場所や都会の喧騒から逃げられる場所をつくりたいのかな、という印象を受けました。であれば、パースもこのような明るいものではなく、少し暗い雰囲気を伝えるものにして異質な場所を表現しても良かったのではないでしょうか。さらに言うと、外観パースも建築的すぎるので、もっと自然に近づけて、山の中に入っていくようなものにすると良かったと思います。

白須：水平面は閉じていて上が開いている空間は、音がとてもおもしろい響き方をします。そこが都会の喧騒と対比的になり、中に入ると外部とは異なる温度感や空気感が実現されると思うので、形の根拠について、例えば光の入り方や音などで説明できるとなお良くなるでしょう。

畑：よくわからないものこそ魅力的に感じることもあるので、もっとわからないものになっているほうがいいと思います。まだ記号的に感じます。よくわからないものがあり、そのよくわからないものが、周辺に広がるものとは違うものへの接続を促していくと良いと思います。下に潜った時に空だけが見えるなど、全然違うものと接続されるような状況を生むというような。何を秘密と呼んでいるかが重要だと思うので、（外壁が）赤かったり青かったりするのは結構良いと思うけれど、個人的には、ベンチが張り付いたりせずもっと何かわからないものにしたほうがいいのではないかなと思いました。

2班「逃れ憩う」のプレゼンシート

3班「有無相生─未来を『灯す』ために、私たちは建築を火種に過去をみる。─」

畑：S･M･Lと分かれているけれど、この形の幾何学を使えば全部できるのではないだろうか。小さいスケールから大きいスケールへとスパイラル状につくっていけば大きさを変えられるので、もう少し連続的なものとしてつくれるのでは。さらにそれが正円ではない形というか流れをもっていくと、必然的に人の体の使い方と空間の大きさにより、年齢あるいは体の大きさ、性別やいろいろなことがそこに表現されてくるのはおもしろい考え方だと思う。だけど、子ども用プールや大人用プールのように故意に分けるより、もっと連続的な海岸のようにしたほうがおもしろいと思います。

2班「逃れ憩う」の模型

白須：いい場所だと思いますが、説明が少し難しかったです。何を考えて出来たかはひとまず置いておき、出来上がったものが何を語っているかをもう一度耳を澄まして聞いてみることが必要なのかもしれない。そうすると、「考えたこと」と「ものが発していること」を一括りにしたプレゼンテーションになると思います。もう一度みんなで完成物を見て、どういう場所なのかを読み取ってみてください。そうすると、もう少しわくわくする説明になったのではないかな。

山口：「つくりたいもの」と「伝えたいこと」その両方をどう一致させるかが建築家のとても大事な仕事なのです。要するに、言っていることとやっていることが一致することで良い作品になるのです。白須先生が言ったように、完成したものが何を語っているのかを考えると、より精度が上がってこの2つがより一致しやすくなっていくので、この作品づくりを通して学んでもらえたらいいと思います。

3班「有無相生—未来を『灯す』ために、私たちは建築を火種に過去をみる。—」のプレゼンシート

3班「有無相生—未来を『灯す』ために、私たちは建築を火種に過去をみる。—」の模型

4班「移り変わる」

山口：おそらく多くの人が実際に訪れて、この秘密基地から梅田スカイビルの見え方を体験したいと思えるような非常に造形力のある作品になっています。一方で、このグリッドはないほうが非常に魅力のある作品になったのではないか。「あるべき姿」と「出来上がった姿」を見比べて、グリッドをどうするかの検討が必要だと思います。今日の講評を聞いてから、もう一度良い形を考えてみる、そういう必要性を感じさせてくれる作品でした。

白須：メインのパースが良いですね。梅田スカイビルをこのように切り取ったことは今までなかったと思います。とてもインパクトがあるし、ある風景を限定して切り取ることはかなり建築的な行為だと思います。これが、この建築の成功点だと言えますね。あと、山口先生の言ったことと被りますが、それをいかに強めるかという時に、何かを捨てないといけなくなる、そこが勝負になってくると思います。自分の生み出したものに耳を澄ませて、どうすればこの建築を生かせるかを練っていくと、より良い作品になると思います。

畑：自分たちで“不変性”をつくろうとしたことで、自己矛盾に陥ったように感じられます。グリッドのように可変的なもので何かをつくっていくなら、梅田スカイビルなど、不変と位置づけた外にあるものとの関係や見え方がじわじわ変わっていくようなことと合わせて提示されていれば、それほど強いシンボリックな形を選ばなくても良かったのではないか。逆に、ある瞬間はこのように切り取られるけれど、次の瞬間には全く違う切り取り方が生まれていることを可変的な何かでつくることができたかもしれない。なので、すべて内部化して自分たちのプロジェクト化する必要がないと思う。不変なものというのは、自分たちの外側にあるもののほうが確かなものになると思いませんか？ 自分たちがつくれるものが不変なものになるのだろうかという気はします。

4班「移り変わる」のプレゼンシート

5班「未完の間」

山口：課題に対する答えとして違和感はありません。たしかに、ツリーハウスはモラトリアムな秘密基地だと思いました。それがアイデアとして降ってきたのは素晴らしいです。ただ、（ツリーハウスは）すでに世の中に存在するものなので、あなたたちならではのオリジナルな何かが、グランドレベル以外にもあると、もっと説得力があったと思います。

白須：タイトルの「未完の間」からもわかるように、間（ま）的なつくり方だと思います。いかに周りから見えないかが設計の肝になってくると思います。周りの木を読みながら細かく設計していくと良い空間になると思います。ただ、下の部分の設計は少しわからなかったです。

畑：資料でクローズアップされている模型写真がとても気持ち悪いことになっ

4班「移り変わる」の模型

ており、木の幹にハシゴのようなものが飲み込まれている状態になっている。人工的なものと自然的なものがバラバラに擬態したツリーハウスのようなものはよくありますが、人工的なものと自然的なものが編み込まれた状況をつくれたら結構おもしろいと思います。そういう混ざり合った状態、つまり、この気持ち悪い状態が最後のあたりまでいくと普通に馴染んでいますよね。いわゆるツリーハウス風になっているので、木が成長していくと、こういう気持ち悪いねっとり癒着した感じのものをつくっていけると、最終的にこのようにフラットに並べられたものが出来上がる。どこにも力点のない状態ができると、都市との対比としておもしろいのだろうなと思いました。

6班「異質の隠れ家」

畑:今回、グリッド案が非常に多いですが、この案はとてもおもしろいと思いました。「これは自然ではないのではないか」という違和感が最初はありましたが、「自然」と「作為」というものが両極にあるとしたら、庭のような状態は人間がつくり出した自然のように見せたものである。そこに対して、五線譜のようなものをグリッド状に引くことによって有機物とのコントラストが強くなり、自然としては物足りない自然たちの有機性が高められるのかもしれない。そうすると、今のグリッドとしては弱いので、もっと徹底してその五線譜の中に入れ込めば、人為的に生み出された自然性がもっと高まったと思います。グリッドのためにグリッドがあるのではなく、あくまでも庭の作為性をもっと小さくするためにあると思うとおもしろい手法です。

白須:資料右側の3つのパースは緑の見え方が異なり非常におもしろい。透明度が変わってきますよね。描かれている人によって手の大きさが異なり、グリップできるかどうかも変わってきます。ものと自然との関係が対人間になった時に、それぞれ特徴があると思いました。そこが意味を考えるのではなく、空間性として種類の違う3つの空間が混じり合っているのがおもしろいので、「こども」「モラトリアム世代」「大人」のところをもう一度解体してもいいのではないでしょうか。

山口:普通は私たちが森の中で虫かごの中に虫を入れますが、これは逆で、虫は虫のまま生きていて人がかごの中に入れられているところが面白いです。自然と人工の反転関係のようなものをつくりたいのではないか。作品説明とは異なる別の解釈もできそうな点におもしろさを感じました。

7班「都市の中の余白」

山口:「中自然の森」は、風が吹くと少し音が鳴ったり木がゆらゆら動いたりといったことが起こる場所です。そういう場所に対して、動くものというか、それに近い建築的な操作を加えることに共感したし、興味深い。ただ大きさについてですが、少し建築のスケールに寄りすぎているのではないかな。ブラッシュアップの余地を感じました。

白須:人が関わるところは、山口先生も言ったようにスケールのところで違和感がありますが、建物自体のスケール感に関しては、ものだけで見ると違和感がなくて廃墟のように見えました。森の中に廃墟のようにあるのには納得でき、存在自体はとても良い場所だと思えたので、コンセプトをここから出発してもう少し考えてみると良い気がしました。

畑:説明には共感しつつも、結局、グリッドが前提になっているため都市化しているように見えてしまいました。ただ、短時間で考えないといけないので、グリッドのような前提がないと難しいですよね。結果的には、オアシスが周辺に広がる砂漠側の言語でもう一度つくり直されようとしているため、飲み込まれているように見えるのが残念です。むしろそれを意図しているならば、本当に

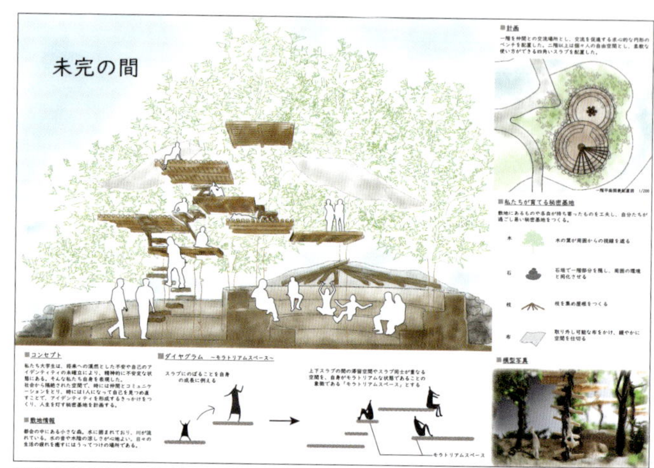

5班「未完の間」のプレゼンシート

5班「未完の間」の模型

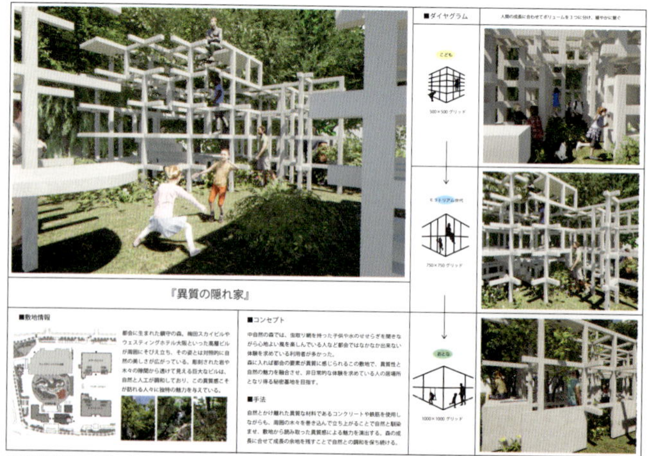

6班「異質の隠れ家」のプレゼンシート

6班「異質の隠れ家」の模型

オアシスをつくるとはどういうことかを考える必要があります。もう少し水を深くすれば、多様な水生生物の種類が3倍に増えるとか、樹種の数によって何か効果があるとか、オアシス自体を議論していくと、グリッドを前提にしない案としてしっかりつくれるだろうと思いました。

8班「RETURN」

畑:これは梅田スカイビルの円形と、同じ形とスケールになっているのですか?
学生:スケールは違います。大きすぎるので入らなかったです。
畑:同じスケールで転写されているなら、とてもおもしろい案だと思いました。非常に高いところに持ち上げられたものと地上にあるものが響き合い始めた瞬間に、地上からかけ離れたものとこの場所の関係が生まれてくる、すごくおもしろい案になると思いました。ただ、宇宙船というメタファーが大事なわけではなく、あくまで梅田スカイビルからの転写としてあるので、その後に壊れてしまった廃墟などと言われると、そこまで類推するのはなかなか難しいのではないでしょうか。聞かなくてもわかってしまうくらいの親和性があるとおもしろいと思います。
白須:梅田スカイビルから宇宙船の話を引っ張ってきたのはとてもおもしろかったし、梅田スカイビルを知っている建築の人間としては、その次の物語が気になります。廃墟になったのが楽しくあるだけではなく、もう一度梅田スカイビルを問い直す的なところまで深められると、その建築によって梅田スカイビルごと自分たちの建築としてまた語ることができると思います。ぜひそこまで射程を持ってまとめて欲しかったです。
山口:メインのパースがあまり良くないです。強い幾何学と中自然の森というつくられた人工の自然が絡み合い、「予期せぬ空間体験」になっていくという話のほうがおもしろかった。メインパースは建物が落ちる際に木が避けてくれたように見えて、おもしろさが限定されてしまっているように思えます。

総評

畑:このように、いろいろなことを短時間で、しかもグループで考えるのは良い機会だったと思います。いろいろな見方をするとおもしろいので、自分の考えの外にあることにも興味を持って聞いて考えられると良いですね。自分が今考えている枠の中で取り出せるものは大抵つまらないものであり、自分が今生み出せないものを生み出すにはどうしたらいいかを考えるべきで、例えば自分ではない隣の人にアイデアを求めてみるなど、ぜひそういうことを意識的にやってくれたら良いと思います。そういう意味では有意義なプラクティスになったと思います。
白須:短時間でみんなでまとめたものなので、(資料からは伺いきれない)もっといろいろな会話があったのだろうと想像しました。その中で、一つの形に決めなければいけないのは苦しいところですが、建築はそういう結論を求められるものなので、みんなから出たもので勝負したのが今日の結論だったと思います。勝負したからこそ得るものがあったと思いますし、持ち帰るものがあると思いますので、それを今からお互いに話してしっかりと噛み砕いて欲しいと思います。
山口:昨年もそうでしたが、普段の大学の設計課題ではなかなか出てこないような案が出ているように思いました。例えば8班の宇宙船の案などは、大学の設計課題では出てこないと思います。おそらくいろいろな人が一緒に考えたからこそ、生まれたのでしょう。自分だけだったら思いつかないかもしれないけれど、そういう考え方もあるかというものの集積なのではないかと思います。ここから先は、交流の時間に振り切り、会話の中に「今回何を学んだか」を交えながら、建築新人戦という場を使って自分の世界を広げていって欲しいと思います。

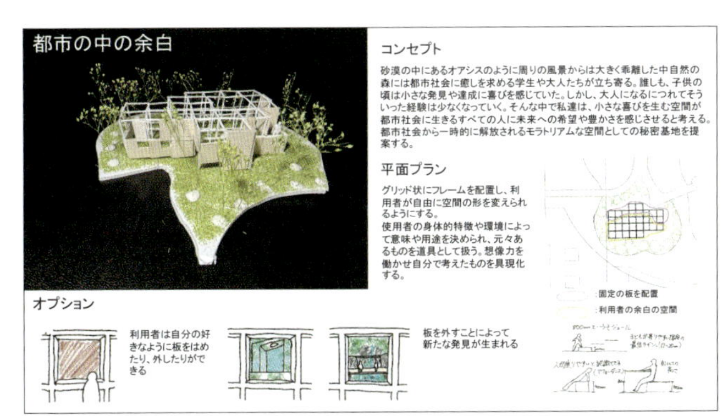

7班「都市の中の余白」のプレゼンシート

7班「都市の中の余白」の模型

8班「RETURN」のプレゼンシート

8班「RETURN」の模型

学生実行委員特別企画2

建築新人戦2024 100選対象アンケート

2024年度の建築新人戦も、国内の優秀作品が一堂に集結。学生実行委員たちが100選を対象にアンケートを実施し、参考にした建物や建築家、よく使う模型材料についてなど、各作品の制作秘話を探った。また、来場できなかった人にも素晴らしい模型を見てもらいたいという書籍班の熱い想いから、班員たちの目を特に惹いた作品も併せて紹介する。

Q. よく使用する模型材料は？

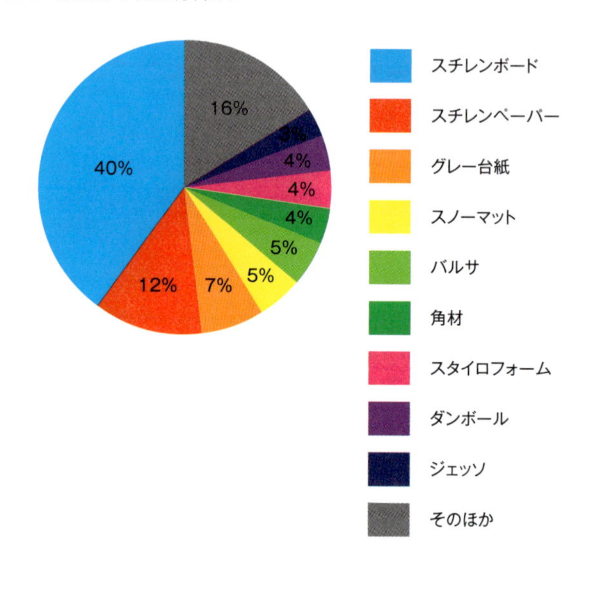

Q. 案を思いついたタイミングや場所は？

──タイミング

──場所

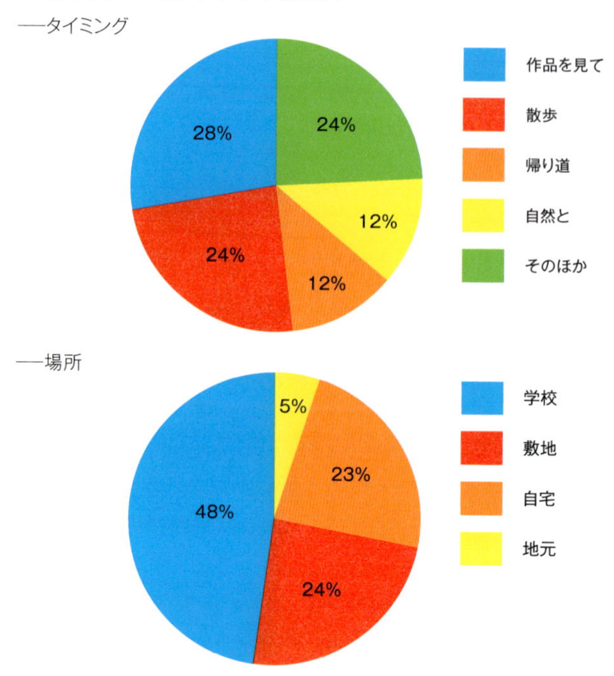

Q. 一次審査応募時のプレゼンボード制作にかけた日数は？

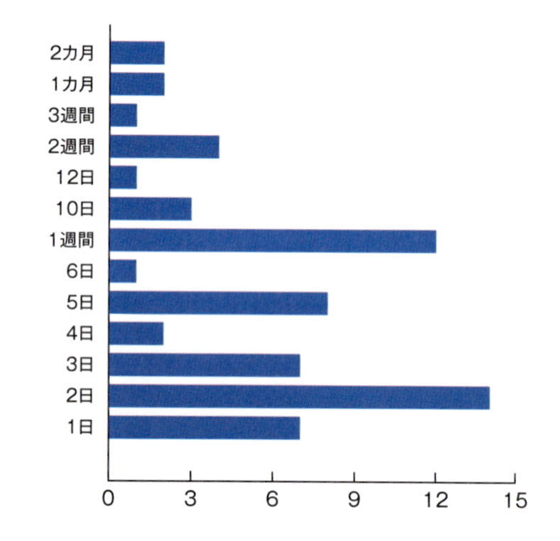

Q. 今回の作品をつくるうえで、影響を受けた建築または建築家は？（2票以上を抜粋）

──建築

地中美術館（2票）

──建築家

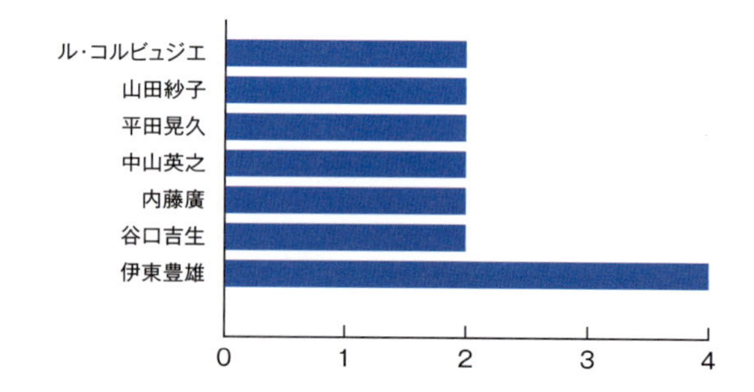

Q. 設計（ブラッシュアップ）を行っているときに一番楽しかったことは？（一部抜粋）

A. ・空間を想像したときに、さらに自分の目指す空間に近づくこと。

・課題講評時に足りないと思って悔しかった点を補填できたこと。

・自分の考えがそのまま建築に反映されていて、自分を振り返ることができたこと。

・仲間とエスキスしたり互いの建築論を語ったりしているとき。

・学校の課題時にできなかったディティールの設計ができたこと。

・自分の作品が仕上がっていくにつれて、解像度が高まり、より理解できるようになったこと。

・+αは何があるかと考えること。

・ブラッシュアップする過程で添景などを入れて、生活の様子が感じ取れてきたときが一番楽しかった。

・模型が形になり、想像を膨らまし、また模型をつくっていくという連続が楽しい。

・展示方法を考えているとき。どんな表現にしようかワクワクしていた。

Q. 今だから言える失敗談は？（一部抜粋）

A. ・先に言葉で固めてしまって、最終的にできた形と内容にずれが生じたこと。

・一次審査通過時点で燃え尽き症候群。

・糸通しができないのに糸を使ったこと。

・コンタの接着をもっとしっかりしとけばよかった。

・スラブのうち何枚か断面を覆うのを忘れてしまった。

・模型の周辺の住宅のボリュームを若干間違えていたこと。

・部分模型の制作時にレジンの枠が決壊してしまった。

・模型の部材がどこの部材かわからなくなった。

・断面模型の切る場所について、もっとよく考えるべきだったと思う。

・模型を一度捨ててしまっていたため、100選が決まってからつくり直した。つらかった。

・ヒノキだと思って買った角材がバルサだったので、もろくて模型がボコボコになった。

・図面を入れたUSBを折ってしまったこと。

ID0019 栗山 直也

材料: 材料:グレー台紙　費用: 約15,000円
制作期間: 1カ月半　制作人数: 3人

Q. 模型のアピールポイント
A. 内部の世界を強調する作品のため断面で割れるようにし、なおかつ外観にスプレーを吹き付けたりグレー台紙を使ったりと、洞窟のような少し暗い空間体験を際立たせるような素材にし、外観より内観を見せるようにしました。

Q. 模型製作の流れ
A. まずスラブを切り出して全部に柱を通して高さを合わせ、最後に外壁を貼りました。

Q. 参考にした建築
A. ピーター・ズントーの「テルメ・ヴァルス」のように、少し暗がりの中にある多様な空間が生まれている建築が好きなので、それを目標につくりました。

ID0085 横内 稀人

材料: ダンボール、スチレンボード、雑草を乾燥させたもの　費用: 約20,000円
制作期間: 約1カ月半　制作人数: 5人

Q. 模型のアピールポイント
A. 光をテーマにしているので、いろいろな角度から覗くとそれぞれ雰囲気が変わるところがポイントです。

Q. 模型製作の流れ
A. 空間のつながりがあまり上手く表現できず、単体模型になってしまいましたが、それぞれの作品に合わせた展示空間となるように、光の展示の仕方や時間の変化といった、展示空間を変化させていくことを意識しました。

ID0241 小沢 誠一郎

材料: ボール紙(チップボールの分厚いもの、NKボール)　費用: 15,000円
制作期間: 約2日(200分の1模型)、約1週間(50分の1模型)　制作人数: 2人

Q. 模型のアピールポイント
A. 塗装していた人が多かったと思いますが、塗装せずに紙の質感でどうやって建築本来の形に近づけられるかを頑張りました。

Q. 模型製作の流れ
A. 面でつくれるものからどんどんつくり、細かくなっていくような感じでつくっていきました。

Q. 参考にしたもの
A. 思想は(ルイス・ヘンリー・)サリヴァンや(アルド・)ロッシなど、海外の建築家が多いです。

ID0749 鈴木 飛拓

材料: スチレンペーパー、マホガニー(角材)　費用: 30,000円
制作期間: 約1週間　制作人数: 1人

Q. 模型のアピールポイント
A. 木を曲げてつくった曲線と軒下の広場空間が、とても気持ちいい吹き抜け空間になっているところです。

Q. 参考にした建築
A. 内藤廣さんの「牧野富太郎記念館」の建物を参考にしてつくりました。

ID0867 東海林 勇太

材料: スチレンボード、針金、ボード、プラ板　費用: 約20,000円
制作期間: 1カ月半　制作人数: 1人

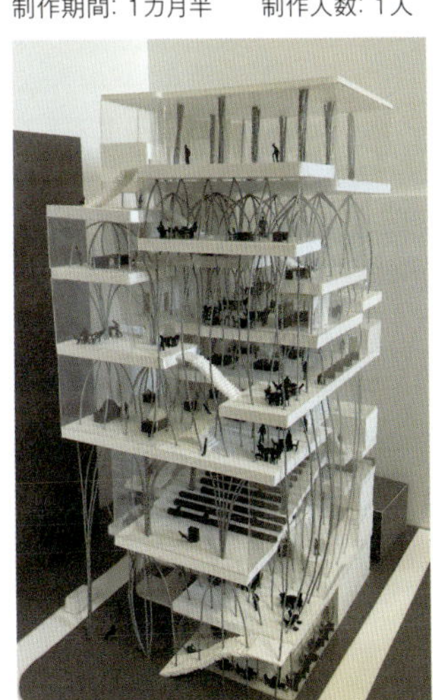

Q. 模型のアピールポイント
A. 全体です。つながって伸びている感じが好きです。

Q. 模型制作の全体的な流れ
A. 課題でadidasに企業を設定されたことで、ファッションとの関係のおもしろさに気付くきっかけとなりました。もう一つが、建築の中でもビルの柱はデザイン性が無いと感じたため、この柱が無いとおもしろくないと思われるものをつくりたいと考えました。

Q. 参考にした建築
A. 伊藤豊雄さんの「せんだいメディアテーク」や、スイスの建築家であるクリスチャン・ケレツによる、ビルの柱を斜めに突っ切っている作品を参考にしました。

ID1013 日高 一輝

材料: ヒノキの角材(1×1)、チョッパー　費用: 約20,000円
制作期間: 約1週間　制作人数: 7人

Q. 模型のアピールポイント
A. ランドスケープを主に頑張ったので、木のルーバーと屋上庭園、あと、公園の自然とのつながりがアピールポイントです。柱と梁が特徴的な軸組模型なので、そこのきれいさや、そこのライズの高さが異なるので、柱と梁でつくられる空間を見てくれるとうれしいです。

Q. 参考にした建築
A. 「那須塩原市図書館 みるる」の屋根を参考にしています。あとは平田晃久さんの「ハラカド」がすごく好きなので取り入れつつ、自分でつくりたいと思ったものを取り入れています。

学生実行委員特別企画3

建築新人たちのあゆみ

建築新人戦から10年を経て、当時の経験がどのように生き、現在は建築とどう向き合っているのか。当代の学生実行委員書籍班のメンバーが、当時の出展者や実行委員たちの歩みを探る。

対談は総合資格 本社に前岡さんと谷さんがお越しいただき、鈴江さんと伊達さんはZoomで参加した

Interviewer_01

鈴江 佑弥
[2014年度 最優秀新人賞]

Interviewer_02

伊達 一穂
[2014年度 優秀新人賞]

Interviewer_03

前岡 光一
[2014年度 8選]

Interviewer_04

谷 大蔵
[2014年度 学生実行委員 会計]

鈴江 佑弥
建築新人戦2014年大会の最優秀新人賞受賞者。大阪工業大学大学院修士課程を修了後、組織設計事務所を経て、現在は長崎県のアトリエ系設計事務所INTERMEDIAに勤務。

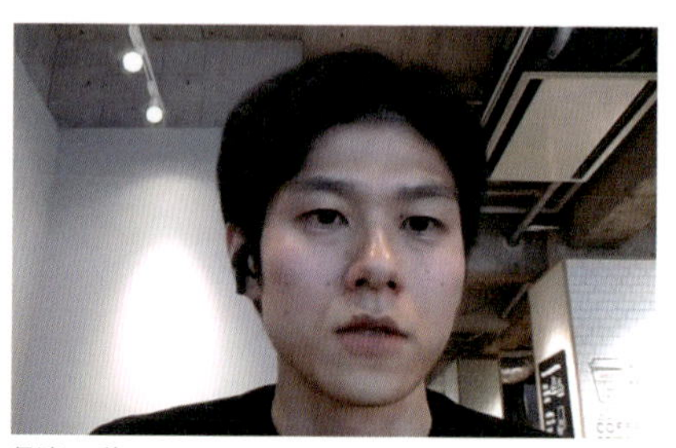

伊達 一穂
建築新人戦2014年大会の優秀新人賞受賞者。東京藝術大学修士課程、東京大学大学院博士課程を修了。東京藝術大学教育研究助手を経て、現在は名古屋市立大学講師

―建築新人戦に関わったきっかけをお聞かせください。

鈴江：2014年の建築新人戦で最優秀賞をいただいたのですが、その前年度に学生実行委員として参加していました。大阪の大学だったので、建築新人戦の存在を知りつつ先輩の作品を見ていましたが、出展した先輩からいろいろと話をきくうちに興味が湧き、2014年の建築新人戦に応募しました。

伊達：大学の先輩が建築新人戦に向けて製図室でがんばって準備している姿や、大会で活躍している姿を見て、私も出したいと思うようになりました。また、設計課題自体が楽しくて、大学時代はそれしかしていないような偏った学生だったので、大学の場だけで発表するのがもったいない、いろいろな人に見てもらいたいとも思いました。

前岡：僕は当時、大学の実務寄りの課題に物足りなさがあって、もっとブラッシュアップして、コンセプチュアルな提案を出したいという想いをずっと持っていました。建築新人戦の情報は耳にしていたので、2年生のときに別荘のプロジェクトを出したのが最初です。次の3年生のときも出しています。

谷：私の大学は遠藤秀平先生（当時、建築新人戦教員実行委員）を中心に、初期の実行委員の時代から神戸大学が建築新人戦の運営に携わっていたということがあり、私もその流れで先輩に誘われて2年生のときに会計業務に携わり、3年生でも続けました。2年生のときは実行委員のみの参加でしたが、3年生では設計にも意欲が湧いてきて、実行委員として参加しながら応募もしました。

―大学卒業後から現在までの経歴をお聞かせください。

鈴江：卒業後は組織設計事務所に2年間所属し、退職後は1、2カ月ほど日本中をバイクで巡ってから、長崎の島原にある「INTERMEDIA」というアトリエ設計事務所で働いています。2024年で4年目となり、事務所では保育園や住宅、地方の特殊な工場など、さまざまな設計に携わらせてもらっています。事務所にはカフェと宿が併設されていて、敷居も低く、まちの相談元のような存在でもあります。

伊達：僕は九州大学の芸術工学部を卒業後、東京藝術大学の大学院に進学し、北川原温先生の研究室で学びました。大学院を卒業後は、アトリエ設計事務所に勤めた後、東京大学の大月敏雄

先生の研究室で博士課程に入り、同潤会の木造住宅について研究をしました。博士課程の2年目からは、東京藝術大学の日本建築史を専門とする光井渉先生の研究室にて教育研究助手を勤めながら博士を取得し、現在は名古屋市立大学の講師として都市や住環境の歴史を主に教えています。

佐々木翔+鈴江佑弥 / INTERMEDIAによる、長崎・大村市の「d&i 大黒屋新社屋」。諸室の配置で部分的に2層となる内部空間に対し、ズレながら連続する"木梁"を架けて"曲面のような屋根形状"を構築した © YASHIRO PHOTO OFFICE

── 初めから教員という職業を目指していたのですか?

伊達: 建築新人戦に出していた学部生のころから歴史と建築の設計を一緒に考えることが好きだったので、最初はそういったテーマに没頭していただけだったのですが、東京藝術大学の助手をする機会をいただいて教員という仕事にも魅力を感じるようになりました。博士課程の学位を取るタイミングで、大学の教員をやりながら自分の研究や建築の設計を行うキャリアを選択しました。

前岡: 卒業後はアルファヴィルという当時の建築新人戦の審査員だった竹口健太郎さんの事務所で3年ほど働いて、住宅やアートインスタレーションのプロジェクトなどに携わりました。退職後、東京のインテリア事務所に転職して現在はオフィスのインテリアデザインの仕事をしています。2024年の春に独立して、フリーランスで活動しています。

谷: 私はそのまま神戸大学の大学院に進み、大林組に建築設計職として入社しました。最初の5年間は東京本社にてオフィスビルや商業施設、社員寮などの設計に携わりました。その後広島支店に転勤になり、瀬戸内海は工業地帯が多いこともあり、医薬品製造工場や工場の厚生施設の設計など、東京のような都市部ではなかなか経験できない特殊性の高い物件にも携わっています。

── 建築新人戦がご自身の考え方に影響を及ぼしたことはありましたか。

鈴江: 建築新人戦という名前は全国に知れわたっているので、そこで賞をいただけたことは私にとって自信につながりました。ただ、その後のアジア建築新人戦では全く評価されなかったので、なぜ評価していただけたのかを考えていました。建築新人戦だけではなく、誰かに作品が評価されたときは、都度その理由を考えるようになり、建築新人戦はそのきっかけになったと思います。

伊達: 影響はすごくあります。3年生の時点でそれまでやってきた課題を出して評価されるコンテストはあまりなくて、出す人も大学内では限られていて、審査に通って模型をつくる際には周りの人たちや後輩などいろいろな人に初めて手伝ってもらいました。共同作業をして、自分の課題をブラッシュアップして完成させて、プレゼンテーションをするという一連の流れをしっかりと経験したのが建築新人戦でした。当時の思い出や経験は今でもすごく楽しかったものとして鮮明に残っています。建築の世界でがんばりたいという、スタートラインに立つきっかけになりました。

前岡: 16選や8選に入選して、当時一緒にプレゼンした人とは今もつながりがあり、その人たちがどこかでがんばっているという話を聞くと「自分も負けていられない」と刺激になります。建築新人戦で築いた友情は自分にとって財産になっていると思います。また、梅田スカイビルというあれだけ広い会場でプレゼンするのも貴重な機会でした。また、「コミュニティセンターをつくりなさい」という実務寄りの課題に対して、コミュニティセンターを自分なりに拡大解釈して、抽象的に分解してからコンセプトを立て直すプロセスを、建築新人戦を通じて訓練することができました。その経験が今の仕事でもずっと生きています。

── 学生時代の設計と社会に出てからの設計にギャップは感じましたか。

前岡: 大学の設計課題と今の実務にはかなりギャップがありますが、建築新人戦などのコンペで取り組んだコンセプトの立案においては、今のインテリアの業務におけるアイデアの出し方と似ていると思います。一方で、大学の設計課題が実務よりという点では、建築の設計事務所でやっていた仕事と近い気がします。

谷: 私は出展者と学生実行委員の二つの立場を経験しました。出展者としては100選から先へは進めなかったのですが、倍率7倍ぐらいの勝負に臨んだことで、学内で井の中の蛙にならずに済んだと思います。実行委員としては、審査員が700作品を見るのに1作品を10秒くらいで見ていくのを目の当たりにして、一瞬で作品を理解してもらい、深掘りしてもらうかがコンペでは重要だと感じました。その経験は発注者の方々にプレゼンテーションして、理解してもらうという点で今の仕事と共通するところがあります。やはりそういう戦いを経験できたことは、社会人になって設計していく上でためになっていると感じます。実務では発注者含め何百もの人が関わるプロジェクトがあり、それぞれにプロフェッショナルな思い・考えがあります。それらのぶつかり合いをまとめる力は意匠設計に求められる能力で、建築新人戦のスタッフはその下積みのような経験だったと感じます。実行委員はボトムアップ形式で、みんなが良いと思うものを最後にまとめるのは実行委員会

対談取材に参加した学生実行委員書籍班の大知優々佳さん(武庫川女子大学)と藤村凜太郎さん(大阪工業大学)

であり、その環境は実務でプロジェクトをまとめるところに通じているなと思いました。

―人をまとめていくうえで何が大切ですか?

谷: 私個人の考えとしては、自分の思い・コンセプトを発信しながら、周りの人を引っ張っていくリーダー的な力が必要だと思います。自身のコンセプトがない人に周りはついていきません。ただ、周囲をまとめることだけを目標とせず、最後にしっかり建築や空間としてアウトプットするということが大事だと忘れてはいけないと考えています。

鈴江: 学生時代に研究室の先生から「最小の努力で最大の効果を」という言葉を伝えられ、当時はちょっと冷たい表現だと思っていました。ただ、リアルだとコストや実現性等、たくさんの人たちと頭を悩ませながら進めていきます。そこでもし最小の努力で最大の効果を起こす何かを見つけることができれば、物事が整理されて、みんなが同じ方向を向ける。それがすごく大切だなと思いました。

―私は案が全く出ない時があってエスキスまでに案がまとまらず、先生を困らせてしまいます。そう言う時はどのように乗り越えているのか知りたいです。

伊達: 僕はどんな課題でも、建物の形を考える以前に、まずどうしてその土地の形状になったのか、そこでどのような建物が建っていたのか、など土地の変遷に興味がわいたので調査をしていました。そうすると、建築のアイデアが浮かんでくるので、行き詰ったときは対象敷地の市町村史などを調べるのも一つの方法だと思います。

鈴江: 学生の課題でも設計の実務でも、行き詰まるときはたいてい何かに固定されているときだと捉えて、真逆のものを考えます。今の事務所で働いているのも、都市で働いて行き詰まったときに地方に行きたいなと思ったからです。案を考えるときも、テーマがあれば「逆にどうしてこれじゃないといけないのだろう?」と考えてみると、ただ建築を考えているよりも、現象や人のことにも考えが及び、思考が広がっていくことを感じるので、視野を広く持つほうが楽しいと思います。僕自身もいつもそういう新鮮なところにいたいと思っています。

前岡: 鈴江さんと考え方が似ていて、僕もレイアウトを描きながらまだ見たことのないレイアウトは何だろうと考えています。行き詰まったら情報が足りないと考えて、雑誌を読んだり、他の人のレイアウトを見たり、インプットをしに外に出かけたりしています。あとは学生の時は「相談すると自分だけのプロジェクトではなくなる」と思っていましたが、今は人に相談することをもっとポジティブに捉えていいと思っています。社会に出たらプロジェクトはチームで取り組んでいくし、思いを吐き出しているうちに自分のアイデアが整理できることもあるので、そういう友達を持つことも大切です。最近はOPEN AIの会話機能などを活用したりもしていますね。また、アトリエで働いていた際、複数案出すのに行き詰ったときは、A・B・Cという3つの案を、AとBとCが考え方の違う3つなのか、考え方を発展させたA-1、A-2、A-3なのかを整理し、別の考え方、例えばAとBを組み合わせたらどうなるか、A-1の考え方をCで生かせないか?などを考えていました。

伊達一穂/村岡佑樹個展「in The room」会場構成(撮影:伊達一穂)。清洲寮という日本のRC造集合住宅黎明期における建築の一室をギャラリーとして活用するプロジェクト

谷: 自分も行き詰まることがよくあって、個人的には自分自身が楽しいと思えるコンセプトになっているかどうか、自分の輪郭をどれだけ維持できているかどうかも大事だと思います。私は歴史など文化人類学的なことが好きなので、よく東京国立博物館などで埴輪や縄文土器を見て、その時代の人の生活に思いを馳せていたらアイデアが浮かんだりします。それが正解ではないですが、自分の関心事を広げながら、一度建築から離れてみて、また戻ってくると楽しみながら成長できるのではないかと思いました。一番を目指すことも大事だけれど、誰かと比較して似ているかどうかよりも、そのコンセプトで自分の人生をどうつくれるのか、というのもあります。

―何かを参考にする際、同じ学生の作品を参考にするのか、実際に建っている建築のどちらを参考にした方が良いでしょうか。

前岡: 目的による気がします。アイデアコンペで勝つことが目的なら、過去の受賞作品を見ることで傾向を掴むことができるかもしれないし、設計課題なら、実際の建築を分析してつくったほうが課題に沿ったものが出来上がりますよね。常に今やっていることの目的を理解して取り組むことが大事で、それによって良し悪しが決まると思います。

伊達: 僕も目的が一番大きいと思います。当時は特にどちらを参考にすべきか考えたことはなく、同世代の人が建築や都市をどのように見ているのか知りたいという思いで設計課題をひたすら見ていました。課題で民家をリノベーションしたりするときに、具体的にどんな空間なのかスケール感が気になったら、雑誌や実際の建築を見て勉強していました。また、実務の設計からは、法制度を逆手に取るような試みも見られる点で、課題の作品にはない面白さがあると感じていました。

前岡 光一
建築新人戦2014年大会の8選入賞者。大阪工業大学卒業後、関西のアトリエ系設計事務所、東京のインテリア事務所を経て、2024年にフリーランスのインテリアデザイナーとして独立

谷 大蔵
建築新人戦2014年大会の学生実行委員。会計を担当。神戸大学大学院修士課程を修了後、大林組に入社。建築設計職として勤務

鈴江: 例えばコンペに勝つためには過去の事例を見ることも必要だと思います。私の学生時代は自分がつくりたい建築が何かということに考える軸を置いて設計に取り組んできたので、評価される時とされない時が分かれていました。また評価してもらってもその理由に私自身の納得感が少なかった時もあります。参考にする作品も、なぜその作品が評価されているのかは、着眼点として大事だと感じています。一方で実際に建てられているものは、実際に空間を体験してみないと素晴らしさに気づかない。見るだけの参考でなければどれも大切だと思います。

―学生の時から考えているポリシーや、建築に対する考え方において変わっていないことはありますか。

鈴江: 大学の中でも先生によって教え方が違うので、どこの研究室に行くかを選ぶときに大事になるのは自分の感性だと思います。その感性を磨くことは学生の時から意識していました。日常の生活の中とか、そういう些細なところを気に留めながらやりたいというスタンスが今もあるので、バイクに乗っていろいろな場所を見るなど、五感を大事にしたいと思うのは学生の時から変わっていません。

伊達: 建築家として住環境の成り立ちや人の生活の間で起こっている現象に興味があって、勉強しているところです。つい最近まで学生だったというのもありますが、変わらず歴史に興味があります。

前岡: 設計に限らず進路を選ぶ際も、迷った時は直感的に最初にいいと思った方向に行くことです。例えば設計のアイデアが3つ出たとしても、最初にいいと思ったものが後で完成品になっていることが多いです。頭で分析するのも大事ですが、最後は自分の感性を信じるところは今も変わらないですね。

谷: 私の大学の研究室の先生がよく「近未来を忘れるな」とおっしゃっていて、当時はただ未来思想なのかなと思っていました。実際の設計では建物を考え始めてからできるまで3、4年かかることもよくあります。発注者から、今の問題を解決したり、トレンドに合わせたりしたいという要望がありますが、実際は建物をつくって、完成して社会に浸透していくまで何年もさらにかかります。例えば2040年頃には日本の人口は1億人を切る予測もあり、社会構造も変わっているでしょう。そのような中で私も建物が馴染んでくる何十年後かを意識した設計や提案をしたいと思うようになりました。

―今後、AIは建築業界にどのような影響を与えると思いますか。

谷: 当社でもAIを業務に取り入れる試みがあり、一つは社内版ChatGPTで、コンセプトや文章の作成に困ったときに助けてくれる仲間のような存在です。また、ファサードデザインを提案できる当社のAI技術「AiCorb®」を用い、AIによってスケッチや3Dモデルのアウトラインからファサードデザインを生成するような試みもあります。建物の計画初期に、会社のブランディングをイメージしたファサードを大量に生成する場合にそうした生成AIに手伝ってもらうこともあります。ただ、頭の中でスタディしたり、スケッチを描いたりしている部分がどれだけAIに置き換わろうと、最終的に人である設計者がAIのスタディの中から自信をもってプレゼンテーションしなければならないと考えます。AIが生み出した何十万枚のなかから"これがベストだ"と決める能力が必要です。スケッチで書いた一枚が発注者を魅了するかもしれませんし、AIを使った手法が最適解となるのはもう少し時間がかかると考えます。

鈴江: 私の所属している事務所は地方ですが、新しいAI技術などがあれば試しています。ただ、今のところは敷地のリサーチや音声を録音してテキスト化するくらいで、デザインを検討する段階まではまだ取り入れていないです。

対談取材に参加した学生実行委員書籍班班長の金子軒常さん(大阪工業大学)

―大学ではあまり推奨されていませんが、学生もAIを使っていくべきだと思いますか。

伊達: AIの使い方を自分で考えてそのプロセスを公開できるようであれば、僕はむしろ活用するべきだと思います。検索エンジンでも検索するワードのセンスが必要です。プロセス自体にオリジナリティがあればAIもどんどん活用していけばいいと思います。

前岡: 建築家の意図をうまく汲み取って、OPEN AIを駆使してコンセプトを立てる専門家は出てくるかもしれないですね。最近はメジャーリーグで投手のデータを分析して、野手と作戦を立てる専門の職種が出てきたので、建築やインテリアデザインもChat GPTなどを駆使して作り手と現場などのアウトプットをつなぐ職種が出てくるかもしれないですね。

谷: 大量の情報を扱うエンジニア領域では、建築と情報をつなぐ部分にAIを活用できると思います。例えば実務で、BIMソフトはもの同士の干渉を確認しますが、大規模な建物だと50万ほど干渉を確認する必要があります。まだまだ人の力でアナログに解決することは多いですが、その解決策を膨大なデータとして活用できればコンピューターの方が、解法が早くなっていくと思います。ただ、いきなりコンピューターが自然発生的に考えることはないので、人が介入していく中でどんどんツールとして発展していく気がします。ソフトウェアの発展もあり、我々の世代と異なり、複雑な3Dモデルを作成しながら設計する方が増えているように感じます。コンセプトを考えるのは自分の頭ですが、それを実現するためのソリューションなどスキルを補助してくれる役割として、AIに相談してみるのも一つの方法かと思います。

前岡さんが独立してから手掛けた「神宮前 ラウンジ」のプロジェクト

建築新人戦2024
大会データベース

建築新人戦2024

■テーマ
「灯り」

■応募概要
登録期間：2024年6月1日（土）〜8月18日（日）
提出期間：2024年8月21日（水）・22日（木）
応募資格：4年制大学・3年制専門学校：3年生まで（3年次の前期までの課題作品）
短期大学・2年制専門学校：2年生まで（2年次の前期までの課題作品）
短期大学専攻科：1年生まで（1年次の前期までの課題作品）
高等専門学校：4・5年生（4年次から5年次の前期までの課題作品）
高等専門学校専攻科：1年生まで（1年次の前期までの課題作品）
以上の全国の建築学生が対象　※グループでの参加は不可　※1人1作品まで

■展覧会
会　期：2024年9月14日（土）〜16日（月・祝）
会　場：梅田スカイビル タワーウエスト3階

■一次審査（100選選出）
日　時：2024年8月23日（金）
会　場：総合資格学院 梅田校
応募登録者数：1162作品（応募学校：124校、応募都道府県：35）
審査作品数：719作品
審査委員：**光嶋 裕介**（光嶋裕介建築設計事務所）
山口 陽登（大阪公立大学講師 / YAP）
岸上 純子（大阪工業技術専門学校特任教員 / SPACESPACE）
小林 恵吾（早稲田大学准教授 / NoRA）
榊原 節子（榊原節子建築研究所）
白須 寛規（摂南大学講師 / design SU）
西澤 俊理（滋賀県立大学准教授 / NISHIZAWA ARCHITECTS）
畑 友洋（神戸芸術工科大学准教授 / 畑友洋建築設計事務所）
前田 茂樹（GEO-GRAPHIC DESIGN LAB.）
宮原 克昇（近畿大学准教授 / FlipLA）

■二次審査・公開審査
日　時：2024年9月15日（日）
会　場：梅田スカイビル タワーウエスト3階 ステラホール
審査委員長：**末光 弘和**（九州大学大学院准教授 / SUEP.）
審査委員：**磯野 真穂**（東京科学大学リベラルアーツ教育研究院教授 / 人類学者）
門脇 耕三（明治大学教授 / アソシエイツ）
白須 寛規（摂南大学講師 / design SU）
津川 恵理（ALTEMY）

■主　催：建築新人戦実行委員会
■特別協賛：総合資格学院
アーキテクツ・スタジオ・ジャパン株式会社
株式会社コラボハウス一級建築士事務所
ユニオンシステム株式会社

100選 選出者紹介

凡例
ID・氏名／所属大学・応募時の学年
作品タイトル
コンセプト

0016　原田 成己 / 近畿大学・3年生
境界に時間軸を

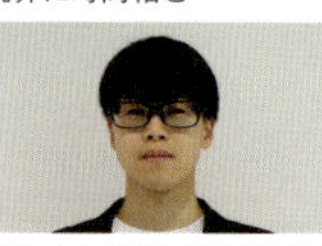

敷地のある街は東西で街の形成年代と形成理由によってコミュニティの質に違いがみられた。2つのコミュニティのちょうど間に位置する敷地に両コミュニティをつなげるための「雨」と「堀」を用いた街と建築の在り方が経時的に変化する小学校を提案する。

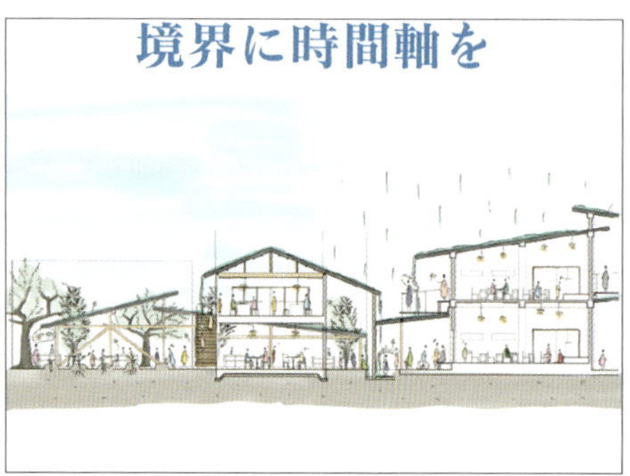

0019　栗山 直也 / 鹿児島大学・3年生
ショウカするメディア ～身体的体験と分野の混在を促す図書館～

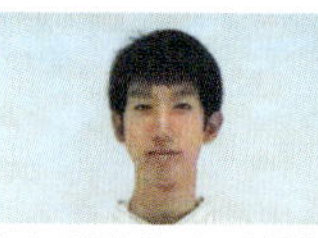

まちで行われている活動やまちの機能をボイドに取り込み、身体的体験をもって消化する。そしてその体験は、他の分野や領域と混ざり合い、新たなプログラムとして昇華する。このまちの、これからの図書館の在り方である。

0034　河村 咲希 / 早稲田大学・3年生
知覚を拡張する美術館

抽象芸術を鑑賞する上で、自身の体験や感覚を元に想像することが求められる。そこで、展示するブランクーシの彫刻作品と公園内の体験を掛け合わせることで知覚を拡張することを補助する美術館を提案する。

0040　志村 里桜 / 早稲田大学・3年生
縮図を辿る ──ブランクーシの生涯の転換地と継いで成立する追体験美術館──

ブランクーシの生涯の縮図となる追体験美術館を設計する。鑑賞者は[生涯の一本みち]を辿り、その途で現れる[生涯の転換地]を廻りゆくことで、ブランクーシの生涯の追体験がなされる。時系列的に出現していく作品に顕れる変容は、彼の思索の生涯と通じ合う。

0058　河原 周汰 / 法政大学・3年生
Quadruple, Optional Library

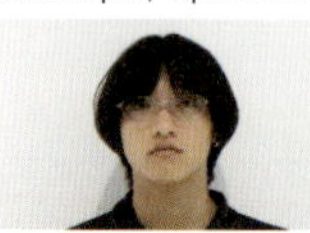

時代の進化と共に使われ方が変化する図書館。情報が物体として残存することへの価値判断が薄れた現代。この現状を受け入れながらも一石を投じるべく、神保町に溢れた人々の本能に訴え、誘い込み、QOLを向上させると共に、貴重な文化に触れる機会を提供する。

0059　稲葉 みなみ / 法政大学・3年生
アトと共に

「古着」を、自分自身を表す手段でありながら、人同士の巡り合わせを促すものだと捉え、建築に落とし込む。自分自身をセルフビルドによって表すと、アトを建築が記憶し、継承する。多くのアトが残っていき歴史が積もる集合住宅が人々の生活に新たな可能性を見出す。

0062　大塚 健太朗 / 法政大学・3年生
遊覧樹 ～目の見えない人と暮らす集合住宅～

人間は自然を、五感という機能からさまざまな情報を得る。一方で目に障がいをもっている人でも同じように感じ取ることが可能である。自然というのは目の見えない人と見える人との障害(バリア)を壊してくれる。自然を介して豊かな空間となる集合住宅を設計する。

0063　南部 ひなの / 法政大学・3年生
風便り、街便り

現在の図書館の閉鎖性を、「風」という事象を捉え直し、特性を生かした要素を組み込むことで、引き込まれやつながりに変えていく。図書館に目的を持ち訪れる人が少ない現代において、それでも人が集うような身体的に心地よい居場所と、街へのアプローチを行う。

0069　平野 宇哉 / 法政大学・3年生
人影の幻影冥利

都市に生きる人はその密度を恐れ、孤立していく。そこで建築によって人の距離感を操作し、個人同士が一方的に最適な距離感を生み出すように促してみる。これによって現れる半透明な他人、「人影」との出会いで都市生活の変幻を冥利的に享受することを最終目標とする。

0085　横内 稀人 / 大和大学・3年生
無意識の意識化

無意識の存在は私たちの中に溢れているが私たちが意識する部分はほんの一部にすぎない。本課題では無意識下にある視覚的な意識を引き出し無意識下における意識を回想させ、イサム・ノグチの作品を無意識の意識化で提案する。

0096　櫻井 陸来 / 法政大学・3年生
思考分散の行く末や ~空間可変による認識の解放~

現代の集合住宅は画一化された箱と化し、思考が機械的に成り下がっている。そのため、動線による空間の可変性を考え、人の認識を巡らせることを考える。認識の変化により人の思考を分散させることで、機械的思考からの脱却を図る新しい形の集合住宅を設計する。

0123　大川 希姫 / 神戸電子専門学校・2年生
芸術を純化する

塩田では人の手と自然の力によって、素材を変容させ、結晶化させることで塩をつくり出していた。それは、現代におけるアートの創作活動のプロセスと通じるものがあると考える。本設計では塩田跡地に、塩づくりの精神を受け継ぐ新しいかたちのアートスペースを提案する。

0195　永沼 乃恵 / 東京科学大学(旧、東京工業大学)・3年生
丘と洞

"人々が本を媒介として知を深める場所"としての図書館を考え、コロナ禍を通じ再発見したアウトプットとインプットの二つの重要性から、個々が没入する空間「洞」と人々が共感する空間「丘」からなる空間構成とした。丘と洞は屋根を境に裏表で存在し、中庭で繋がる。

0241　小沢 誠一郎 / 京都工芸繊維大学・3年生
其処あるべき虚な彼の佇まい

当該敷地において重要視されるべきは建築だけではない。根強く地域と結びつく場所性という空間特性の概念が格別重要である。本提案は既存建築がかつて有した空間、雰囲気の保存、再生に主眼を置いた設計である。

0247　石津 心之輔 / 横浜国立大学・3年生
都市を巻き込む集合住宅 ──中庭と屋上を頼りにした2軸の道──

防火帯建築のヴォリュームが持つ、中庭と屋上を都市と繋げることで、住まいと都市の距離を近づける。集合住宅の中に現れた道は、イエの外に関係を持つことを望み、住まいの関係は解れていく。

0255　安部 まつり / 工学院大学・2年生
雨端のにおい

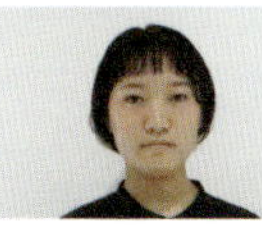

雨は自然を動かす装置である。雨は目に見え、雨が降ると「におい」が生まれる。においはいつも私たちの記憶とともにある。雨が降るとあの実家を思い出し、あの雨端を思い出す。帰る場所があるがあることは私たちにとって幸せなことなのではないか。

0267　大久保 愛里 / 法政大学・3年生
人間の巣

都会の中の山に人間が巣をつくる。鳥のさえずり、大木、五感に語りかけてくる山のような場所で五感を働かせることで、目に見えない変化を感じながら、暮らしの中で見落としている幸せを見つけていく。

0311　奥川 司 / 多摩美術大学・3年生
コラージュとしての建築

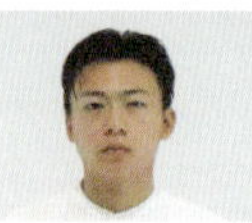

線から線を繋ぎ外と中を分けるプロセスから少し離れ、コラージュという美術的手法を用いて既存の形や図柄の持つ意味を考える。またコラージュによって普段導くことがない形やプログラム、空間同士のつながりや空気の質などコラージュを元にコンプレックスに設計する。

0328　平田 悠 / 近畿大学・3年生
静寂と内省の中で思い巡らす ―糸が織りなす幻想的アート空間への没入―

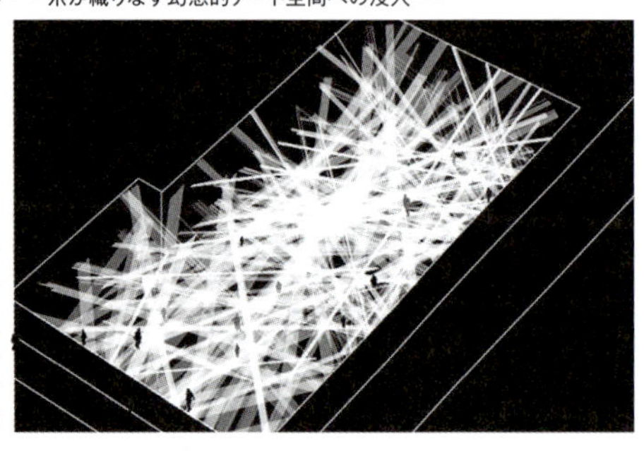

訪れる人を現実の喧騒から完全に切り離し、内省と静寂の空間へと誘う。さまざまな特性を持つ繊維は自然環境によって絶え間なく変化していき、人々は空間そのものを作品として向き合う。本計画では現実と幻想が交錯する非日常的なアート体験を提供する。

0333　丸山 礼人 / 日本大学・2年生
「屋中荘」

谷中の象徴的な屋根とアートを融合させ、点在するギャラリーやアトリエを繋ぐ空間を創出する。家族全員がそれぞれの独創性を発揮できるアトリエを備え、生活や置かれた物がアートとなるような住宅をつくり上げ、目的なく気軽に訪れることができる魅力的な場所を提供する。

0344　伊丹 智妃 / 早稲田大学・3年生
重なる空間×言語で繋がる

言語学習（思考）と読書（知識）による相乗効果で新しい出会いを生み出し、言語/非言語の交流を生み出す図書館を提案する。同じ民族同士で完結しているコミュニティを開き、多様な民族が真の意味で共生するグローバルな街のビジョンを都立図書館の国際館として示す。

0358　大土井 彪 / 福山大学・3年生
空庭

尾道の山というこの場所、風景、文化に洋風の建築は合わない。和風な建築こそ、この場所に適した建築である。そこで日本建築の根幹である木造軸組工法と斜面に適した、柱と梁の建築を創る。

0369　本多 生 / 金沢工業大学・3年生
僕をわける

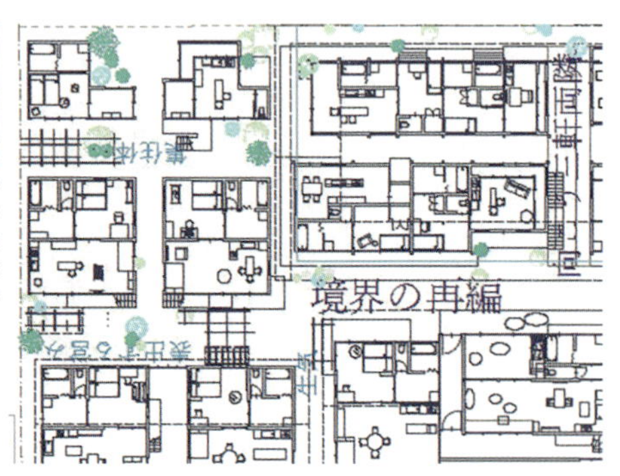

現代の住宅街において「お隣関係」は希薄になっている。昔の大雑把で大らかな地域との関係を取り戻すために、「私有」と「共有」の敷地境界を再編する。

0376　長谷川 航洋 / 金沢工業大学・3年生
みちくさ ~金沢を歩き、そして休む。そこに本があったなら~

紙媒体の本は、情報化の検索性には敵わない。故に紙媒体の本を取り扱う図書館の形態は変化する必要がある。そこで、徒歩圏内に観光地が集中する金沢を舞台に図書館をバラバラに解体し、都市にばら撒くことで、偶然の「知」を得られ人々が集いひと休みする図書館となる。

0382　軍司 明日香 / 明治大学・3年生
滲んで溶け合う ―集まって住むということ―

わき道にはさまざまな気配が滲み出ていると感じる。わき道では個が滲むことで打ち消し合うことなく溶け合っている。わき道、縁側、引き戸の滲みを形成する3つの要素を使い、国際学生寮という多様な価値観が共存する場所を滲んで溶け合う場所にすることを目指す。

0405　谷川 虎雅 / 大阪芸術大学・3年生
変わらないもの

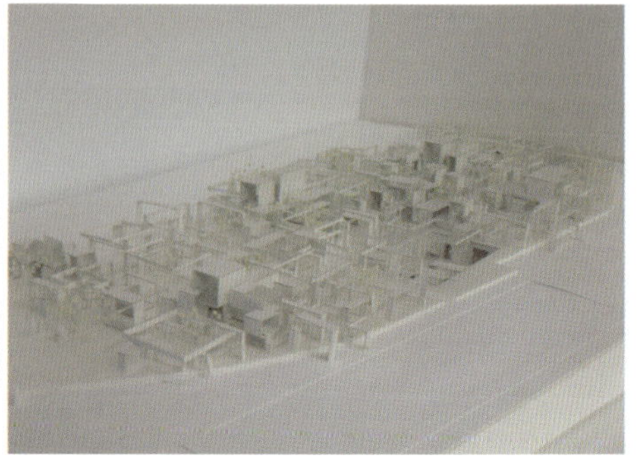

過去の歴史や風土をアーカイブするよりも、日々進化し続ける世の中で変わらず留まっているものにこそ焦点を当てるべきだと考えた。変わらないものの重要性を再認識し、もし変わってしまうことがあっても人々の記憶に残り続けるようなミュージアムを設計する。

0408 下元 ひなた / 法政大学・3年生
本のなるライブラリー

物理的な本は不変だが中の情報は時代と共に鮮度が落ちる。一方、時が経って以前理解できなかった本を再び読むと面白く思えることがある。これを本が熟すと定義し、読者が生活の中で関連知識を得ることで本の価値が高まると考えた。本を熟成させ収穫する図書館を提案する。

0413 岩田 舞 / 早稲田大学・3年生
都市と知の偶発的出会い ──都市のグラデーションとミチの重なり──

西戸山公園は、東京の都市同士を繋ぐ山手線の外縁にあり、大きくスピードと性質の違う二つの道に挟まれている。多様なヒト・モノ・コトが流動するグラデーションと、知の集積を繋げ、人と本の偶発的な出会いを生む。

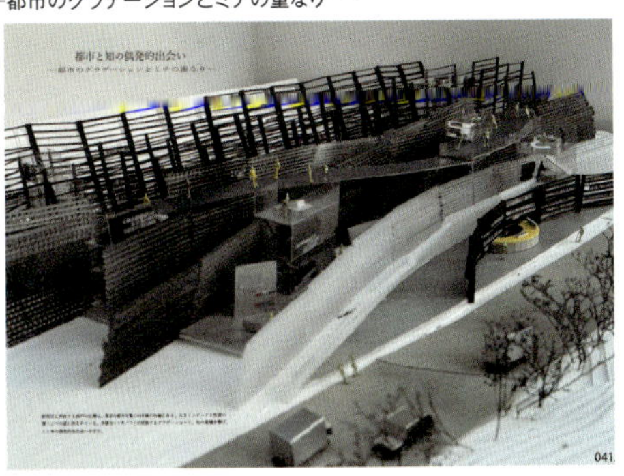

0427 高橋 遼 / 近畿大学・3年生
空間への没入 ~形態が創り出す鑑賞体験の提案~

1枚の面が空間をつくり出すことで、多様な空間が生まれる。その空間に身を置くことで、非現実的な体験をしながら美術作品と触れ合うことができる。この美術館に訪れ、それぞれが好きな場所を選びながら自分なりの楽しみ方を見つけてほしい。

0439 本田 のどか / 広島工業大学・3年生
環境をつくる

長年にわたる人と自然の共生を図るため、2種類の傾斜壁を用いて自然を際立たせ、人と図書館の関係を見つめ直す。自然と交わる新しい環境を「情報の拠点」として提供し、未来の図書館の在り方を提案する。

0442 長沢 夏帆 / 静岡文化芸術大学・2年生
Symbolism

自然の摂理に従うものはいつか朽ちていく。人により残るべきものは残され、そうでないものはなくなっていく。やがて残されたものは歴史を刻み象徴性を持ちうる。本設計では残る部分とそうでない部分を創ることで、対象敷地である根上り松公園の象徴性を操作する。

0447 小林 勇那 / 近畿大学・3年生
地の積層 ──鑑賞空間におけるアフォーダンスの再編──

床スラブの積層により、段差を創出し、人々の動きを自然に誘引する。段差がもたらす動きは、作品の新たな視点を提供し、同時に空間の特徴を分解して再構築することで、独自の空間を形成する。要素が交じり合うことで、人々の感受性を刺激し、鑑賞の場をより豊かに彩る。

0449 山中 祥 / 近畿大学・3年生
重なりあい住まう ~凹凸で昇華する住環境~

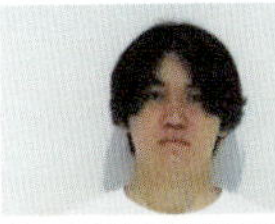

現在の建築空間は壁、床など各要素に区別し、それらの組み合わせで提案されている。合理的であるが淡白で無機質だ。そこで一枚の面から派生してできた凹凸を一つのレイヤーとして、それを跨ぐように空間をつくることで要素的縛りから解放され、自由で新しい住体験を創出する。

0451 高橋 望 / 東京都市大学・3年生
路地を耕す

都市を映し出したヒルサイドテラスに隣接して建つこの建築に、代官山の特徴である路地を住戸と共用部に取り入れた。集合住宅において路地=共用とし、カルカドという専有部を与え、住民同士で耕すことができ、希薄になった住民同士の交流が深まり、新たな住まい方を提案する。

0454 夏 尚 / 京都精華大学・3年生
乱れる建築

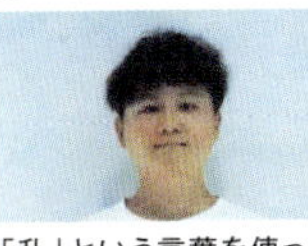

「乱」という言葉を使って、建築に面白さ、活性化を生み出す。現地で取材・調査を行い、地域問題の解決や建物による街の再生に取り組んだ。さまざまな機能や特徴を実現することで、多様な背景を持つ人々が集まるコミュニティをつくることを考えた。

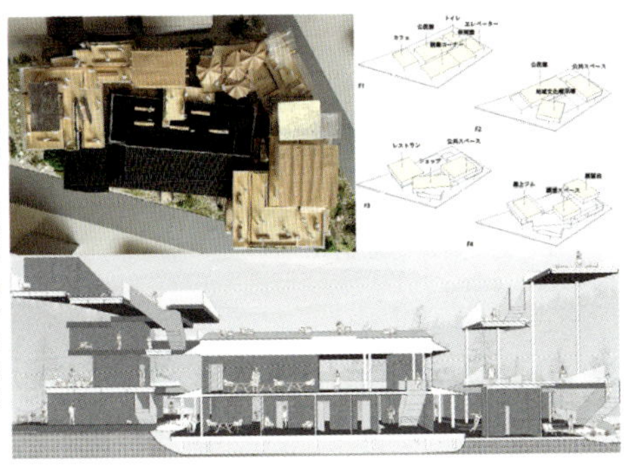

0468 大野 友菜 / 法政大学・3年生
暮らしを生み出す小劇場

窓を開けると、そこに広がる劇場。日常生活と劇場が合わさったこの場では、生活のかけらが、劇性を持ち始める。日常と非日常が共存するこの場では、新たな創造性が生まれるかもしれない。

0487 池端 茉央 / 京都大学･2年生
抜けのシンパシー

家族とは常にその関係性が変化し続けるものである。ある時にはつながりを求め、ある時にはつながりから離れ、1人落ち着きを求めることもある。人との繋がり方をその時の気分でどのようにも捉えられる、"抜け"のある住宅を提案する。

0500 岩谷 伊織 / 日本大学･3年生
Aoyama ──valley

南青山には谷が必要だと考える。谷のような囲われた空間では互いが向き合うことにより、独自の関係性が生まれる。この建物のオープンスペースに、南青山に集まる多様なヒトの関わりが色濃く反映されることを期待する。この建築は「ヒトによって創られる建築」になる。

0530 三村 渓翔 / 関東学院大学･3年生
離れとわたしの邂逅 ~暮らしを拡張するシェアタウン~

いきなり住戸といったダイレクトな形ではなく、弘明寺に集まっている人たちが共有するきっかけを、離れと母屋の動線上で提供。時代が変化するごとに新しい暮らしとコミュニティを形成し、身の回りのあらゆる物事の関係性と向き合った新たな暮らし方を提案する。

0547 脇本 一心 / 芝浦工業大学･3年生
交差する二軸 回遊式庭園の再編による新たな文化活動拠点の構築

現在の文化活動は建築内部空間でのみ行われ、画一化されてきた。江戸時代、文化活動拠点として利用されてきた回遊式庭園を本棚と二重らせんによって現代に再編することで、成熟社会における新たな文化活動拠点を構築する。

0557 須田 琳々香 / 東京都市大学･3年生
School of Tuning ──学びの距離を媒体とした新たな建築教育空間──

建築学生は日々、インスピレーションを求め日常にころがるものを学びの対象とする。学ぶ媒体との距離感を適切に調整し、多様にすることで新たな建築教育の空間を提案したい。距離感を調節する手段を「チューニング」とし、キャンパスをめぐり、ちりばめ、積層する。

0601 藤井 愛理 / 信州大学･3年生
ぐるぐるLABO ~巡る考房~

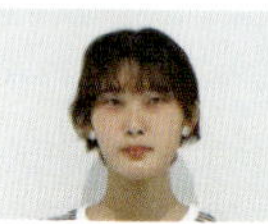

新中校舎を利用する人の探求心を育てるため、常に思考が巡るような『LABO』を設計した。大人も子供も年齢関係なく学ぶ事の楽しさを忘れずにいてほしい。小学校として機能しなくなった場合も地域の学習の場として利用してほしいと考える。

0628 小林 未怜 / 芝浦工業大学･3年生
まちの経由地

都市における図書館の存在意義を再考し、交通インフラである清澄白河駅と融合させ、まちの経由地となる図書館を提案する。受動的な現代の都市生活から脱却し、人や文化に触れる地域の顔となる施設として、地域において恒久的に価値を持ち続ける建築となる。

0634 平野 美空 / 東京都立大学･3年生
SORA×KUSABI

都心部では大きな建築によって空が塗りつぶされ、オフィス空間も空調により管理された密室空間である。そこで建築をくさび型で割りオフィスワークに外気を取り込み、建築内をドローンが飛び回る新たな建築と空とプログラムの在り方、未来の町の価値について提案した。

0639 古川 希 / 芝浦工業大学･3年生
動から静、静から動へ ~清澄白河に寄り添う図書館~

活動的な『動』の空間と、静かな『静』の空間が緩やかに繋がる図書館を設計した。壁になった本棚は、層や高さによって空間の開き具合を操作し、人の動きを誘導する。意匠面では、清澄庭園で受け継がれている清水垣をモチーフとし、地域に寄り添う図書館とした。

0645 有吉 一翔 / 鹿児島大学･3年生
壁の粗密が生み出す出会い

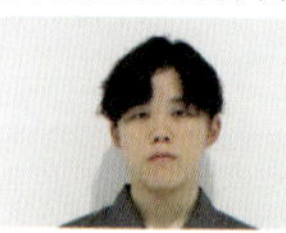

情報化が進み、ある種の正解を知り、効率化ばかりを求められるようになった現代。非効率や無駄を誘発し、受け入れる。そして、それらの価値を再認識させる。そんな図書館を、壁の形、粗密から生み出される空間を利用して提案する。

0649 岡本 陽太郎 / 法政大学・3年生
ソコにあった探す文化

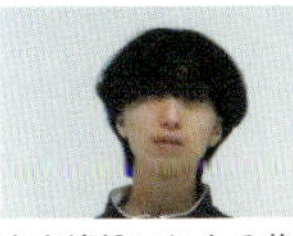

東京湾沿いにある芝浦は土地の埋め立てや戦争被害の影響を受け、かつて盛んであった漁船の文化が失われた。ソコにあった「探す」という文化をヒントにこの図書館を設計した。

0669 早坂 樹莉亜 / 神戸芸術工科大学・3年生
ウチ/ナカ/ソト ――最適化されない領域――

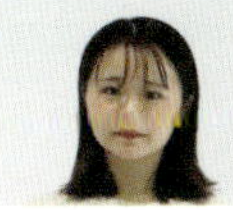

さまざまな空間体験をメディアとし、住民の活動と学生の活動を織り交ぜることで生まれる新たなメディアスペースを提案する。私は、新しいメディアスペースでは街にありふれているような最適化されない領域と、そこに生まれるコミュニティを担保することが重要だと考える。

0673 向瀬 颯人 / 大阪公立大学・3年生
trianglism ~さんかくが織りなす美術館~

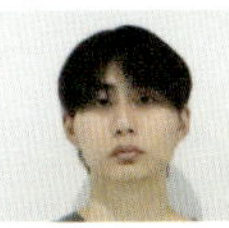

アートはなんのために存在するのだろうか。一様なホワイトキューブですべてのアートは輝くだろうか。ここは三角が織りなす美術館。三角は光が差し込み、風が吹き抜ける。高さが変われば環境も変化する。

0676 森浦 航大 / 大阪公立大学・3年生
Visualization ~まちはゴミに埋もれている~

アートがホワイトキューブから解放された美術館を、ゴミに溢れたアメリカ村三角公園につくる。投げ捨てられたゴミがこぼれ落ちてアートとして形成され、ゴミとアートに、ゴミ箱が美術館に変異し続ける。ゴミが可視化された時、ヒトはゴミに埋もれた消費社会を認識する。

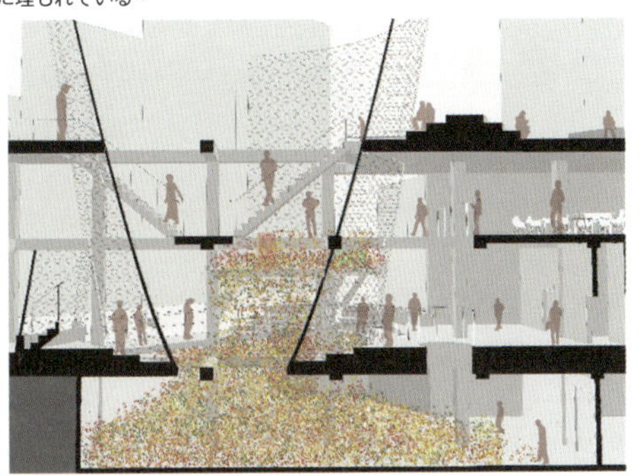

0678 鈴木 琴弓 / 名古屋工業大学・3年生
ロジグラシ

イエの'聚民'は生活を更新し、自由に快適性を獲得する。路地空間が軸となった住まいでは、聚民が自由にはみ出し暮らし、まちの住民との補いあいが生むせめぎ合いを享受し、アーケードに生活感とにぎわいを届ける。そんな住まいはまちに人情味と多様性をもたらす。

0692 亀井 惠勇 / 芝浦工業大学・3年生
壁柱の家

壁を建て、守る。これと同時に我々の活動は、内向的になってしまった。佃に見られる路地性を利用し、壁、柱、床の再編成を行うことで、地域の価値を享受し、新たな価値を与える集合住宅を提案する。

0708 田村 萌依 / 日本大学・3年生
無限の入れ子

かつて、人は水族館で海洋の神秘をガラスの箱に閉じこめたことを喜び、水の宇宙へと思いを巡らせた。しかし、次第に水族館には海の擬似体験的な要素が強くなり、模型的に公平に広域の人工海景をつくりだしている。海は私たちの中でミニチュアに成り下がった。

0717 栗原 颯冴 / 東京理科大学・3年生
主張し、受け入れる集合住宅

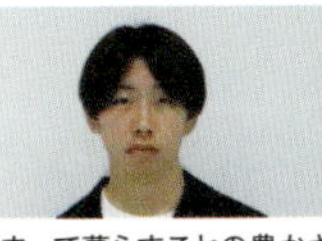

集まって暮らすことの豊かさとは、主張し、受け入れるこの関係性を構築することだと考える。効率的な暮らしをしている現代では人と人の繋がりが希薄になりつつある。そのため、人と人が集まり、関係性を見直していくための集合住宅を提案する。

0718 水野 颯良 / 長岡造形大学・2年生
自然と建築、そして人

この住宅は「自然と生活のせめぎ合い」を拡張するものである。施主は自然が好きな方だった。そこで自然、建築、人の関係性を考えた。自然が空間を呑み込んでいく。その空間に人が暮らし、自然に対抗する。生活の中で「生きている」ことを強く感じられないだろうか。

0749 鈴木 飛拓 / 芝浦工業大学・3年生
清澄公園の寄す処

現在の清澄公園は周囲が木々で覆われ、閉ざされた印象を受ける。そこで新たにおおきな軒下広場を持つ図書館をつくることで多くの人々を誘い込み、公園と図書館の両者が町全体の文化活動の中心地となり、公園内の図書館が地域住民の拠り所となることを期待する。

0762 雑賀 菜月 / 立命館大学・3年生
たまり湯 ──温泉商店街と路地・袋小路と住まう──

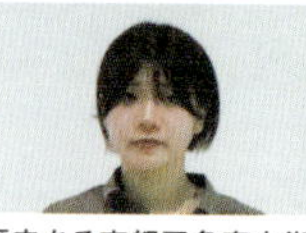

歴史ある京都三条商店街の運営を維持・継承する、漸進的な建替を提案する。多様なアクティビティを誘発するコの字型を導入し、既存のミセ・温泉学・学生寮のプログラムにより生じる路地袋小路に息づく多彩な溢れ出しのもと、コミュニティ豊かな学生寮を計画した。

0786 藤原 静乃 / 早稲田大学・3年生
ふれる ──たおやかな侵食──

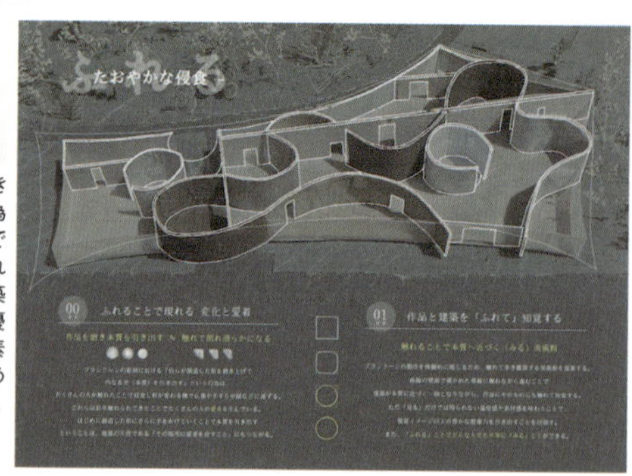

ブランクーシの、作品を磨き本質を引き出すという行為は、人々が「ふれる」ことで起こる侵食に通ずる。「ふれる」ことで本質に近づく建築となる。また、一般に視覚優位な美術館において、多素材にふれて導かれるという共通体験をもたらすことで、誰もが共に楽しめる。

0793 中山 智文 / 千葉大学・3年生
URBAN ENVIRONMENTAL AXIS

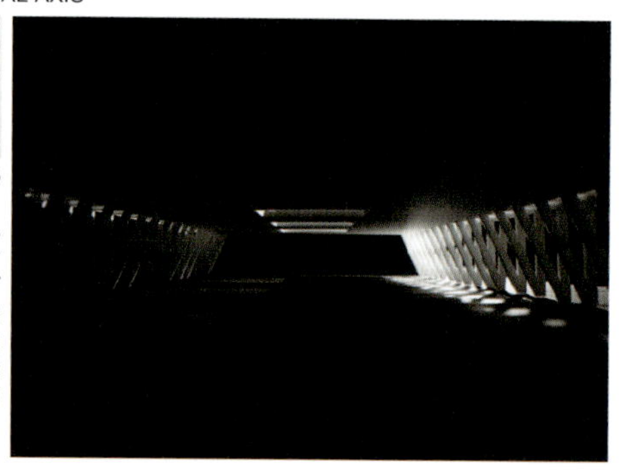

つくばというモダニズムの全体主義によって構想され、大文字の建築が乱立する都市に、都市空間と接続する小学校を構想する。モダニズム、建築と歴史への姿勢への再考を行い、過去と現在が交差し未来へと眼差しを向ける、都市の環境軸線となる建築を設計した。

0804 秋山 友陽 / 神戸芸術工科大学・3年生
Bolementuin（ブルムンタウン）

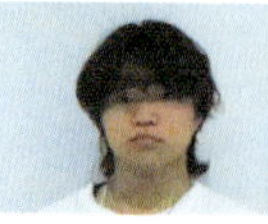

新しいメディアスペースとは何か。図書館は読書や勉強など一定の場所での情報吸収が一般的だ。多様な学びや情報発信をも一つの建築で可能にするにはどうすべきか。その答えとして、建築自体が花のように開閉し、空間や活動が変容する自由なメディアスペースを提案する。

0824 山本 莉紗 / 名古屋工業大学・3年生
The Marine Architects

この建築は時には海へと溶けだし、時には海の生物によって空間が構築されていく。全体像の指示がない中で、時間と共に形態が「海の建築家」たちによって変化していく様は生態系そのものである。人々はできた空間の隙間で過ごし、海へと生息地を広げてゆけるのだろうか。

0849 田村 ひなた / 神戸芸術工科大学・3年生
独りから一人へ ──孤独感に悩む人たちのシェアハウス──

孤独感に苦しみ生きる人たちがいる。もし孤独感を理解してくれる人がそばにいて、孤独な「独り」から家に帰ってくる「一人」として生活できたなら、家族や友達とは違う絶妙な距離感が、安心感と自分と向き合う時間を生み出し、孤独感が和らぐのではないかと考えた。

0867 東海林 勇太 / 東海大学・3年生
機能と華やぐ

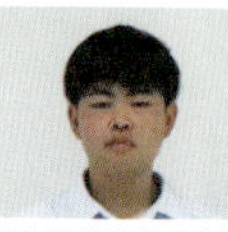

南青山は華やかさを纏った洗練された街として確立されている。このビルは、スポーツ企業のコマーシャルビルとし、スポーツ×ファッション文化同士が結びつき生まれた関係性を用いて、機能的なものが空間構成に作用し多様な空間を創出する。

0877 中川 翔太 / 大阪工業大学・3年生
空間をつぎはぎ未来へ残す図書館

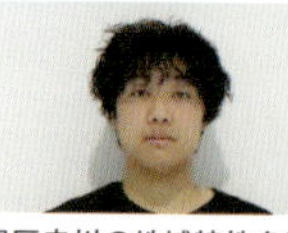

旭区赤川の地域特性を反映し、古い建物と新しい建物が共存する環境を生かした公共地域図書館を設計する。簡略化された空間と滞在可能な町のような空間を組み合わせ、過去と現在の融合による溜まりのある図書館を提案する。

0888 月輪 尚 / 福井大学・3年生
海の接点

過疎地域における、これからの学校のあり方を考えた。過疎地域において、統廃合によって学校を失ったまちは歴史や文化を語り継ぐ拠点を失ってしまう。アイデンティティである海を忘れてしまった棗地区で、海を取り戻すと共に後世に語り継ぐための拠点を設計した。

0912 馬場 咲和花 / 明治大学・2年生
雨が流れる家

室内を流れる風と雨水を楽しむ、住宅街にありながら川沿いの自然と共存する住宅。レベル差や半地下、中庭を通して、敷地内に形成する小川との間に生まれる雨水の動きと豊かな空間体験と、家族の気配を感じつつもそれぞれの居場所に適切な距離感を提供する。

0917 内堀 藍耀 / 日本大学・2年生
調和 ~谷中ト繋がる~

谷中の街並みを歩み、自然に立ち寄り、そして谷中の人々と交流が生まれる。敷地周辺の情景を取り込むことで町との境界線をなくし、町と一体化した、町と調和した空間を生み出した。町との境界線がないことで自然と歩みを進めることができるだろう。

0920 川合 由蘭 / 横浜国立大学・3年生
コーポラティブ大道芸

大道芸で有名な野毛に大道芸を披露する劇場と公園を一体とした空間をもつ集合住宅を設計することで、地域のコミュニティが展開していく。公園に開けた集合住宅は大道芸人が住み、都市との関わりをつくり、野毛を活性化していく一員として帰属意識をもつ。

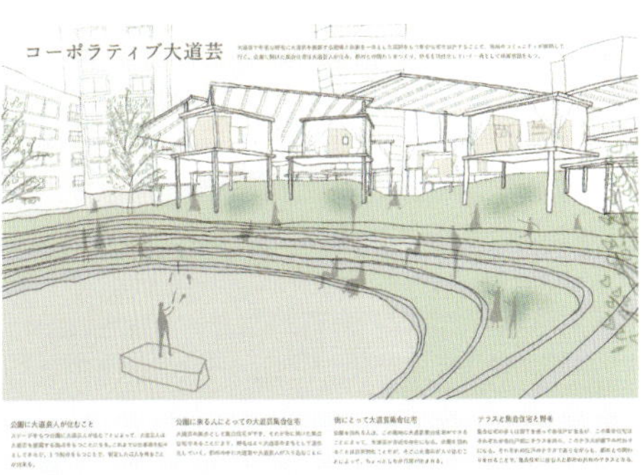

0925 宍戸 悠人 / 日本大学・3年生
商I住(Business Wall Resident)

人々はつながりの中で分離していたり、分離された中でつながって生活していると考えられる。つまり、対比的な二つの要素を掛け合わせて生活することで、豊かな関係が生まれるのではないかと考えた。そこで、私はつながりと分離について考え設計した。

0929 文珠 ひなた / 芝浦工業大学・2年生
ピクニックの家 住宅における原っぱ的空間の提案

従来の住宅は壁によって部屋が分断され、私たちはその時々に必要な「機能」によって過ごす場所を決めてきた。そこで、地形をよみ光や影、周囲の環境やその日の気分で「感覚的」に居場所を探し自らつくり出すことで、ピクニックをするように暮らす家を提案する。

0930 髙橋 光希 / 芝浦工業大学・3年生
みんなちがってみんないい ―16のオノマトペ空間と図書商店街―

敷地調査を通してこの清澄という町は過去、現在、未来を塗り替えるのではなく、重なることでつくられた町だと感じた。そこで、過去から現在そして未来とつなげる図書館を商店街につくり、文化と文化をつなげる役割を担い、清澄の良さを継承した図書館を提案したい。

0935 増本 唯衣 / 明石工業高等専門学校・5年生
ゆりの木ハウス ~新しい住居システム「セレクティブハウス」~

「パブリック空間があるからプライベート空間が成立し、プライベート空間があるからパブリック空間が成立する」。この対概念的思考をもとに、所有と共有を自分で選択することができる新しい住居システム「セレクティブハウス」で、ミニマムで豊かな暮らしを提案する。

0948 岡本 珠羽 / 広島工業大学・3年生
道の先で… ~23個の発見する建築~

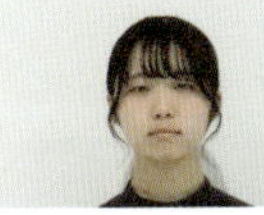

今日の図書館は、目的を持つ人のみが利用する閉ざされた施設であると私は感じた。開かれた図書館にするためには普段歩いている時に偶然みつけたような、発見される存在となる必要があると考えた。住宅街の公園を手がかりに、誰もがふらっと立ち寄れる複合施設を提案する。

0973 阿部 和歌 / 近畿大学・3年生
ここまで 私の居場所 どこまで

地域の方々の居場所を兼ねた小学校が求められている人口減少の今。そして、自分の領域というものに繊細な小学生。フレームを入れ込むことで中間領域をつくり、ここまでは私の領域と感じ取る認識が交わり合った、生徒とまち、どちらの居場所でもある小学校を提案する。

0992 高橋 紗里 / 慶應義塾大学・3年生
TSUKIJI MOBILE MARKET

本提案では、海沿いの築地を敷地とし、移動可能な「モバイル店舗」が水、陸、空といった異なる領域で物流や商業活動を展開している。築地川をマーケットの生命線として蘇らせ、人々の動線をうねらせる。そうして迷い込む内に、多種多様な領域でのマーケットに触れる。

1013 日高 一輝 / 芝浦工業大学・3年生
有機建築が導く居場所 ―自然の空間定義を踏襲した安息地―

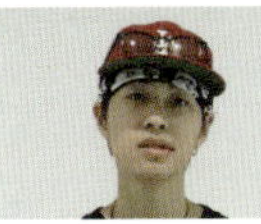

利用者数が減っていく図書館において、公園のように自分自身が心地よい居場所を探すような図書空間が必要だと考える。清澄公園を敷地とし、新たなランドスケープと居場所をつくりながら、自然の空間定義を踏襲した多様な居場所を持った図書館を設計する。

1018 青木 大空 / 早稲田大学・3年生
創造起点

開発事業で誕生した葛西臨海公園には、複数の特徴的な建築が建立されており、今現在も新たな建築の建設が予定されている。本公園が今日までこうした暫定的な変化をしてきた中で、提案する美術館は、その暫定的な変化を統括し、今後の公園開発の基盤となる存在になる。

1024 川本 空 / 広島工業大学・3年生
建築は立ち続ける

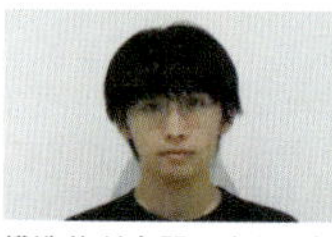

構造体が空間に表れ、空間が包容力を持ち、形態に愛着を持ち、誰にでも公平に接する建築を目指した。機能の変化を受け入れる建築があれば、長くそこに立ち続けるだろう。立ち続けることで町の景色に馴染み、町と人々に愛される建築となるだろう。

1055 斎藤 啓夢 / 近畿大学・3年生
地上の共生、空中の静寂

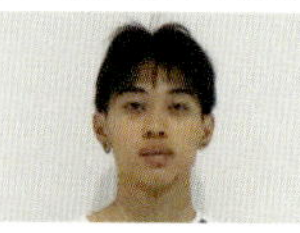
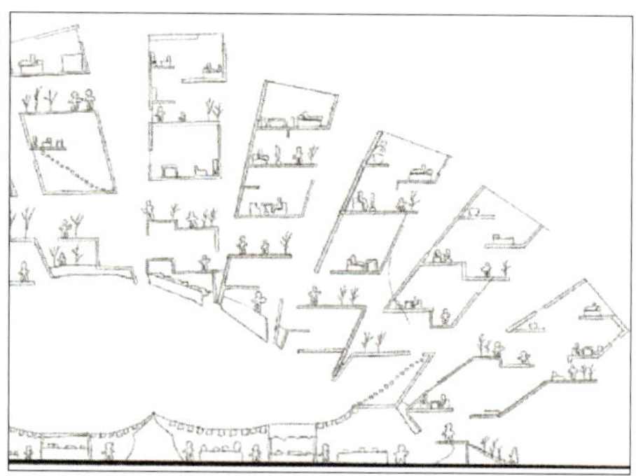

ご近所の繋がりから地域への繋がりへというのがコンセプトである。プライベートとコミュニティを兼ねそろえた集合住宅をめざす。針山の形にすることにより上にいけばいくほどプライベートが高まっていく構造となる。斜めの建築が住戸タイプのバリエーションを生む。

1064 伊東 慎ノ介 / 東海大学・3年生
Openness Building

青山の滞留と流動が混ざり合う界隈性を引き出すオープンなビルを設計。縦に割を入れ採光や視線の抜けを確保し、だんだんひろばでは多様なアクティビティを楽しめる大空間を提供。選択性のあるビルは人々の利用によって価値や表情を変え、公共空間としての質を高める。

1065 岡部 摩周 / 名古屋市立大学・3年生
まちに倣い、まちへ還す

地域性が高い建築において、その地域の特徴を取り入れない術はない。神領というまちの在り方、そしてこの提案後に望む神領の姿までを設計の一つとすることでそのまちに最もふさわしい交流センターができるのではないかと考えた。

1100 村上 祥太 / 東京理科大学・3年生
劇常

明確化、合理化された直線的な都市によって目的を目指すだけの生活に疑問を抱いた。寄り道によって生まれる「物語」を生むための「劇場性」が必要不可欠である。都市と互換性のある集合住宅で実験的な探求を通して都市の理想像と「劇常」という住まい方を提案する。

1107 赤田 百香 / 神戸大学・3年生
木漏れ日の中で

子育てスクエアの中心的存在として、子育て世代と地域の人との交流の場を提案する。屋根を積み重ね、そのすき間から漏れる光の変化で木漏れ日を演出する。また、吹き抜けと異なるレベルの階によって視線が交わり、訪れる人が光や音を共有できる空間を創出する。

1116 佐武 真之介 / 横浜国立大学・3年生
丘に浮かぶウタカタ ──広場からはじまるアートセンター──

既存の前川建築群のもつ「思想」や「機能」、「カタチ」をモンマントルの丘を参考に「鑑賞空間」「学問的空間」「実践的空間」の3つの空間に再整理・再評価し、新築のラーニングセンターを踏まえた紅葉ヶ丘全体をアートセンターと見なした新たな紅葉ヶ丘の姿を考えた。

審査対象者一覧

凡例
ID·氏名 / 学校名·応募時の学年
「タイトル」課題名(取組時の学年)

0004·土屋 友乃 / 大和大学·2年生
「二面性ギャラリー」キューブによる空間構成(2年生)

0005·直山 太陽 / 大阪工業大学·3年生
「学びの巣」ラーニングセンター(2年生)

0006·斉藤 大地 / 大阪工業大学·3年生
「余白は街から"The city's lives in its margins"」区庁舎(3年生)

0007·新延 摩耶 / 慶應義塾大学·3年生
「都市の根幹」築地における公有地を活用した公共施設のデザイン(2年生)

0008·前嶌 一成 / 大阪工業大学·3年生
「小さな拠点の中で」道の駅(3年生)

0010·野海 駿斗 / 法政大学·3年生
「ヒトメドメ~道が生み出す立体広場、新たな図書館の可能性~」立体広場としての図書館—シバウラハウスとなり—(3年生)

0011·池島 葵 / 法政大学·3年生
「重奏の書 ~空間構成を媒体とした冷地における居場所の提案~」立体広場としての図書館—シバウラハウスとなり—(3年生)

0012·福原 瑛穂 / 武庫川女子大学·3年生
「個の共存」三世代で住む家(3年生)

0013·村瀬 波輝 / 東京工芸大学·3年生「街区外皮的通過点 —視覚鑑賞建築—」都市のワーキングプレイス(3年生)

0015·荒井 瑠虎 / 東京工芸大学·3年生
「農の拡張·境界を絡める ~新共同体とツールシェッドによるコミュニティの可能性~」コミュニティはいかに可能か(3年生)

0016·原田 成己 / 近畿大学·3年生
「境界線に時間軸を」地域の居場所となる小学校(3年生)

0018·齋藤 央樹 / 明星大学·3年生
「私たちはせせらぎの中で」小学校課題(3年生)

0019·栗山 直也 / 鹿児島大学·3年生
「ショウカするメディア ~身体的体験と分野の混在を促す図書館~」「図と地」の図書館(3年生)

0020·宮本 泰幸 / 神戸大学·3年生
「沈澱と蘇生のダイナミズム」NEW MUSEUM on the Contexts as "KOBE"(3年生)

0021·近藤 汰市 / 法政大学·3年生
「幻ト妄ヲ想ウ事ハ人間ノ理想ノ世界」町と身体をつなぐライブラリー(3年生)

0023·大谷 光樹 / 大阪工業大学·3年生
「水運のように人が行き交い集う庁舎」区庁舎(3年生)

0025·菊池 慎太郎 / 九州大学·3年生
「日常と劇場」コミュニティセンター(3年生)

0027·莊司 涼香 / 東京大学·3年生
「あつまる ちいさな階段 ~階段がつなげる巨大団地の上下コミュニティ~」UR大島四丁目団地部分更新計画(3年生)

0029·片岡 洸貴 / 芝浦工業大学·3年生
「甲殻空間 ~あなたの視線が導く~」新·建築会館(3年生)

0030·森根 脩二朗 / 芝浦工業大学·3年生
「本のサンクチュアリ:三世代を繋ぐ知の家」本好き三世代家族の郊外住宅(2年生)

0033·石谷 タイチ / 神戸電子専門学校·2年生
「水中光芒」中規模設計課題-02(2年生)

0034·河村 咲希 / 早稲田大学·3年生
「知覚を拡張する美術館」ブランクーシ美術館(3年生)

0035·Vu Hai Dang / 大阪工業技術専門学校·2年生「UFOオフィス」靭の公園オフィスビル(2年生)

0037·石橋 直明 / 日本大学·3年生
「人はツナガリ、道を成す」地域センター(2年生)

0038·村上 陽菜 / 北海道大学·3年生
「器」アーバンスモールハウジング:新しいコミュニティ、都市のはじまり(2年生)

0039·折茂 美希 / 早稲田大学·3年生
「風景、風と暮らす—地域住民との交流—」新宿区立 林芙美子記念館 ANNEX 2023(2年生)

0040·志村 里桜 / 早稲田大学·3年生
「縮図を辿る —ブランクーシの生涯の転換地と継いで成立する追体験美術館—」ブランクーシ美術館(3年生)

0043·中西 祥子 / 早稲田大学·3年生
「Organic Library」
西戸山公園にある世界図書館(3年生)

0044·鈴木 達也 / 千葉大学·3年生
「先生の家」建築設計I(2年生)

0046·来間 海人 / 大和大学·3年生
「パサージュに#投稿する」地域に根差す小学校(3年生)

0049·平尾 可威 / 千葉工業大学·3年生
「偶に美術館~スーパーフラット建築~」
上野公園に立つ現代美術館(3年生)

0050·工藤 功翔 / 神戸電子専門学校·2年生
「BUFFER」設計課題-03(2年生)

0051·山本 綾女 / 亜洲大学(韓国)·2年生
「繋がる建築スタジオ」複合建築スタジオ(2年生)

0052·岩田 岬 / 神戸芸術工科大学·3年生
「さんかく」新しいメディアスペース ~これからの公共空間を考える~(3年生)

0053·林 咲希 / 法政大学·3年生
「流れとよどみ ~静と動の空間に生まれる新しい居場所~」Ueno Hyper-Public Library(3年生)

0056·新原 寧音 / 法政大学·3年生
「間に浮かぶ」Hyper public による図書館(3年生)

0057·篠崎 優利香 / 東京電機大学·3年生
「桜のなかで」未来の小学校(3年生)

0058·河原 周汰 / 法政大学·3年生
「Quadruple, Optional Library」
町と身体をつなぐライブラリー(3年生)

0059·稲葉 みなみ / 法政大学·3年生
「アトと共に」何かと何かの間に暮らす(3年生)

0060·川村 亮仁 / 法政大学·3年生
「シモキタラシイ×アタラシイ ~挑戦し、継承する下北沢~」何かと何かの間に暮らす(3年生)

0061·田村 光 / 法政大学·3年生
「次に繋ぎ続ける」
知の集積としての図書館を設計する(3年生)

0062·大塚 健太朗 / 法政大学·3年生
「遊覧林」目の見えない5人のための集合住宅(3年生)

0063·南部 ひなの / 法政大学·3年生
「風便り、街便り」町と身体をつなぐライブラリー(3年生)

0064·羽鳥 樹 / 法政大学·3年生
「まったく違う同じ世界」
現代のリビングブリッジを再構する(3年生)

0065·小倉 斗碧 / 法政大学·3年生
「衝動が間」何かと何かの間に暮らす(3年生)

0066·三浦 慶祐 / 法政大学·3年生
「紙が街をつなぐ」
Ueno Hyper-Public Library(3年生)

0067·原 伊吹 / 法政大学·3年生
「想像に富む」町と身体をつなぐライブラリー(3年生)

0068·田口 祥太朗 / 法政大学·3年生
「ガリバー山脈」立体広場としての図書館—シバウラハウスとなり—(3年生)

0069·平野 宇哉 / 法政大学·3年生
「人影の幻影冥利」
現代のリビングブリッジを再構する(3年生)

0070·岩田 陽澄 / 福井大学·3年生
「代謝とアナキズムの学舎」境界がない学校(3年生)

0071·沖山 侑太郎 / 多摩美術大学·3年生
「Calder universe」「展示物との関係(ギャラリー)」<アレキサンダーカルダーの作品のためのギャラリー>(3年生)

0074·可児 歩乃未 / 多摩美術大学·3年生
「Elama」仕事の空間「スモールオフィス」(3年生)

0079·坂井 孝輔 / 日本大学·3年生
「繋がる『間』、暮らしの『間』」集合住宅(3年生)

0081·山田 季穂 / 愛知工業大学·3年生
「小さな丘を登った先で」学生会館(3年生)

0082·山田 朋輝 / 日本大学·3年生
「光と影が紡ぐ ~坂本龍一の自然回帰を映し出す美術館~」美術館(2年生)

0083·時田 惟 / 金城学院大学·3年生
「木モクと」地域にひらかれた保育施設(3年生)

0084·藤井 結 / 早稲田大学·3年生
「知の採集 —都市のIndexを探す—」
西戸山公園にある世界図書館(3年生)

0085·横内 稀人 / 大和大学·3年生
「無意識の意識化」六甲の森の中に建つ『イサム·ノグチ記念館』(3年生)

0088·竹内 寧音 / 京都橘大学·3年生
「しぜんとのびのびと···」傾斜地に建つ幼稚園(3年生)

0089·池田 剛 / 東海大学·3年生
「共創の場 ~街と響き合う創造の拠点~」
Hall & Cultural Exchange Complex in Daikanyama(3年生)

0090·植村 陸叶 / 大阪電気通信大学·3年生
「A Space for Creator クリエイターと地域の人を繋ぐ」緑の中のホール(+文化施設)(3年生)

0094·水越 智也 / 法政大学·3年生
「箱庭に漂う感覚の移ろい」
目の見えない5人のための集合住宅(3年生)

0096·櫻井 陸来 / 法政大学·3年生
「思考分散の行く末や~空間可変による認識の解放~」現代のリビングブリッジを再構する(3年生)

0098·神谷 莉子 / 高知工科大学·3年生
「共に育むひとつの空間」住宅設計(2年生)

0099·内山 絢瑛 / 東京工芸大学·3年生
「共通が生まれる交流」
コミュニティはいかに可能か(3年生)

0101·中村 成花 / 東京理科大学·3年生
「流れる坂の集合住宅」
集まって暮らすことの豊かさ(3年生)

0102·髙橋 志裕 / 神戸電子専門学校·2年生
「風と巡る街」ロードサイド建築の設計(2年生)

0103·林 恒輝 / 近畿大学·3年生
「非日常のその先に~自然が織り成す未来への軌跡~」現代美術のための美術館(2年生)

0104·今井 響 / 昭和女子大学·3年生
「5つ屋根の下で」暮らしたい高円寺をつくる(3年生)

0105·竹本 向日葵 / 法政大学·3年生
「路地まちサイクル」集住(3年生)

0106·原 天音 / 昭和女子大学·3年生
「包みこむ」「1脚のイスから住環境を考える」—これからの時代の開かれた集合住宅—(2年生)

0107·中島 要 / 法政大学·3年生
「見つける、感じる」
町と身体をつなぐライブラリー(3年生)

0108·宮内 晴加 / 法政大学·3年生
「滲み、混ざる ~橋の上に二律背反の動線が交わるモノのスミカをつくる~」
Ueno Hyper-Public Library(3年生)

0109·今井 匠 / 東京工芸大学·3年生
「都市の『すき間』に生まれる滞留空間」
都市のワーキングプレイス(3年生)

0110·高下 敢太 / 東京工芸大学·3年生
「自然の鎧」都市のワーキングプレイス(3年生)

0111·片野 晃靖 / 東京工芸大学·3年生
「脈打つ」コミュニティはいかに可能か(3年生)

0112·市川 葉子 / 京都府立大学·2年生
「駐車上の家」住宅設計課題(2年生)

0116·青山 つばさ / 大阪工業大学·3年生
「めばえ」道の駅(3年生)

0117·埜中 香奈 / 日本大学·3年生
「文化をまわす」豊かなオープンスペースをもつ複合施設(3年生)

0121·杉山 健悟 / 長岡造形大学·2年生
「記憶と歴史を紡ぐ ~堆積するアートセンター~」ルーラル·アート·センター(2年生)

0123·大川 希姫 / 神戸電子専門学校·2年生
「芸術を純化する」課題C(2年生)

0130·山口 柊弥 / 大阪電気通信大学·2年生
「幕アケル祭礼」水辺の集合住宅(2年生)

0160·菊地 将 / 大阪電気通信大学·2年生
「公園なアパート」水辺の集合住宅(2年生)

0166·松原 麻友佳 / 大阪電気通信大学·2年生
「自然と人が繋がる」水辺の集合住宅(2年生)

0167·森 叶芽 / 大阪電気通信大学·2年生
「コミュニケーションを育む空間」
コミュニティ施設付学生向け集合住宅(2年生)

0179·伊與 紘政 / 大阪電気通信大学·2年生
「川から広がる段差の集合住宅」
水辺の集合住宅(2年生)

0183·八木 ひな乃 / 大阪電気通信大学·2年生
「自然の調和と共生」水辺の集合住宅(2年生)

0188·山本 和依 / 大阪電気通信大学·2年生
「大学生たちの秘密基地」水辺の集合住宅(2年生)

0194·寺西 淳 / 大阪電気通信大学·2年生
「壁から生まれるコミュニケーション」
水辺の集合住宅(2年生)

0195·永沼 乃恵 / 東京科学大学(旧、東京工業大学)·3年生「丘と洞」洗足池コミュニティ·ライブラリー(2年生)

0196·谷本 皐月 / 大阪電気通信大学·2年生
「川辺の小径」水辺の集合住宅(2年生)

0197·元永 龍志 / 呉工業高等専門学校·5年生
「遊環する小学校」小学校『呉高専附属小学校』(4年生)

0198·宮本 知輝 / 呉工業高等専門学校·5年生
「HUG AOYAMA」青山クラブ(旧海軍下士官集会所)のリノベーション(5年生)

0204·森 日南多 / 立命館大学·3年生
「『みち』に生まれ、『みる』に深まる。」アクティビティと場の構築 地域とつながる国際学生寮(2年生)

0206·横田 春 / 明星大学·3年生
「アートを巡る自由空間」
都市公園内の個人美術館(2年生)

0208·杉本 蒼羽 / 明星大学·3年生
「自然を味わう」軽井沢の別荘(2年生)

0209·加藤 大樹 / 東海大学·3年生
「蜘蛛の巣に倣う」都市に棲む(2年生)

0210·山本 陸太 / 大阪公立大学工業高等専門学校·5年生「境界のない児童館」地域性のある公共施設の設計(5年生)

0212·松本 詩音 / 武蔵野美術大学·3年生
「富ヶ谷 煙突の家」都市の環境単位(3年生)

0213·原 佳央理 / 武蔵野大学·3年生
「むさしのポケット」
みんなの居場所、大学図書館(3年生)

0218·川枝 夕姫 / 神戸大学·3年生
「わたしの間、あなたの間 ともにはぐくむ児童館」都賀川沿いに建つ〈子育てスクエア〉(3年生)

0221·東 彩乃 / 武庫川女子大学·3年生
「『ありふれる』のち、アンリミテッド」「幼稚園」多様な空間の構成と空間の連結·階層化(2年生)

0222·浜名 秀聡 / 早稲田大学·3年生
「『1冊の本、1人の私』に還る新しい大地」
西戸山公園にある世界図書館(3年生)

0225·渕木 千茶 / 武庫川女子大学·3年生
「景色が"移りまわる"憩いの場」レストハウス(2年生)

0229·土橋 響太郎 / 日本工学院八王子専門学校·3年生「趣味で繋がる学生会館 共に創る」街のような学生会館(2年生)

0230·金原 未歩 / 武蔵野美術大学·2年生
「hub commons」小規模集合住居(2年生)

0238·井上 凰己 / 神戸電子専門学校·2年生
「時来拠点」設計課題-04(2年生)

0241·小沢 誠一郎 / 京都工芸繊維大学·3年生
「其処あるべき處な彼の佇まい」
コンバージョン課題(3年生)

0243·小西 乃愛 / 武庫川女子大学·3年生
「連なりが生む余地」
歴史的都市に建つ宿泊施設(3年生)

0247·石津 心之輔 / 横浜国立大学·3年生
「都市を巻き込む集合住宅—中庭と屋上を頼りにした2軸の道—」あたらしい集合住宅(3年生)

0249·谷渕 真斗 / 日本大学·4年生
「虚然一体都市~都市の表層を抽出し、空虚·儚さを纏う現代版コラージュシティー構想~」豊かなオープンスペースをもつ複合施設(3年生)

0251·森岡 輝成 / 岡山県立大学·3年生
「こけがむすまで」『美術館』境界を設計する(3年生)

0252·堀澤 葵 / 共立女子大学·3年生
「まちコモンのあるこうえん」街に開く大学(3年生)

0255·安部 まつり / 工学院大学·2年生
「雨端のにおい」外のある家(2年生)

0256·杉田 稜馬 / 日本大学·3年生
「陰る暮らし 澄まう緑」谷中の住宅(2年生)

0257·大西 明日香 / 武蔵野美術大学·3年生
「段丘と子供たち」都市の環境単位 富ヶ谷(3年生)

0259·沼宮内 さつき / 東北大学·3年生
「土ヨウ日ニ雨」建築の一生(3年生)

0262·高田 颯斗 / 大阪工業技術専門学校·2年生「解放シテ、開放セヨ—都市に集まってくらす居心地—」天満橋の集合住宅—都市に集まって住むかたち—(2年生)

0265·道田 優芽 / 大阪工業大学·3年生
「郷土」道の駅(3年生)

0266·小川 智咲 / 大阪電気通信大学·3年生
「—深·心·真— (しん)」緑の中のホール(+文化施設)(3年生)

0267・大久保 愛里 / 法政大学・3年生
「人間の巣」目の見えない5人のための集合住宅
(3年生)

0268・佐久間 星来 / 法政大学・3年生
「めぐり出会うまち」
Ueno Hyper-Public Library (3年生)

0273・川口 恵舞 / 筑波大学・3年生
「わを生む亀城」地域都市の中心市街地における「公園」のリ・デザイン;;(3年生)

0280・深作 京之介 / 日本大学・3年生
「生産と観測により生まれる商業拠点 工場住宅」
豊かなオープンスペースをもつ複合施設 (3年生)

0281・岡田 隼斗 / 日本大学・3年生
「積層集落―店のような家に住み、家のような店で商う集落的複合施設―」豊かなオープンスペースをもつ複合施設 (3年生)

0282・小森 空 / 法政大学・3年生
「納戸の家BOLO―ボロ市で繋がる者とモノ―」ナンドが紡ぐ集合住宅―者とモノが交感する家―(3年生)

0283・多代 蒔 / 武庫川女子大学・2年生
「建築学生のためのほどかれの一隅」学生会館
(2年生)

0287・川井 美希 / 京都女子大学・2年生
「アイディア湧き出る建築校舎」大学校舎
(2年生)

0289・小笹 遥香 / 法政大学・3年生
「心のもよう―見えない豊かさを考える―」
目の見えない5人のための集合住宅 (3年生)

0290・伊藤 英 / 東京科学大学 (旧、東京工業大学)・3年生「都市の新緑景」都市に立つ小学校～多様な学習スタイルを展開するための計画～(3年生)

0294・伊藤 蒼依 / 金沢工業大学・2年生
「潜る・登る・留まる」
「かなざわカフェ」Kanazawa Cafe (2年生)

0295・庄司 望良 / 日本工学院八王子専門学校・3年生「広がる学校～他学年との交流を広げる～」公共空間を創る (3年生)

0296・大田 一輝 / 芝浦工業大学・2年生
「RUNNING」リムジンバス・ステーション
(2年生)

0297・田中 絢悠 / 日本工学院八王子専門学校・3年生「登る先、本と自然と友人と～2つの面から考える、提案された小中一貫校～」教育パラドックス (3年生)

0298・村上 直暉 / 金沢工業大学・3年生
「解体、集約、開放」
せせらぎ通りの80人の集住体 (3年生)

0303・横森 青 / 神戸電子専門学校・2年生
「変化を恐れるな」設計演習-03 (2年生)

0304・前垣 ひより / 大阪大学・3年生
「屋根の間に集う」
地域の『広場』としての運動施設の提案 (3年生)

0306・中村 香葉 / 日本工学院八王子専門学校・3年生「自然の中の学び舎 ～まちと自然を繋ぐ小中一貫校～」教育パラドックス (3年生)

0308・大島 臨 / 法政大学・3年生
「魅せる～舞台を用いて繋がる上野の公共性～」Ueno Hyper-Public Library (3年生)

0309・岡藤 鼓乃実/日本工学院八王子専門学校・3年生「子供の可能性×町の可能性～子供の可能性を引き出し、町に還元する小中一貫校～」
教育パラドックス (3年生)

0310・河西 桜咲 / 日本工学院八王子専門学校・3年生「つなげる～人間と自然と～」小中一貫校
(3年生)

0311・奥川 司 / 多摩美術大学・3年生
「コラージュとしての建築」
仕事の空間 (オフィス) (3年生)

0314・青木 充輝 / 日本大学・3年生
「誘道 誘い、交わり、伝う道的建築 ―オープンスペースを再解釈―」豊かなオープンスペースをもつ複合施設 (3年生)

0315・遠藤 かんな / 東京理科大学・3年生
「連なり繋がる」〇〇の風景をつくる小学校
(3年生)

0316・恵良 明梨 / 法政大学・3年生
「real.」Ueno Hyper-Public Library (3年生)

0317・渡邊 美桜子 / 金城学院大学・3年生
「面が交わる、人と交わる」
地域にひらかれた保育施設 (3年生)

0318・大野 紗矢香 / 日本大学・3年生
「陸に浮かぶ魚礁」水族館 (3年生)

0319・酒井 優 / 日本大学・3年生
「時が絡まる海廊」水族館 (3年生)

0327・村松 康平 / 法政大学・3年生
「歩き回る、そして出会う。」立体広場としての図書館 ―シバウラハウスとなり― (3年生)

0328・平田 悠 / 近畿大学・3年生
「静寂と内省の中で思い巡らす―糸が織りなす幻想的アート空間への没入―」
現代美術のための美術館 (3年生)

0329・橋口 真愛 / 岡山理科大学・3年生
「中間領域でつながる家」多様な人々が住む都市に開かれた集合住宅 (3年生)

0331・畑口 優太 / 日本大学・3年生
「海のほとりで。～失われたものの再構築～」
水族館 (3年生)

0333・丸山 礼人 / 日本大学・2年生
「屋中荘」谷中の住宅 (2年生)

0336・宮地 航 / 日本大学・3年生
「MURUS」
豊かなオープンスペースをもつ複合施設 (3年生)

0338・広瀬 慶太 / 京都大学・3年生
「はことふきぬけのすきまに」美術館 (3年生)

0339・大澤 萌香 / 早稲田大学・3年生
「くりかえす図書館～空間の反転による涵養～」
西戸山公園にある世界図書館 (3年生)

0340・井原 柚葉 / 名城大学・3年生
「歴史を汲み、街を継ぐ」
体験・滞在型余暇活動施設 (3年生)

0341・天内 佑香 / Marbella Design Academy・3年生「まとまる仮設村」
Tiny house project (2年生)

0343・堀江 善 / 滋賀県立大学・2年生
「ひつじ珈琲舎」まちに開かれたカフェ (2年生)

0344・伊丹 智妃 / 早稲田大学・3年生
「重なる空間×言語で繋がる―言語で図書分類を行う世界図書館―」
西戸山公園にある世界図書館 (3年生)

0346・谷本 璃 / 日本大学・2年生
「重ねてずらす」谷中の住宅 (2年生)

0348・横山 未来 / 九州工業大学・3年生
「水まわりから広がるコミュニティ」
新しい住戸プランと、その集合 (3年生)

0349・村田 佳穂 / 近畿大学・3年生
「抜けがもたらす境界線の不明瞭さ」
あるアーティストのための現代美術館 (2年生)

0350・西野 真由 / 武庫川女子大学・3年生
「潜む美」歴史都市に建つ美術館 (2年生)

0351・中川 結衣 / 武庫川女子大学・3年生
「和と洋が混在する美術館」
歴史都市に建つ美術館 (2年生)

0352・磯部 莉緒 / 日本大学・3年生
「階梯水槽 ～段階的な水槽による海底へのいざない～」水族館 (3年生)

0353・西澤 雅人 / 千葉大学・3年生
「冒険的学び舎」小学校 (3年生)

0355・汐待 英慶 / 佐賀大学・3年生
「知積～知識を積み重ねる～」第二の副島を育む建築/副島種臣基金による私設図書館 (2年生)

0356・大木 優里花 / 日本大学・2年生
「外暮らしの家」谷中の住宅 (2年生)

0357・宇都宮 瑞希 / 神戸電子専門学校・2年生
「めばえの丘」設計演習_課題D (2年生)

0358・大土井 彪 / 福山大学・3年生
「空庭」尾道の山の上に建つ美術館 (3年生)

0360・公文 千尋 / 芝浦工業大学・3年生
「巻き込むと光」地域と交換する集合住宅
(3年生)

0361・加藤 瑞季 / 日本大学・3年生
「山岳集落～山に住み、谷に集まる～」これからの社会において「集まって住む」ことの意義を最大限に生かした集合住宅を提案する。(3年生)

0363・儀間 由子 / 文化学園大学・3年生
「Installation Art Museum ―変化を体験する美術館―」地域と共生する美術館 (3年生)

0365・有本 百花 / 日本大学・3年生
「沈んで浮かぶ 藻場の再生と、浮かび上がる海の駅」海の駅 (3年生)

0366・徳毛 空 / 広島工業大学・3年生
「まがった先に」大学複合施設「地域に賑わいをもたらす創造の拠点」(3年生)

0367・川神 爽来 / 日本大学・3年生
「没理想の水生循環」水族館 (3年生)

0368・須川 陽斗 / 近畿大学・3年生
「温もりを感じて」
まちづくりの核として福祉を考える (3年生)

0369・本田 生 / 金沢工業大学・3年生
「僕を分ける」せせらぎ通りの80人の集住体
(3年生)

0370・守田 梨乃 / 近畿大学・2年生
「愛が巡る家～母と子供たちに贈る～」
社会的活動の場を内包する (住宅) (2年生)

0371・江口 和李 / 日本大学・3年生
「等身大のミドリ ～かき分けながら、休み、育てる～」水族館 (3年生)

0372・糸魚川 颯大 / 日本大学・3年生
「開発 発想する水族館」水族館 (3年生)

0373・星野 輝太 / 日本大学・3年生
「UNDER THE E」水族館 (3年生)

0374・松森 海斗 /近畿大学・3年生
「共創の邸―感染するコミュニティ―」
集合住宅 (3年生)

0376・長谷川 航洋 / 金沢工業大学・3年生
「みちくさ ～金沢を歩き、そして休む。そこに本があったなら～」本を媒体としたパブリックスペース (3年生)

0377・津村 桃愛 / 近畿大学・3年生
「透過するくらし」集合住宅 (3年生)

0378・澤田 なつめ / 京都工芸繊維大学・3年生
「街角、本の森」都市と建築:元待賢小学校校舎の保存再生 (3年生)

0379・井上 怜皇 / 岡山理科大学専門学校・2年生「揺 ～森林の癒し～」
私たちの「小さなサードプレイス」(2年生)

0380・安井 圭 / 横浜国立大学・3年生
「裏で生まれる暮らしの共有」
あたらしい集合住宅 (3年生)

0381・山崎 耀仁 / 日本大学・2年生
「魅せる、溶け込む」
3世代6人で住む2階建住宅の設計 (2年生)

0382・軍司 明日香 / 明治大学・3年生
「滲んで溶け合う―集まって住むということ―」
集住の現在形―明治大学国際混住学生寮
(3年生)

0383・平井 郁巳 / 東京大学・3年生
「チューブが生み出す新しい集住の形」
UR大島四丁目団地部分更新計画 (3年生)

0385・小川 友唯奈 / 奈良女子大学・3年生
「2つの庭のあるこども園」
外とつながるこども園 (3年生)

0386・松田 秀太 / 大阪工業大学・3年生
「Platform」アウトドア・ヴィレッジ (3年生)

0388・山本 明日香 / 大阪工業大学・3年生
「中間領域で繋がるひとときろ」
新駅に隣接するこれからの地域図書館 (3年生)

0389・作田 花音 / 大阪芸術大学・3年生
「与え、与えあう」こども園 (3年生)

0391・中嶋 太一 / 東京都市大学・3年生
「Tilet タイレット ―ありふれた商店街という風景に個性を与えるタイル―」世田谷トイレ
(3年生)

0394・中出 里央 / 日本女子大学・2年生
「組み合わさる時」都市の棲家 (2年生)

0399・ムハンマドラティエフ ファウジ / 読売理工医療福祉専門学校・2年生「播磨坂 Forest Sphere」「集まって住む」集合住宅+α
(2年生)

0402・大澤 恒星 / 東京電機大学・2年生
「緑視界立体住宅」6M_CUBE_HOUSE
(1年生)

0405・谷川 虎雅 / 大阪芸術大学・3年生
「変わらないもの」建築ミュージアム～大阪建築・空間アーカイブズ～(3年生)

0407・松永 琉羽 / 昭和女子大学・3年生
「在(アリ)ノ巣」暮らしたい高円寺をつくる
(3年生)

0408・下元 ひなた / 法政大学・3年生
「本のなるライブラリー」
町と身体をつなぐライブラリー (3年生)

0412・小林 奏翔 / 千葉大学・3年生
「Eco Refuge Tower ～自然と共に息づく未来の防災・避難とモビリティ～」
幕張TRAVERSE～30年前の幕張から30年後の幕張へ (3年生)

0413・岩田 舞 / 早稲田大学・3年生
「都市と知の偶発的出会い―都市のグラデーションとミチの重なり―」西戸山公園にある世界図書館 (3年生)

0418・林田 晴翔 / 神戸芸術工科大学・3年生
「騙建築 ～矛盾の先にある公共と偶発～」
新しいメディアスペース ～これからの公共空間を考える～ (3年生)

0419・増渕 慈 / 日本大学・3年生
「透族館」水族館 (3年生)

0420・牧野 元汰 / 日本大学・3年生
「COSMOQUARIUM」水族館 (3年生)

0423・森 咲月 / 芝浦工業大学・3年生
「三脈のしるべ ―清澄の失われた脈を蘇らせ、やがて新たな結節点となる―」成熟社会における市民の文化活動拠点としての図書 (3年生)

0424・中川 翔斗 / 神戸電子専門学校・2年生
「本から知識と文化を未来へ」設計課題-02
(2年生)

0425・近石 望優 / 麻生建築&デザイン専門学校・2年生「みちびき」
商店街の近くに建つ集合住宅 (2年生)

0426・大山 湧希 / 関西大学・3年生
「自然な遊び、学び」千里山こども園 (3年生)

0427・高橋 遼 / 近畿大学・3年生
「空間への没入 ～形態が創り出す鑑賞体験の提案～」現代美術のための美術館 (3年生)

0428・坂口 結衣花 / 大阪産業大学・3年生
「京橋に潜むオフィスの森」
川沿いのオフィスビル (3年生)

0430・小田 悠汰 / 神戸大学・3年生
「Container Museum ～箱の生み出す静と動～」NEW MUSEUM on the Contexts as "KOBE" (3年生)

0431・丸山 裕美 / 新潟工科大学・3年生
「森と響き合う」
オープンスクール (小学校) の設計 (3年生)

0432・西澤 凜 / 新潟工科大学・3年生
「まじりあう学び」
オープンスクール (小学校) の設計 (3年生)

0433・今井 友梨 / 新潟工科大学・3年生
「繋がり『わ』になる小学校」
オープンスクール (小学校) の設計 (3年生)

0435・園田 岳琉 / 関西大学・3年生
「覗く私と注ぐ水」コンテンポラリー・アート・ミュージアム (3年生)

0439・本田 のどか / 広島工業大学・3年生
「新しい環境をつくる」大学複合施設「地域に賑わいをもたらす創造の拠点」(3年生)

0440・森崎 なつみ / 安田女子大学・3年生
「みんなのひみつきち」地域に開かれた幼稚園
(3年生)

0441・内堀 藍 / 岡山理科大学専門学校・2年生
「饗宴」公民館 (2年生)

0442・長沢 夏帆 / 静岡文化芸術大学・2年生
「symbolism」建築家のアトリエ (2年生)

0443・大塚 悠 / 島根大学・3年生
「会話する道」店舗のある集合住宅 (2年生)

0447・小林 勇那 / 近畿大学・3年生
「地の積層」現代美術のための美術館 (3年生)

0448・山田 絃太 / 大阪大学・3年生
「木漏れ日屋根に繋がれて」
地域の『広場』としての運動施設の提案 (3年生)

0449・山中 祥 / 近畿大学・3年生
「重なりあい住まう
凹凸で昇華する住環境」集合住宅 (3年生)

0451・高橋 望 / 東京都市大学・3年生
「路地を耕す」街で暮らし街をつくる集合住宅
(2年生)

0452・金井 星樹 / 東京都市大学・2年生
「Shelf House」設計 (1) (2) (2年生)

0454・夏 尚 / 京都精華大学・3年生
「乱れる建築」〇〇(する) 建築 (3年生)

0456・岡田 卓巳 / 大阪公立大学・3年生
「均質の可能性」現代アートのための小美術館～アートとは何か? (3年生)

0458・木場 俊輔 / 摂南大学・2年生
「創造性を高めるオフィス」
中之島公園に臨むワークプレイス (2年生)

0459・伊藤 楓 / 大手前大学・2年生
「共生」外部と暮らす家 (2年生)

0462・阿波 樹 / 摂南大学・3年生
「隙間でつながる」
子ども食堂を併設した集合住宅の計画 (2年生)

0466・見川 彰啓 / 大和大学・3年生
「Futuristic school structure (未来を見据えた学校)」地域に根差す小学校 (3年生)

0467・光野 有咲 / 近畿大学・3年生
「空間の階調―光と自然でつなぐ境界―」
現代美術のための美術館 (3年生)

0468・大野 友菜 / 法政大学・3年生
「暮らしを生み出す小劇場」
何かと何かの間に暮らす (3年生)

0469・松岡 幸歩 / 九州工業大学・3年生
「トコトコぐらし～3種類の床を楽しむ～」
新しい住戸プランと、その集合 (3年生)

0470・伊藤 颯 / 愛知工業大学・3年生
「溶け込む壁」「育ち合い・学び合いの場」としての学校建築を設計する(3年生)

0471・堀 琴美 / 関西学院大学・3年生
「トオリミチ」関西学院発祥の地に建つメディアセンター(3年生)

0472・藤本 彩矢 / 安田女子大学・2年生
「本の虫の棲家」湖の傍に建つ住宅(2年生)

0473・村上 葵衣 / 芝浦工業大学・3年生
「求心する集合住宅 ~マルシェ的空間の活用~」地域と交換する集合住宅(3年生)

0474・松澤 侑奈 / 京都大学・3年生
「集まり。反射して。」美術館(3年生)

0475・大野 楓 / 日本大学・3年生
「楽器での暮らし」
豊かなオープンスペースをもつ複合施設(3年生)

0478・吉村 和真 / 広島大学・3年生
「光の降り注ぐ場所」
ヒロシマアートミュージアム(3年生)

0479・辻 美文 / 法政大学・3年生
「シモキタ・トライブ」集合住宅(3年生)

0481・西村 悠希 / 関西大学・3年生
「渦に呑まれて ~新たな流れのつくりかた~」
コンテンポラリー・アート・ミュージアム(3年生)

0483・河合 莳杜 / 関西学院大学・3年生
「生生流転」サンダキャンパス・ドミトリー『+』(2年生)

0484・渡辺 悠吏 / 日本大学・3年生
「音を引き込む~直線と曲線の美しさ~」
豊かなオープンスペースをもつ複合施設(3年生)

0485・藤野 光希 / 近畿大学・3年生
「溶け出し、漏れ出す ~いろんな場所で、いろんな人と、いろんなことを。~」
地域の居場所となる小学校(3年生)

0486・牛尾 光太 / 日本文理大学・3年生
「ジャポニスム、再び」
べっぷシーサイド・ミュージアム(3年生)

0487・池端 茉央 / 京都大学・2年生
「抜けのシンパシー」生きている家(2年生)

0488・大西 玲衣 / 大阪公立大学・3年生
「―学び×遊びの層―」NEW PUBLIC PLACE
―[私]と[公]が共存する建築―(3年生)

0490・桶野 想乃 / 東洋大学・2年生
「記憶を編む」
『4人の家』から『新しい2人の家』へ(2年生)

0491・大迫 亜乃唯 / 佐賀大学・3年生
「コノダツハウス」
街中に暮らす、81人のための集合住宅(3年生)

0492・平野 智暉 / 福山大学・3年生
「寄り道と芸術~人と芸術が行き交う散歩道的美術館~」尾道の山の上に建つ美術館(3年生)

0495・奥野 一慶 / 大阪公立大学・3年生
「帯を編む」文化複合施設『地域のコミュニケーションプレイス』(3年生)

0498・小林 舞 / 文化学園大学・2年生
「いきるいえ―居心地を創造し経過が住み方を生み出していく―」住まいの設計(2年生)

0499・工藤 諭依 / 東京電機大学・3年生
「積み重なる学びの空間」未来の小学校(3年生)

0500・岩谷 伊織 / 日本大学・3年生
「Aoyama-alley」
豊かなオープンスペースをもつ複合施設(3年生)

0501・田仲 満智 / 日本大学・2年生
「移ろい」ある作家の美術館(2年生)

0502・三好 侑良 / 法政大学・2年生
「ふれて、感じて、表現して」
絵本ライブラリーをもつ幼稚園(2年生)

0503・川向 世瞳 / 神戸芸術工科大学・3年生
「縁から淵」新しいメディアスペース ~これからの公共空間を考える~(3年生)

0506・梶山 雄斗 / 新潟工科大学・3年生
「発掘する小学校」
オープンスクール(小学校)の設計(3年生)

0508・小林 拓己 / 芝浦工業大学・3年生
「都市の空隙」新・建築会館(3年生)

0509・星野 真歩 / 早稲田大学・3年生
「流れを編む ―都市の在り方を再編し変容していく世界図書館の提案―」
西戸山公園にある世界図書館(3年生)

0511・松本 美咲 / 広島工業大学・3年生
「纏う。」大学複合施設『地域に賑わいをもたらす創造の拠点』(3年生)

0513・向井 優介 / 近畿大学・2年生
「=―SAKUSHI― 作詩」詩的な家(2年生)

0514・長幡 香澄 / 京都工芸繊維大学・3年生
「新と旧で空間を繋ぐ」都市と建築:元待賢小学校校舎の保存再生(3年生)

0515・國司 菜都紀 / 山口大学・3年生
「中間に住む」住宅設計(3年生)

0516・可児 あいり / 大同大学・3年生
「消えぬ灯火~閉ざされた未来に命を宿す~」ヴィラ(3年生)

0517・東山 あづ葉 / 名城大学・3年生
「交わる行路」体験・滞在型余暇活動施設(3年生)

0518・谷川 和也 / 早稲田大学・3年生
「図書館に地球をみる」
西戸山公園にある世界図書館(3年生)

0519・池田 ひかる / 神戸芸術工科大学・3年生
「線をなぞる」新しいメディアスペース ~これからの公共空間を考える~(3年生)

0520・谷口 愛翔 / 近畿大学・3年生
「世代をつなぐ 往交の路」
まちづくりの核として福祉を考える(3年生)

0525・浦川 菜月 / 畿央大学・3年生
「サンクンガーデンからシェアオフィスへ」
シェアオフィス―空間を共有し、ともに働く場のインテリアデザイン(3年生)

0527・浅野 幸太 / 大和大学・3年生
「身体でイサム・ノグチを読む」六甲の森の中に建つ『イサム・ノグチ記念館』(3年生)

0528・佐原 涼太 / 大和大学・2年生
「ヒト、点てる 擬家族の住まい」3人で暮らす家(2年生)

0530・三村 渓翔 / 関東学院大学・3年生
「離れとわたしの邂逅住宅」
シェアタウン~暮らしを拡張する建築~(3年生)

0531・清水 一太 / 名城大学・3年生
「散歩道グラデーション」
体験・滞在型余暇活動施設(3年生)

0532・北田 祐誠 / 立命館大学・2年生
「余現を紡ぐ」風景のパヴィリオン(2年生)

0533・坂口 岳 / 東京理科大学・3年生
「街と街の間に」集まって暮らすことの豊かさ(3年生)

0534・髙 侑那 / 芝浦工業大学・2年生
「細胞の家」ホームオフィスのある家(2年生)

0536・武居 優輝 / 早稲田大学・3年生
「都市の対流をつかむ」
西戸山公園にある世界図書館(3年生)

0537・川井 慶 / 横浜国立大学・2年生
「あなたは月を見つけて」風土から住居を考える―小さな家の設計を通して(2年生)

0538・樋上 稜太 / 東洋大学・3年生
「市場で繋がり、市庭で広がる~新たな川越観光の姿~」川越の新しい文化と賑わいの拠点(3年生)

0540・迎川 優里 / 近畿大学・3年生
「個の共演」集合住宅(3年生)

0541・マイゼル ハンナ愛子 / 慶應義塾大学・3年生「光と水の家~湘南における水回りの再定義~」サーファーの家(3年生)

0546・髙橋 瑞歩 / 芝浦工業大学・3年生
「めぐる」成熟社会における市民の文化活動拠点としての図書館(3年生)

0547・脇本 一心 / 芝浦工業大学・3年生
「交差する二軸 回遊式庭園の再編による新たな文化活動拠点の構築」成熟社会における市民の文化活動拠点としての図書館(3年生)

0549・金守 晴海 / 東海大学・3年生
「リンカクのないモノ」青山・コマーシャルスペースコンプレックス(3年生)

0550・松島 ひなた / 法政大学・3年生
「ストリートに現れる場」
Ueno Hyper-Public Library(3年生)

0551・奥田 涼花 / 東京大学・3年生
「波/The Waves」
UR 大島四丁目団地部分更新計画(3年生)

0552・細谷 雪野 / 名古屋市立大学・3年生
「徒山道」ランドスケープ課題(3年生)

0553・赤塚 航志 / 早稲田大学・3年生
「紆余と邂逅」ブランクーシ美術館(3年生)

0554・関川 珠音 / 神戸大学・3年生
「流動する都市の詩」NEW MUSEUM on the Contexts as "KOBE"(3年生)

0555・岩尾 恵 / 日本大学・2年生
「Nature Cloth」ある作家の美術館(2年生)

0556・加納 颯大 / 近畿大学・3年生
「お隣さん家 ~自分らしく生きる~」まちづくりの核として福祉を考える(3年生)

0557・須田 琳々香 / 東京都市大学・3年生
「School of Tuning ―学びの距離を媒体とした新たな建築教育空間―」都市大建築学科大学院キャンパス設計(3年生)

0558・清水 陽太 / 神戸大学・3年生
「Cosymborization」NEW MUSEUM on the Contexts as "KOBE"(2年生)

0559・前川 晴貴 / 大阪工業大学・3年生
「繋がりの道」道の駅(3年生)

0560・池田 公紀 / 関西大学・3年生
「五大要素」
コンテンポラリー・アート・ミュージアム(3年生)

0561・山本 貴心 / 近畿大学・3年生
「木陰は居場所を繋げる」
まちづくりの核として福祉を考える(3年生)

0563・大下 真央 / 京都市立芸術大学・3年生
「水面下に潜る」京都駅東南部エリアにおける、新しい京都の風景を考える(2年生)

0565・藤生 光樹 / 近畿大学・3年生
「借リ暮ラシノ家」将来の自邸(2年生)

0568・ユアン タン ジェイリン / 京都精華大学・3年生「真菌の共生」Synthetic Nature『もうひとつの自然、はじまりの建築』(3年生)

0569・渡部 希実 / 新潟工科大学・3年生
「1本の樹からはじまる」
オープンスクール(小学校)の設計(3年生)

0572・田島 暖大 / 日本大学・2年生
「あふれる家中」谷中の住宅(2年生)

0573・塚本 琉海 / 日本大学・3年生
「流れと分棟」豊かなオープンスペースをもつ複合施設(3年生)

0575・本庄 立樹 / 福山大学・3年生
「施設ではなく居場所~安心と個人の尊重~」
認知症高齢者のためのグループホーム(3年生)

0576・清水 慈元 / 法政大学・3年生
「ノゾキマド―情報の表出と解像度―」
知の集積としての図書館を設計する(3年生)

0579・籠島 綾 / 横浜国立大学・3年生
「せかいのみかたとつくりかた」
あたらしい集合住宅(3年生)

0580・菅井 陽斗 / 日本工業大学・3年生
「自然対建築~押し合うダイナミズム~」
LEARNING FROM HILLSIDE TERRACE (3年生)

0581・野村 吉秀 / 日本大学・3年生
「The croissant」多様な働き方を受け入れビジネスを創造するワークプレイス(3年生)

0582・石部 薫 / 神戸電子専門学校・2年生
「BOOK MARCHE ~本と出会い、読み、語る場所~」設計課題-03(2年生)

0583・田中 洋翔 / 信州大学・3年生
「体験と自学の交流点」地域に求められる学びの場/芹田小学校中校舎建替計画(3年生)

0585・山内 颯人 / 大同大学・3年生
「昨日と『違う』を見つける ~曖昧な境界が生み出す学びの幅の拡張~」小学校(3年生)

0586・佐原 直弥 / 京都大学・2年生
「To be continued...」生きている家(2年生)

0587・前中 菜々美 / 関西大学・3年生
「尽きない表情」
コンテンポラリー・アート・ミュージアム(3年生)

0588・森 音凜 / 日本文理大学・3年生
「まちを写す美術館」
べっぷシーサイド・ミュージアム(3年生)

0589・小林 愛理 / 法政大学・3年生
「Jimphony~神保町の文化と人の結節点~」
町と身体をつなぐライブラリー(3年生)

0590・森内 帆香 / 芝浦工業大学・3年生
「上野に転がる石」アートと共鳴する美術館(2年生)

0591・水谷 奈桜 / 近畿大学・3年生
「発見の瞬間~高さが奏でる新たな視点~」
現代美術のための美術館(3年生)

0592・姚 志怡 / 早稲田大学・3年生
「Library for Individual」
西戸山公園にある世界図書館(3年生)

0593・越智 伊織 / 北海学園大学・3年生
「明日を迎えるための躯体」テナント・ビル(3年生)

0594・田中 健翔 / 名城大学・3年生
「陶を味わう」体験・滞在型余暇活動施設(3年生)

0596・田中 周良 / 京都大学・2年生
「光明が誘うタイムライン」生きている家(2年生)

0598・鎗田 侑 / 芝浦工業大学・3年生
「人工的建築物観」新・建築会館(3年生)

0599・溝口 天授 / 法政大学・2年生
「街に開くレシピ」
絵本ライブラリーをもつ幼稚園(2年生)

0601・藤井 愛理 / 信州大学・3年生
「ぐるぐるLABO~巡る考房~」地域に求められる学びの場/芹田小学校中校舎改修計画(3年生)

0603・多田 真緒里 / 武蔵野大学・2年生
「ふらりと、」新むさし野スポット(2年生)

0604・小西 悠平 / 北海道科学大学・3年生
「おどりば」都市×公園×美術館(3年生)

0605・小松 史門 / 芝浦工業大学・3年生
「グリーン・グリン・グリッド」
小学校と地域公共施設(3年生)

0606・中村 啓一郎 / 法政大学・3年生
「足休め」現代のリビングブリッジを再構する(3年生)

0607・岩本 亜伽里 / 広島工業大学・3年生
「領域の群れは、緩やかに空間も人も繋げていく。」大学複合施設『地域に賑わいをもたらす創造の拠点』(3年生)

0608・羽鳥 蓮 / 国士舘大学・3年生
「屋根のある公園にいる本たちへ」
区民ギャラリーをもつ地域図書館(3年生)

0609・大髙 匠海 / 日本大学・3年生
「個性をひらく」豊かなオープンスペースをもつ複合施設(3年生)

0610・白川 源太郎 / 名城大学・3年生
「擁壁小道」体験・滞在型余暇活動施設(3年生)

0611・大坪 光杜 / 東北大学・3年生
「新建竹」建築の一生(3年生)

0612・谷岡 優希 / 岡山県立大学・3年生
「Rebuild The Baroque」
『美術館』 境界を設計する(3年生)

0613・本行 千夏 / 岡山県立大学・3年生
「水面に揺れる」『美術館』 境界を設計する(3年生)

0614・小南 滉成 / 法政大学・3年生
「起伏を編む」何かと何かの間に暮らす(3年生)

0616・森田 翔 / 関東学院大学・3年生
「だんだんでこぼこ」
公園とともにある"こども園"(2年生)

0620・倉内 陽菜乃 / 日本大学・2年生
「つながり」3世代6人で住む2階建住宅の設計(2年生)

0621・松谷 拓真 / 九州産業大学・2年生
「Public Spase ~パブリック空間が生む多様な人の関わり方~」
業務系施設インテリア設計実習(2年生)

0623・細倉 皓介 / 大阪公立大学・3年生
「植物図書園」NEW PUBLIC PLACE
―[私]と[公]が共存する建築―(3年生)

0624・清田 幹翔 / ものつくり大学・3年生
「『=』」大学のリノベーション・新設設計(2年生)

0625・井上 優 / 早稲田大学・3年生
「時のフレーム」ブランクーシ美術館(3年生)

0626・内田 光樹 / 東北大学・3年生
「雁行する学校」シン・木町通小学校(3年生)

0627・宮川 湧雲 / 神戸大学・3年生
「都市の水景」NEW MUSEUM on the Contexts as "KOBE"(3年生)

0628・小林 未怜 / 芝浦工業大学・3年生
「まちの経由地」成熟社会における市民の文化活動拠点としての図書館(3年生)

0629・江田 琴美 / 関東学院大学・2年生
「隙間の通り道~菅木志雄ミュージアム~」
海辺に建つ現代アートギャラリー(2年生)

0630・宮市 有紗 / 近畿大学・3年生
「Brains」地域交流図書施設(2年生)

0631・香西 美咲 / 関西学院大学・3年生
「Nodeミュージアム」『風の彫刻家のための美術館』―自然とアートの風景化―(3年生)

0632・越原 桜士朗 / 名古屋工業大学・3年生
「天邪鬼の性愛 二重否定の彫刻と分節・接続の両義性」既存の都市と建築に立地する水辺のアルカディア(3年生)

0633・河原 佑芽 / 岡山県立大学・3年生
「澄み透る境界」『美術館』 境界を設計する(3年生)

0634・平野 美空 / 東京都立大学・3年生
「SORA×KUSABI」まちのコンテクストを活かし、まちの価値を高める都市施設(3年生)

0635・阪本 康介 / 京都精華大学・3年生
「備中水循」Synthetic Nature『もうひとつの自然、はじまりの建築』(3年生)

0636・気賀 健太朗 / 大阪工業大学・2年生
「Inside house」都市型兼用住宅の設計(2年生)

0637·持田 奈緒 / 日本大学·2年生
「墓参日和(ぼさんびより)」谷中の住宅(2年生)

0638·前田 碧斗 / 法政大学·3年生
「目視による知の再認識」
知の集積としての図書館を設計する(3年生)

0639·古川 希 / 芝浦工業大学·3年生
「動から静、静から動へ」成熟社会における市民の文化活動拠点としての図書館(3年生)

0640·植田 妃奈乃 / 昭和女子大学·3年生
「夢追創造人、第一章 —アーティスト·イン·レジデンス高円寺—」暮らしたい高円寺をつくる(3年生)

0645·有吉 一翔 / 鹿児島大学·3年生
「壁の粗密が生み出す出会い」
『図と地』の図書館(3年生)

0646·荒川 拓望 / 近畿大学·3年生
「空中回廊のある図書館」地域交流図書施設(2年生)

0647·宮澤 颯汰 / ものつくり大学·3年生
「インサイドストーリー」建築応用設計IV(3年生)

0648·山中 美空 / 慶應義塾大学·3年生
「段々畑で暮らす。—食と共に紡ぐ新しいコミュニケーションの場—」
まちとつながるシェアハウス(2年生)

0649·岡本 陽太郎 / 法政大学·3年生
「ソコにあった探す文化」立体広場としての図書館 —シバウラハウスとなり—(3年生)

0650·西川 莉功 / 名古屋大学·3年生
「one plate」地域とともにある小学校(3年生)

0651·小川 遼 / 早稲田大学·3年生
「INTERACTION」
西戸山公園にある世界図書館(3年生)

0653·迫田 空良 / 日本大学·2年生
「花風」ある作家の美術館(2年生)

0655·影山 唯花 / 昭和女子大学·3年生
「みんなの留まり木」HYBRID LIBRARY(2年生)

0656·喜多 爽大 / 京都府立大学·3年生
「時速4.0kmのセンロ」風景と建築 駅舎と美術館 複合施設の設計(3年生)

0657·林 萌楓 / 大阪工業大学·3年生
「いつもともしも」区庁舎(3年生)

0658·秋山 慎之介 / 日本大学·3年生
「雲外蒼天」海の駅(3年生)

0661·佐藤 歌 / 近畿大学·3年生
「作品さがし」現代美術のための美術館(3年生)

0664·松嶋 祐希 / 神戸大学·3年生
「ミナとマチ KOBE」NEW MUSEUM on the Contexts as "KOBE"(3年生)

0666·石黒 舜大 / 名城大学·3年生「長手に住まう」自邸(2年生)

0667·坂田 海斗 / 芝浦工業大学·3年生
「裏と表を取り込む切妻~上野公園に新たな楽しさを~」アートと共鳴する美術館(2年生)

0669·早坂 樹莉亜 / 神戸芸術工科大学·3年生
「ウチ/ナカ/ソト —最適化されない領域—」新しいメディアスペース ~これからの公共空間を考える~(3年生)

0670·橋本 香里 / 宮城大学·3年生
「自然と人が集まる場所」
シビック·デザイン·センター(3年生)

0671·栗原 健一郎 / 東洋大学·2年生
「融合—人々を紡ぐ場所—」天沼新田に建つ、アーティストとその家族が農作業を楽しみつつ暮らす住宅(2年生)

0672·白石 大翔 / 武蔵野大学·3年生
「曖昧に、進んで、」
みんなの居場所、大学図書館(3年生)

0673·向瀬 颯人 / 大阪公立大学·3年生
「trianglism~さんかくが織りなす美術館~」現代アートのための小美術館~アートとは何か?(3年生)

0674·田井 綾乃 / 武庫川女子大学·3年生
「グラデーションハウス —曖昧な境界がつくる居場所—」三世代で住む家(3年生)

0676·森浦 航大 / 大阪公立大学·3年生
「Visualization ~まちはゴミに埋もれている~」現代アートのための小美術館~アートとは何か?(3年生)

0678·鈴木 琴弓 / 名古屋工業大学·3年生
「ロジグラシ」共同住宅系課題(3年生)

0679·神戸 結加 / 立命館大学·2年生
「Ave Maria」母の家(2年生)

0680·長嶺 和輝 / 九州大学·3年生
「縁側に腰掛けて」
人と街が呼応する新たなコモンズ(2年生)

0681·澤田 幸汰 / 芝浦工業大学·3年生
「体育館内包型小学校」小学校と地域公共施設(3年生)

0683·森本 貫多良 / 愛知工業大学·3年生
「ideal omnibus」学生会館(3年生)

0684·菅原 詩那 / 千葉工業大学·3年生
「ふれて きいて 学んで」地域と結びついた学びの場としての小学校(3年生)

0685·八頭司 陽太 / 東海大学·3年生
「Jump Box Campus」
ハラジュク·サテライトキャンパス(2年生)

0687·山口 夏実 / 法政大学·3年生
「タカラ箱の住処~人と人をタカラ箱で繋いでいく~」ナンドが紡ぐ集合住宅—者とモノが交感する家—(3年生)

0688·星名 明加里 / 法政大学·2年生
「ひろがる、ひきこむ」
絵本ライブラリーをもつ幼稚園(2年生)

0689·生川 志穂子 / 立命館大学·3年生
「変転格子~もしものときにいつものところへ~」幼老複合施設 —多世代交流を促進する空間の創造—(3年生)

0690·篠崎 太一 / 大阪公立大学·3年生
「まちのえんがわ」文化複合施設『地域のコミュニケーションプレイス』(3年生)

0691·立石 拓翔 / 日本大学·2年生
「結ぶ家 ~自然と人·人と人を結ぶ~」
3世代6人で住む2階建住宅の設計(2年生)

0692·亀井 惠勇 /芝浦工業大学·3年生
「壁柱の家」地域と交換する集合住宅(3年生)

0693·香月 将吾 / 近畿大学·3年生
「都市を塗る」
あるアーティストのための現代美術館(3年生)

0694·杉山 絢音 / 近畿大学·3年生
「WORKSHOP HOUSE」
社会的活動の場を内包する住宅(2年生)

0696·矢田 颯汰 / 広島工業大学·3年生
「視線と視線の交差点」大学複合施設『地域に賑わいをもたらす創造の拠点』(3年生)

0700·栢森 美羽 / 金沢工業大学·3年生
「おせっかいなハウス」
せせらぎ通りの80人の集住体(3年生)

0704·緒方 悠人 / 岡山理科大学·3年生
「4.5度と住まう~都市に現れる静夜~」多様な人々が住む都市に開かれた集合住宅(3年生)

0707·倉増 怜 / 日本女子大学·3年生
「不断の立体街路」
街とくらす、21人のための住宅(2年生)

0708·田村 萌依 / 日本大学·3年生
「無限の入れ子」水族館(3年生)

0711·龍井 ゆい子 / 日本大学·2年生
「CUSTOM-MADE-R」ある作家の美術館(2年生)

0712·今澄 孝太郎 / 横浜国立大学·3年生
「お風呂コミュニティ」街のキオスク(2年生)

0713·柴田 美玖 / 大阪公立大学·3年生
「Vicissitudes ~移りゆく過程でアートをみる~」現代アートのための小美術館~アートとは何か?(3年生)

0714·寶正 風香 / 神戸大学·3年生
「美しい街へ」NEW MUSEUM on the Contexts as "KOBE"(3年生)

0715·永野 絵里 / 岡山県立大学·3年生
「守り、拓く美術館 ~ピエール·ボナールの作品と文化のマージ~」『美術館』境界を設計する(3年生)

0716·上田 ゆき乃 / 神戸大学·3年生
「時の紆曲」NEW MUSEUM on the Contexts as "KOBE"(3年生)

0717·栗原 颯冴 / 東京理科大学·3年生
「主張し、受け入れる集合住宅」
集まって暮らすことの豊かさ(3年生)

0718·水野 颯良 / 長岡造形大学·2年生
「自然と建築、そして人」
キャンパス並木沿いの住宅(1年生)

0719·加藤 咲絵 / 法政大学·3年生
「補い合い」集合住宅(3年生)

0720·澤井 人成 / 法政大学·3年生
「混ざりあい」集合住宅(3年生)

0722·河野 貴允 / 近畿大学·3年生
「Less is yore, and more is adore.」
あるアーティストのための現代美術館(3年生)

0724·酒井 須砂 / 芝浦工業大学·3年生
「軌跡と記憶を未来へ連れて ~時代の階調と共に生きる集合住宅~」
地域と交換する集合住宅(3年生)

0725·高田 ほのか / 京都工芸繊維大学·3年生
「Thick 厚みが作り出す空間」カフェ課題(2年生)

0726·中川 温太 / 大和大学·3年生
「つながりを繋ぐ小学校」地域に根差す小学校(3年生)

0728·多田 裕貴子 / 武庫川女子大学·3年生
「風を感じる Hotel Ali e Vento」斜面地に建つ小ホテルと花のある西洋式庭園(2年生)

0732·奈良田 有咲 / 近畿大学·3年生
「city perspective」美術館(3年生)

0737·武富 帆南 / 大阪大学·3年生
「Adapt cubes」地域の『広場』としての運動施設の提案(3年生)

0738·金子 朝飛 / 九州大学·2年生
「開放する住居」自然を楽しむ家(2年生)

0739·中島 蒼 / 室蘭工業大学·3年生
「余白の家」新興住宅に建つ二棟の住宅(3年生)

0740·楠部 のどか / 近畿大学·3年生
「人、アート、自然が滲む」美術館(3年生)

0741·飯田 夕雅 / 新潟大学·3年生
「根程葉広がる」内野図書館計画(3年生)

0742·柴田 雄三 / 東北大学·3年生
「ダイドコロニー」建築の一生(3年生)

0743·山本 有莉 / 法政大学·3年生
「似たモノ同士を繋ぐ集合住宅」ナンドが紡ぐ集合住宅—者とモノが交感する家—(3年生)

0744·高橋 美帆 / 法政大学·3年生
「五感がつなぐ記憶と、その蓄積」
立体広場としての図書館 —シバウラハウスとなり—(3年生)

0745·吉田 泰星 / 京都市立芸術大学·3年生
「森のnode」トイレのある休憩所(3年生)

0746·中村 隼也 / 東京電機大学·2年生
「6m CUBE HOUSE」6M_CUBE_HOUSE(1年生)

0747·大谷 有莉咲 / 武庫川女子大学·3年生
「つながりを生む家」三世代で住む家(3年生)

0748·森井 大貴 / 神戸芸術工科大学·3年生
「キニナルスペース」新しいメディアスペース ~これからの公共空間を考える~(3年生)

0749·鈴木 飛拓 / 芝浦工業大学·3年生
「清澄公園の寄す処」成熟社会における市民の文化活動拠点としての図書館(3年生)

0750·川久保 尚仁 / 広島大学·3年生
「建築のズレ~美術館の在るべき姿~」
ヒロシマアートミュージアム(3年生)

0752·難波 周佑 / 名古屋工業大学·3年生
「那古野に染まる ~新しい景観保全の手法~」『円頓寺地区にすまう』—現代·未来の町家—(3年生)

0753·柳 周吾 / 名古屋工業大学·3年生
「YOUR VOLUME」既存の都市と建築に立地する水辺のアルカディア(3年生)

0754·江幡 政輝 / 法政大学·3年生
「知の支えとなる」立体広場としての図書館 —シバウラハウスとなり—(3年生)

0755·髙田 葉生 / 滋賀県立大学·2年生
「傾けば庭」まちの庭(2年生)

0756·田永 愛夏 / 日本大学·3年生
「Re:Marin」水族館(3年生)

0757·三角 啓彰 / 関西学院大学·3年生
「人と自然の対話を彩る美術館」『風の彫刻家のための美術館』—自然とアートの風景化—(3年生)

0758·森口 宗達 / 関西学院大学·3年生
「静寂を脱ぐ。大地を着る。—美術館となる壁—」『風の彫刻家のための美術館』—自然とアートの風景化—(3年生)

0760·本田 伊吹 / 芝浦工業大学·3年生
「多面的に住まう~とける空間は新たな出会いを生む~」ハレとケのあいだにある家 —分断ではなく包括する建築—(3年生)

0761·長谷川 らら / 立命館大学·3年生
「パサージュあるき」幼老複合施設 —多世代交流を促進する空間の創造—(3年生)

0762·雑賀 菜月 / 立命館大学·3年生
「たまり湯 —温泉商店街と路地·袋小路と住まう—」アクティビティと場の構築 地域とつながる国際学生寮(2年生)

0763·湧川 智美 / 大阪大学·3年生
「立体的に行き交う街 ~中津の街時間をもっとアクティブに~」地域の『広場』としての運動施設の提案(3年生)

0764·大山 快 / 立命館大学·2年生
「母のぬくもりが宿る楽土」母の家(2年生)

0765·釜谷 咲玖羅 / 広島工業大学·3年生
「流れ、潜り、漂う、」大学複合施設『地域に賑わいをもたらす創造の拠点』(3年生)

0766·中筋 亮太 / 近畿大学·3年生
「空間と繋がる」集合住宅(3年生)

0767·山下 桃佳 / 静岡文化芸術大学·3年生
「エトホ」第一通り『まちなか駅』の提案(3年生)

0768·万見 里穂子 / 大阪公立大学·3年生
「マチノ イバショノ ツクリカタ」文化複合施設『地域のコミュニケーションプレイス』(3年生)

0771·乾 咲京 / 近畿大学·3年生
「ふれて」地域の居場所となる小学校(3年生)

0772·木本 修梧 / 近畿大学·2年生
「童話と建築」詩的な家(2年生)

0773·武田 泰樹 / 芝浦工業大学·3年生
「ウチとソト—生徒と市民が間接的に共生する小学校—」小学校と地域公共施設(3年生)

0774·高瀬 さくら / 九州産業大学·3年生
「反らす」住居系複合施設(3年生)

0776·久嶋 はるひ / 大阪公立大学·3年生
「まちを紡ぐ」NEW PUBLIC PLACE
—[私]と[公]が共存する建築—(3年生)

0777·西本 景亮 / 名古屋市立大学·3年生
「空積の展開」都市複合課題(3年生)

0778·辻林 友幸 / 関西大学·2年生
「Man in the Mirror」
公園に建つ地域図書情報館(2年生)

0781·遠藤 祥子 / 青山製図専門学校·2年生
「さくら美術館」街とつながる美術館(2年生)

0782·粟村 かりん / 日本大学·3年生
「Museum Of Artists」豊かなオープンスペースをもつ複合施設(3年生)

0783·天野 絢葉 / 京都工芸繊維大学·2年生
「繋がりの輪~住まいとまちをやさしく繋ぐあたたかいみんなの家~」北山通の集合住宅(2年生)

0784·冨田 夏希 / 京都工芸繊維大学·3年生
「まちの縁側」都市と建築:元待賢小学校校舎の保存再生(3年生)

0785·石田 泰都 / 九州大学·3年生
「そう。あなたは前原の人。」
コミュニティセンター(3年生)

0786·藤原 静乃 / 早稲田大学·3年生
「ふれる —たおやかな侵食—」
ブランクーシ美術館(3年生)

0787·小田 成菜 / 広島工業大学·3年生
「引き込み、広がる」大学複合施設『地域に賑わいをもたらす創造の拠点』(3年生)

0790·齋藤 皓羽 / 東京電機大学·2年生
「千住オアシス~知識と交流の恵~」
図書館の設計(2年生)

0791·卓 由眞 / 早稲田大学·3年生
「穴があったら入りたい」
西戸山公園にある世界図書館(3年生)

0792·中島 杏瞳 / 関西学院大学·3年生
「ENERGY CURVE」『風の彫刻家のための美術館』—自然とアートの風景化—(3年生)

0793·中山 智文 / 千葉大学·3年生
「URBAN ENVIRONMENTAL AXIS」
小学校(3年生)

0794·岡本 綾乃 / 早稲田大学·3年生
「本と人の場所の融合」
西戸山公園にある世界図書館(3年生)

0795·山畑 瑠紗 / 早稲田大学·3年生
「見る、観る」ブランクーシ美術館(3年生)

0798·渡邊 海輝 / 豊橋技術科学大学·3年生
「道のツボ ~刺激する五感~」
個性を打ち出す道の駅(3年生)

0799·清瀬 莉奈 / 京都工芸繊維大学·3年生
「混ざり合い交じり遭う」都市と建築:元待賢小学校校舎の保存再生(3年生)

0800·瀬戸口 清和 / 立命館大学·3年生
「壁とあかし ~ふるさとを落書きする学生寮~」アクティビティと場の構築 地域とつながる国際学生寮(2年生)

0801·戸田 真太郎 / 東洋大学·3年生
「破壊と創造」街·公園とともにある美術館(3年生)

0802·藤本 啓吾 / 名古屋市立大学·3年生
「"ヘタニワに導かれて"—新たな公共施設の提案—」交流センター(3年生)

0803·向井 祐希 / 名古屋大学·3年生
「居場所のきっかけ」地域とともにある小学校(3年生)

0804·秋山 友陽 / 神戸芸術工科大学·3年生
「Bolementuin(ブルムンタウン)」
新しいメディアスペース ~これからの公共空間を考える~(3年生)

0805·大谷 京 / 明星大学·3年生
「生きるを学ぶ」小学校課題（3年生）

0807·橋本 宏樹 / 福山大学·3年生
「Towering Museum ～一望できる景色～」
尾道の山の上に建つ美術館（3年生）

0811·広瀬 翠 / 法政大学·2年生
「つながりを生む屋根の下」
絵本ライブラリーをもつ幼稚園（2年生）

0812·柳生 龍之介 / 近畿大学·2年生
「Plus House」
社会的活動の場を内包する（住宅）（2年生）

0813·宮崎 飛鳥 / 大阪工業大学·2年生
「Wood horizon」
ギャラリーのある彫刻家のアトリエ（2年生）

0814·木村 響 / 法政大学·3年生
「速度が奪す相対性」
Ueno Hyper—Public Library（3年生）

0816·森田 瑞生 / 京都工芸繊維大学·3年生
「まるチプレイス」都市と建築:元待賢小学校
校舎の保存再生（3年生）

0817·黒田 愛佳 / 山口大学·3年生
「mini ube」屋外彫刻ミュージアム（3年生）

0818·今井 日仁 / 東京科学大学（旧、東京工業大学）·2年生「ヴォールトが生む大空間」
別荘を設計する（2年生）

0819·小寺 奏人 / 福井大学·3年生
「生態系が織りなす道」境界がない学校（3年生）

0821·木谷 日向子 / 京都工芸繊維大学·2年生
「段々畑にすわる」
身体との関係からカフェを考える（2年生）

0822·山本 稔 / 福井大学·3年生
「里山の準備室」境界がない学校（3年生）

0823·畠山 桃歌 / 福岡大学·3年生
「まにまに」アンサンブル（3年生）

0824·山本 莉紗 / 名古屋工業大学·3年生
「The Marine Architects」既存の都市と建築に立地する水辺のアルカディア（3年生）

0825·坂本 悠 / 名古屋工業大学·3年生
「PSYCHE —プシューケー—」既存の都市と建築に立地する水辺のアルカディア（3年生）

0827·川村 彩良 / 関東学院大学·3年生
「わたしを巡る塔」環境に働きかける家（3年生）

0828·豕瀬 向 / 摂南大学·3年生
「紛れ、見つける」親水公園と環境建築の設計（3年生）

0829·尾竹 良太 / 芝浦工業大学·3年生
「暮しを渡す」地域と交換する集合住宅（3年生）

0830·平本 結香 / 日本大学·3年生
「青山宝探し」豊かなオープンスペースをもつ複合施設（3年生）

0831·石丸 沙和 / 日本大学·2年生
「谷中を共有する」谷中の住宅（2年生）

0833·長濱 颯哉 / 名古屋工業大学·3年生
「漂着。そして、」既存の都市と建築に立地する水辺のアルカディア（3年生）

0836·小原 凜 / 岡山県立大学·3年生
「toit」『美術館』境界を設計する（3年生）

0837·森山 恵太朗 / 神戸芸術工科大学·3年生
「ええとこみっけ! ～街中に溢れる色んなええとこ～」新しいメディアスペース ～これからの公共空間を考える～（3年生）

0838·岡村 梨央 / 神戸芸術工科大学·3年生
「わたしをみつけて」新しいメディアスペース ～これからの公共空間を考える～（3年生）

0840·長田 春日 / 工学院大学·3年生
「変容が生かす —図書機能×フリーランス—」図書館のリノベーション（2年生）

0842·熊澤 大輝 / 近畿大学·3年生
「高架の下で」あるアーティストのための美術館（3年生）

0846·東 星辰 / 立命館大学·3年生
「段々と ～お茶で繋がる幼老複合施設～」幼老複合施設 —多世代交流を促進する空間の創造—（3年生）

0847·可部 優輝 / 安田女子大学·2年生
「小説に宿る 文学空間と建築空間の往来」湖の傍に建つ住宅（2年生）

0848·吉田 美来 / 麓央大学·3年生
「かさなるオフィス」シェアオフィス—空間を共有し、ともに働く場のインテリアデザイン（3年生）

0849·田村 ひなた / 神戸芸術工科大学·3年生
「独りから一人へ —孤独感に悩む人たちのシェアハウス—」9坪の木造住宅を設計する（2年生）

0852·鳥居 陽菜 / 武蔵野大学·3年生
「棲み混みアパートメント」
『楽しんで棲む』ための集合住宅（3年生）

0853·中島 大耀 / 大阪公立大学·3年生
「視えない世界でみえるもの ～シカクを越えた地中美術館の提案～」現代アートのための小美術館～アートとは何か?（3年生）

0854·今村 美希 / 日本大学·2年生
「Modern」ある作家の美術館（2年生）

0855·岡 萌香 / 慶應義塾大学·3年生
「編み込む居場所 ～水回りと外部空間から広がるサーファーの暮らし～」サーファーの家（3年生）

0856·坪久田 絢佳 / 九州産業大学·3年生
「輪～産学一如～」住居系複合施設（3年生）

0857·津川 夕翔音 / 大阪芸術大学·3年生
「にじむ。」芸術作品が迎えるゲストハウス（2年生）

0858·西山 美里 / 関西大学·3年生
「記憶に刻まれる劇的体験」
コンテンポラリー·アート·ミュージアム（3年生）

0860·野澤 沙帆 / 武蔵野大学·3年生
「狭間の拠点—自由を生む2つのグリッド—」
Urban Incubation Village（2年生）

0861·大髙 桃香 / 法政大学·3年生
「知識の花が咲くように」図書館（3年生）

0863·渡辺 結花 / 近畿大学·3年生
「螺旋幻想郷」市庁舎に隣接する美術館（3年生）

0864·山田 純平 / 東北大学·3年生
「建築ノ死ト不朽ノアウラ」建築の一生（3年生）

0865·後藤 謙太 / 関西大学·3年生
「LASCAUX ～堆積し大地を迷想する～」
コンテンポラリー·アート·ミュージアム（3年生）

0867·東海林 勇太 / 東海大学·3年生
「機能と華やぐ」青山·コマーシャルスペースコンプレックス（3年生）

0868·近藤 里奈 / 関西学院大学·3年生
「エネルギーの核」関西学院発祥の地に建つメディアセンター（3年生）

0872·前田 萌香 / 立命館大学·2年生
「綻び、育つ」母の家（2年生）

0873·本野 優奈 / 近畿大学·3年生
「無機と有機を繋ぐ」美術館（3年生）

0874·秋吉 大和 / 大阪工業大学·3年生
「彼らと共に住まう」アウトドア·ヴィレッジ（3年生）

0875·藤原 悠真 / 摂南大学·3年生
「好きを探し、求めて集う」
親水公園と環境建築の設計（3年生）

0877·中川 翔太 / 大阪工業大学·3年生
「空間をつぎはぎ未来へ残す図書館」
新駅に隣接するこれからの地域図書館（3年生）

0878·山崎 竜汰郎 / 横浜国立大学·3年生
「テラスでつながる集合住宅」
あたらしい集合住宅（3年生）

0879·坂本 碧海 / 安田女子大学·2年生
「無に帰す」湖の傍に建つ住宅（2年生）

0880·福田 理緒 / 横浜国立大学·2年生
「荒野と眺望」風土から住宅を考える（2年生）

0881·山口 想 / 名古屋工業大学·3年生
「ARCHIVEs 路を纏った高層住宅の動線上の暮らし」複合住宅系課題（3年生）

0882·近藤 仁彪 / 名城大学·3年生
「てくてくさんぽみち」
体験·滞在型余暇活動施設（3年生）

0884·荒井 美有 / 芝浦工業大学·3年生
「新しい開き方 ～外で『人』に開き、内で『環境』に開く集合住宅～」地域と交換する集合住宅（3年生）

0885·西脇 嵩人 / 名城大学·3年生
「中だけど、外～窓辺で繋ぐ～」自邸（2年生）

0886·松原 蒼衣 / 北海道科学大学·2年生
「繋がりがあるから面白い。」自らにとって居心地のいい場所を設計せよ（2年生）

0887·伊藤 暢浩 / 福山大学·3年生
「山腹之橋」尾道の山の上に建つ美術館（3年生）

0888·月輪 尚 / 福井大学·3年生
「海の接点」境界がない学校（3年生）

0889·江尻 佑 / 明治大学·3年生
「ズレの重なり」明治大学生田ラーニングセンター—学びの現在形（3年生）

0890·山本 悠貴 / 東海大学·3年生
「生命の輝きを取り戻す」青山·コマーシャルスペースコンプレックス（3年生）

0891·佐々木 彩花 / 関東学院大学·3年生
「自分を感じる」環境に働きかける家（3年生）

0892·那須田 知樹 / 名城大学·2年生
「のびしろ 不完全は成長へ」成長する場·空間（2年生）

0896·前田 陽斗 / 近畿大学·3年生
「矛盾を引き裂く」
あるアーティストのための現代美術館（3年生）

0897·樹下 英明 / 神戸大学·3年生
「emotion as kobe」NEW MUSEUM on the Contexts as “KOBE”（3年生）

0900·神谷 直輝 / 近畿大学·3年生
「日常の中で気づく」
あるアーティストのための現代美術館（3年生）

0902·佃 菜帆 / 日本女子大学·3年生
「時熟—地形が誘引する非三人称建築—」
小さな火葬場（3年生）

0903·大下 美苑 / 明治大学·3年生
「小さなベランダ、大きな共同体」集住の現在形—明治大学国際混住学生寮（3年生）

0906·大川 颯 / 芝浦工業大学·3年生
「多面体の境界:水面の反射で繋ぐ切り離された空間」オフィス建築（3年生）

0907·上原 萌生 / 東京都市大学·3年生
「ハコイリキャンパス」都市大キャンパス（3年生）

0908·村木 詩歩 / 芝浦工業大学·3年生
「疑似家族のキッチン商店街～『食』を介し共鳴した『住』～」地域と交換する集合住宅（3年生）

0911·金森 夏菜 / 大阪工業技術専門学校·2年生「壁裏の可能性—密やかな連続空間—」都市に集まって住む～靭公園の集合住宅～（2年生）

0912·馬場 咲和花 / 明治大学·2年生
「雨の流れる家」五反田川沿いの住宅（2年生）

0915·武田 雄大 / 大阪公立大学·3年生
「内と外と私と公と～折れ線と曲線が織り成す新しくも懐かしい空間～」NEW PUBLIC PLACE—[私]と[公]が共存する建築—（3年生）

0916·舟井 葵 / 大同大学·3年生
「めくってみた」光と風の建築—快適な外部空間をもつオフィスビル—（3年生）

0917·内堀 藍耀 / 日本大学·2年生
「調和～谷中ト繋がる」谷中の住宅（2年生）

0920·川合 由蘭 / 横浜国立大学·3年生
「コーポラティブ大道芸」あたらしい集合住宅（3年生）

0921·岩本 香澄 / 武庫川女子大学·3年生
「水の楽園」歴史都市に建つ宿泊施設（3年生）

0922·榎阪 春乃 / 愛知工業大学·3年生
「癒しの拠点～セラピードッグと共に過ごす学生会館～」学生会館（3年生）

0923·岡部 鈴菜 / 東海大学·3年生
「Cyclone～交差するスロープによる交わりの創作～」Hall & Cultural Exchange Complex in Daikanyama（3年生）

0924·石井 丈巳 / 日本大学·3年生
「CONNEXION」豊かなオープンスペースをもつ複合施設（3年生）

0925·宍戸 悠人 / 日本大学·3年生
「商I住（Business Wall Resident）」豊かなオープンスペースをもつ複合施設（3年生）

0926·朝倉 健人 / 早稲田大学·3年生
「喧騒を濾す」西戸山公園にある世界図書館（3年生）

0927·長瀬 凜々子 / 芝浦工業大学·3年生
「本棚商店街」成熟社会における市民の文化活動拠点としての図書館（3年生）

0929·文珠 ひなた / 芝浦工業大学·2年生
「ピクニックの家」眺めのいい住宅（2年生）

0930·髙橋 光希 / 芝浦工業大学·3年生
「みんなちがってみんないい—16のオノマトペ空間と図書商店街—」
空間建築デザイン演習4B（3年生）

0931·関本 宏平 / 北九州市立大学·2年生
「ヒトトキ育成論」住宅設計課題（2年生）

0932·青山 倖奈 / 大和大学·3年生
「そよ風の懐で学ぶ」地域に根差す小学校（3年生）

0933·阿部 彩花 / 新潟大学·3年生
「原風景」しもまちの保育所（3年生）

0935·増本 唯衣 / 明石工業高等専門学校·5年生「ゆりの木ハウス～新しい住居システム『セレクティブハウス』～」暮らすプラス（4年生）

0936·戸屋 志月 / 芝浦工業大学·3年生
「Re:Anker」成熟社会における市民の文化活動拠点としての図書（3年生）

0938·嵯峨 百香 / 早稲田大学·3年生
「地歴の止揚—科学の系譜を再編する—」
西戸山公園にある世界図書館（3年生）

0939·槌谷 結 / 関西学院大学·3年生
「ここじゃない、どこかへ。」Child—friendly Public Space in Sanda（2年生）

0940·三分一 栞 / 安田女子大学·3年生
「ヒロシマの灯 ～平和の軸線と潮位曲線～」
広島平和記念公園のカフェの設計課題（2年生）

0941·澤田 拓歩 / 法政大学·3年生
「居場所を与える図書館 —三角形と分断が創り出す多様性—」知の集積としての図書館を設計する（3年生）

0944·村上 裕菜 / 立命館大学·3年生
「編む—人々を繋ぐ水口細工—」幼老複合施設—多世代交流を促進する空間の創造—（3年生）

0945·植田 康太 / 名古屋工業大学·3年生
「みなしぞく～震災遺族による新しい家族の形～」既存の都市と建築に立地する水辺のアルカディア（3年生）

0947·鈴木 大輝 / 東京電機大学·3年生
「地域の居場所帰る場所」未来の小学校（3年生）

0948·岡本 珠羽 / 広島工業大学·3年生
「道の先で... ～23個の発見する建築～」
大学複合施設『地域に賑わいをもたらす創造の拠点』（3年生）

0949·山本 萌 / 名古屋大学·3年生
「見られて、集って」地域とともにある小学校（3年生）

0951·小川 智也 / 東京理科大学·3年生
「穴のある暮らし」集まって暮らすことの豊かさ（3年生）

0952·甲斐 美咲 / 大同大学·3年生
「住人十色」都心に建つシェアハウス（2年生）

0953·宇野 光 / 立命館大学·2年生
「繋ぐ」風景のパヴィリオン（2年生）

0955·丹野 朱萩 / 北海道大学·3年生
「Kaleido School —変幻する、多義的な学校空間—」小中一貫校の設計:豊かな学びの場を作る（3年生）

0956·相楽 尊 / 新潟大学·3年生
「備忘録～記憶を残す図書館～」
内野図書館計画（3年生）

0957·武田 考生 / 近畿大学·3年生
「地域と歩む高層集合住宅」集合住宅（3年生）

0960·安食 優利 / 東北大学·3年生
「I get MY hometown ～地域が住戸に入り込むアイマイな空間～」建築の一生（3年生）

0961·栗林 大兼 / 九州大学·3年生
「コミュニティセンターと暮らす」
コミュニティセンター（3年生）

0964·濱崎 知紗 / 大阪公立大学·3年生
「すみわたる」文化複合施設『地域のコミュニケーションプレイス』（3年生）

0965·北畑 結羽 / 大阪公立大学·3年生
「めぐり」文化複合施設『地域のコミュニケーションプレイス』（3年生）

0966·大森 翼 / 芝浦工業大学·3年生
「誘い、誘われる。」大学セミナー会館（3年生）

0967·石鍋 宏太 / 日本工業大学·3年生
「ORINASU KYOKUMEN」LEARNING FROM HILLSIDE TERRACE（3年生）

0968·藍田 千夏 / 安田女子大学·3年生
「1/fゆらぎが育む小さな心」
地域に開かれた幼稚園（3年生）

0969·鈴木 桜介 / 新潟大学·3年生
「寄り道、巡り合い」内野図書館計画（3年生）

0970·三輪 天音 / 大同大学·3年生
「和×輪」パートナーに贈るヴィラ（3年生）

0972·岡田 結菜 / 岡山県立大学·3年生
「存在を辿る」『美術館』境界を設計する（3年生）

0973·阿部 和歌 / 近畿大学·3年生
「ここまで 私の居場所 どこまで」
地域の居場所となる小学校（3年生）

0974·小野 優人 / 名古屋市立大学·2年生
「壁に引き込まれて」現代美術館（2年生）

0976·関谷 真成 / 芝浦工業大学·3年生
「結building ～フロアに囚われない接触～」
オフィス建築（3年生）

0978·長竹 璃子 / 京都大学·3年生
「モノとヒト、ヒトとコト」美術館（3年生）

0979·服部 結衣 / 大同大学·3年生
「小さな休憩所」光と風の建築—快適な外部空間をもつオフィスビル—（3年生）

0981·山田 賢慎 / 大阪公立大学·3年生
「壁画のまち ～キャンバスとなる美術館～」
現代アートのための小美術館～アートとは何か?（3年生）

0982·内藤 乃麻 / 名古屋工業大学·3年生
「海と私」既存の都市と建築に立地する水辺のアルカディア（3年生）

審査対象者一覧

0983・渡邊 和哉 / 近畿大学・2年生
「GRADIENT SPACE」
社会的活動の場を内包する(住宅)(2年生)

0984・古藤 諒大 / 大阪公立大学・3年生
「出逢いの道」NEW PUBLIC PLACE
─[私]と[公]が共存する建築─(3年生)

0985・越野 茜 / 早稲田大学・3年生
「受ける壁と、流れる床~アートによる道の活性化~」地域のポテンシャルをつなぐWaseda Activator Hub ─Activate Waseda(2年生)

0987・西田 翔伍 / 関西大学・3年生
「感情に働きかける ~訪れた人がまた『来たい』と思える体験を~」コンテンポラリー・アート・ミュージアム(3年生)

0989・磯﨑 真緒 / 芝浦工業大学・3年生
「『すき』がある家」地域と交換する集合住宅(3年生)

0990・中藤 堅吾 / 日本大学・2年生
「かたちとなかみ─建築設計におけるメタファーを援用した設計の提案─」
子ども食堂─まちの居場所(2年生)

0991・小山 佳祐 / ものつくり大学・3年生
「光を知る。」中規模公共建築としての展示施設の設計(3年生)

0992・高橋 紗里 / 慶應義塾大学・3年生
「TSUKIJI MOBILE MARKET」都市と建築(2年生)

0993・菊池 達稀 / 芝浦工業大学・3年生
「浸透」オフィス建築(3年生)

0994・石ケ谷 光留 / 関東学院大学・3年生
「鍾乳洞の家」環境に働きかける家(3年生)

0995・亀山 遥太 / 大和大学・2年生
「Love the life you live.」
キューブによる空間構成(2年生)

0996・榎本 陽菜 / 武蔵野大学・3年生
「住まうを結う」『楽しんで棲む』ための集合住宅(3年生)

0997・野中 彩花 / 九州大学・3年生
「くるまにくるまる」コミュニティセンター(3年生)

0998・井上 侑香 / 大阪公立大学・3年生
「時間をつなぐ知との出会い」文化複合施設
『地域のコミュニケーションプレイス』(3年生)

0999・小山 果音 / 日本大学・3年生
「Green in IKEBUKURO Once Again」
都市地域デザイン演習(3年生)

1003・竹田 天音 / 関西大学・3年生
「ゆらぎの中で」
コンテンポラリー・アート・ミュージアム(3年生)

1004・石尾 文 / 山口大学・3年生
「まちかどに彩りを─地域を育てる家─」
現代の独立住宅─家族の暮らしと感性を形にする─(3年生)

1005・川井 菜々子 / 大同大学・3年生
「あなたがあなたで居てくれと。」
光と風の建築─小学校(3年生)

1006・田中 愛梨 / 神戸大学・3年生
「Reset」NEW MUSEUM on the Contexts as "KOBE"(3年生)

1008・野原 悠希 / 近畿大学・3年生
「家型で連続する学びの環 ~温もりと交流の円形空間設計~」地域の居場所となる小学校(3年生)

1010・佐合 慶哉 / 京都大学・3年生
「カスケードの誘い」美術館(3年生)

1011・西野 りり子 / 大阪芸術大学・3年生
「切り取り切り取られ『今』を知る」Kid's style ⟨=⟩ Parent's style withprayer site(3年生)

1013・日高 一輝 / 芝浦工業大学・3年生
「有機建築が導く居場所─自然の空間定義を踏襲した安息地─」成熟社会における市民の文化活動拠点としての図書(3年生)

1014・荻田 里花子 / 神戸芸術工科大学・3年生
「つながる、交わる、結ぶ」新しいメディアスペース ~これからの公共空間を考える~(3年生)

1016・岩崎 暖 / 昭和女子大学・3年生
「シェアするアート」暮らしたい高円寺をつくる(3年生)

1017・小川 岬輝 / 名古屋工業大学・3年生
「TOMORROW'S PST」既存の都市と建築に立地する水辺のアルカディア(3年生)

1018・青木 大空 / 早稲田大学・3年生
「創造起点」ブランクーシ美術館(3年生)

1019・古賀 圭花 / 武蔵野美術大学・2年生
「跡地にて」小規模集合住宅(2年生)

1020・土居 優美 / 神戸芸術工科大学・3年生
「連なり、重なり、ふれあい、」新しいメディアスペース ~これからの公共空間を考える~(3年生)

1021・田村 朋香 / 日本大学・3年生
「苑路を行く」豊かなオープンスペースをもつ複合施設(3年生)

1022・木下 歩 / 日本大学・3年生
「歩行と交流」郊外のワークプレイス(3年生)

1023・小室 彩音 / 岡山県立大学・3年生
「境界を『描く』美術館」
『美術館』境界を設計する(3年生)

1024・川本 空 / 広島工業大学・3年生
「建築は立ち続ける」大学複合施設『地域に賑わいをもたらす創造の拠点』(3年生)

1025・田原 成一郎 / 摂南大学・3年生
「笑楽校」学校の再構築(3年生)

1027・島川 樹汰 / 武蔵野美術大学・3年生
「マチカゲ」都市の環境単位(3年生)

1028・川村 吉平 / 日本大学・3年生
「生脈を編む~海と陸、過去と未来が交錯する水族館~」水族館(3年生)

1032・石黒 りさ / 関西大学・3年生
「枠に潜む」
コンテンポラリー・アート・ミュージアム(3年生)

1033・山田 侑吾 / 京都大学・2年生
「東山の流麗」生きている家(2年生)

1034・星野 夏樹 / 武蔵野美術大学・3年生
「尾根にかかる道」
新たな世代のための宿泊研修施設(2年生)

1035・清水 彩花 / 関西大学・3年生
「緩急で育つ~人工と自然の間で~」
千里山こども園(3年生)

1036・金 宥祈 / 京都精華大学・2年生
「若者のための塔」京都三条デザインハウス(2年生)

1037・金城 大起 / 崇城大学・3年生
「半地下保育園」崇城大学付属保育園(2年生)

1038・内田 ひなた / 京都精華大学・2年生
「Cloud Nest」京都三条デザインハウス(2年生)

1040・香取 明花 / 芝浦工業大学・3年生
「都市に開く 都市に繋がる」大学セミナー会館(3年生)

1041・坪田 皓斗 / 神戸芸術工科大学・3年生
「流れにみつける~公の中でのワタシとモノへの往来~」新しいメディアスペース ~これからの公共空間を考える~(3年生)

1042・青野 喜 / 岡山理科大学・2年生
「カメラに住まう」多様な人々が住む都市に開かれた集合住宅(2年生)

1043・山本 知香 / 広島工業大学・3年生
「ふらりと立ち寄る」大学複合施設『地域に賑わいをもたらす創造の拠点』(3年生)

1044・辻 聖菜 / 大和大学・2年生
「花柄な間柄」3人で暮らす家(2年生)

1048・羽原 優衣 / 慶應義塾大学・2年生
「かたどられる弧」
鴨池前のコミュニティースペース(1年生)

1050・武田 泉希 / 東海大学・3年生
「喧騒からの逃亡」都市に棲む(2年生)

1051・梶田 寛太 / 大阪芸術大学・3年生
「最後の拠り所─人情味溢れる下町とアジールがつくる拠り所─」
大阪アーカイブ建築ミュージアム(3年生)

1052・藤本 旭 / 京都大学・3年生
「壁と谷と坂」美術館(3年生)

1054・大竹 真帆 / 大同大学・3年生
「翠道でつなぐ」光と風の建築─快適な外部空間をもつオフィスビル─(3年生)

1055・斎藤 啓夢 / 近畿大学・3年生
「地上の共生、空中の静寂」集合住宅(3年生)

1056・若林 怜 / 早稲田大学・3年生
「偶然の混在」西戸山公園にある世界図書館(3年生)

1057・村松 嵩太 / 立命館大学・3年生
「鎮守の杜~神社の派生から生る幼老施設~」
幼老複合施設 ─多世代交流を促進する空間の創造─(3年生)

1058・勝村 奈々加 / 鹹央大学・3年生
「あつめること」シェアオフィス─空間を共有し、ともに働く場のインテリアデザイン(3年生)

1059・石井 花奈 / 日本大学・3年生
「青山テラス」豊かなオープンスペースをもつ複合施設(3年生)

1062・大塚 千聖 / 法政大学・2年生
「かさなる四角、つむぐ日常」
絵本ライブラリーをもつ幼稚園(2年生)

1063・鶴 こはる / 長崎大学・3年生
「なんかみさき」長崎の小さな展示空間(3年生)

1064・伊東 慎ノ介 / 東海大学・3年生
「Openness Building」青山・コマーシャルスペースコンプレックス(3年生)

1065・岡部 摩周 / 名古屋市立大学・3年生
「まちを倣い、まちに還す」交流センター(3年生)

1066・金子 雅史 / 千葉工業大学・3年生
「上野を象る」上野公園に立つ現代美術館(3年生)

1067・立花 一貴 / 広島工業大学・3年生
「泳読」大学複合施設『地域に賑わいをもたらす創造の拠点』(3年生)

1068・冨田 慎之介 / 芝浦工業大学・3年生
「代官山に沈む」大学セミナー会館(3年生)

1069・阪本 柊汰 / 近畿大学・3年生
「地域を耕す~未来につながる『小学校』×『農』」地域の居場所となる小学校(3年生)

1071・土本 泰誠 / 名古屋工業大学・3年生
「赴くままに、自由気ままに、我がイバショを。」
『円頓寺地区にすまう』─現代・未来の町家─(3年生)

1073・中井 蓮 / 立命館大学・3年生
「風景の響き ─音風景を映す建築─」
風景のパヴィリオン(2年生)

1074・内池 遼太 / 名古屋市立大学・3年生
「移りゆくまち・紡がれていく風景」
ランドスケープ課題(3年生)

1077・桝田 将太郎 / 慶應義塾大学・2年生
「壁に連なる家─サーファーのための水回りの解放─」サーファーの家(2年生)

1078・薮野 粛斗 / 関西大学・2年生
「ながれつく」公園に建つ地域図書情報館(2年生)

1079・江崎 凜太郎 / 法政大学・3年生
「繋がりを取り戻す~ここから始まる本への意識改革~」立体広場としての図書館
─シバウラハウスとなり─(3年生)

1081・児玉 武士 / 摂南大学・3年生
「Resedentary school」学校の再構築(3年生)

1083・荒川 心 / 近畿大学・2年生
「緑と住む家」社会的活動の場を内包する(住宅)(2年生)

1085・柳本 鯨 / 大阪芸術大学・3年生
「みえない豊かさ」建築ミュージアム
~大阪建築・空間アーカイブズ~(3年生)

1089・小川 采夏 / 大同大学・3年生
「未来の開拓─浮遊から生まれる新しい空間─」光と風の建築─快適な外部空間をもつオフィスビル(3年生)

1090・北村 将大 / 九州大学・2年生
「水路と住まう」自然を楽しむ家(2年生)

1091・藤原 芽生 / 法政大学・3年生
「立体広場 都市のテラリウム~知識と"緑"が積層する図書館~」立体広場としての図書館
─シバウラハウスとなり─(3年生)

1092・大野 倭 / 大同大学・3年生
「大須 街 歩き。」オフィスもしくは商業施設(3年生)

1094・北野 航成 / 法政大学・3年生
「個の漏出」何かと何かの間に暮らす(3年生)

1095・足立 恵梨 / 岡山理科大学・3年生
「感性を呼ぶ~日常に変化をもたらす集合住宅~」多様な人々が住む都市に開かれた集合住宅(3年生)

1096・間瀬 ももこ / 大阪公立大学・3年生
「第3週目のNight picnic」文化複合施設
『地域のコミュニケーションプレイス』(3年生)

1100・村上 祥太 / 東京理科大学・3年生
「劇常」集まって暮らすことの豊かさ(3年生)

1101・向山 幸宏 / 島根大学・3年生
「ツギハギツムグ」接地階に店舗等を持つ特定企業のオフィスビル(3年生)

1102・花村 紗衣 / 名古屋工業大学・3年生
「分かち合うべく繋がる」『円頓寺地区にすまう』─現代・未来の町家─(3年生)

1103・睦 舞子 / 広島工業大学・3年生
「広がる音の空間」大学複合施設『地域に賑わいをもたらす創造の拠点』(3年生)

1104・中瀬 日菜子 / 大同大学・3年生
「共に育つ。」光と風の建築─小学校(3年生)

1105・井林 証大 / 関西大学・3年生
「擬態の境界」
コンテンポラリー・アート・ミュージアム(3年生)

1107・赤田 百香 / 神戸大学・3年生
「木漏れ日の中で」
都賀川沿いに建つ〈子育てスクエア〉(3年生)

1108・小西 愛悠 / 近畿大学・3年生
「無限の可能性」集合住宅(3年生)

1110・高山 愛斗 / 法政大学・3年生
「出会いをサガス ~娯楽施設としての図書館~」立体広場としての図書館 ─シバウラハウスとなり─(3年生)

1111・古波鮫 莉子 / 岡山理科大学・2年生
「MOKUMOKUCAFE」キャンパスカフェ(2年生)

1112・篠原 瑠璃子 / 大分大学・3年生
「めぐる学び舎」
大分いこいの道広場に建つ小学校(3年生)

1113・岩見 知弥 / 大和大学・2年生
「冠婚葬祭~廻る人生~」3人で暮らす家(2年生)

1116・佐武 真之介 / 横浜国立大学・3年生
「丘に浮かぶウタカタ」紅葉ヶ丘アートセンター
モダニズム建築・歴史的環境との共生(3年生)

1120・吉村 優 / 摂南大学・3年生
「街の核で鉢合わせ」街のコミュニティスクール(3年生)

1124・小倉 珠莉 / 横浜国立大学・3年生
「建築内街路」あたらしい集合住宅(3年生)

1125・奥田 悟生 / 福井大学・3年生
「こりゃあ、問い生まれますわ」境界がない学校(3年生)

1126・菅 奏斗 / 大阪大学・3年生
「繋がるテラス」
地域の『広場』としての運動施設の提案(3年生)

1127・田淵 智彦 / 京都工芸繊維大学・3年生
「KUNEKUNE WORLD ~閉じていた校舎を曲線で侵食する~」都市と建築:元待賢小学校校舎の保存再生(3年生)

1128・倉科 彩香 / 関東学院大学・3年生
「山によりそう家」環境に働きかける家(3年生)

1129・鈴木 遥翔 / 名城大学・3年生
「とこなめ坂道」体験・滞在型余暇活動施設(3年生)

1132・上村 赳寛 / 日本大学・3年生
「アキナイクラシ」豊かなオープンスペースをもつ複合施設(3年生)

1133・橋 一花 / 東海大学・3年生
「縫い歩く」Hall & Cultural Exchange Complex in Daikanyama(3年生)

1135・伊藤 達輝 / 近畿大学・3年生
「水と溜まり、水に流され」
あるアーティストのための現代美術館(3年生)

1140・今中 竜成 / 大阪公立大学・3年生
「蝶」NEW PUBLIC PLACE
─[私]と[公]が共存する建築─(3年生)

1147・濱田 康平 / 関西大学・3年生
「不変と変化の共存」
コンテンポラリー・アート・ミュージアム(3年生)

1148・万字 光 / 鹹央大学・3年生
「道~交錯する大学と地域~」大学校舎棟(3年生)

1149・前田 萌 / 近畿大学・3年生
「響動と連環 入り交じり溶け込む私たちの領域」地域の居場所となる小学校(3年生)

1150・上田 修也 / 東海大学・3年生
「スケール感でうまれる動線」Hall & Cultural Exchange Complex in Daikanyama(3年生)

1153・大巻 里桜 / 芝浦工業大学・3年生
「空間を共有する集合住宅」
地域と交換する集合住宅(3年生)

1157・山口 木の葉 / 東海大学・3年生
「アソビを絆ぐイエ」アソビとくらすイエ(2年生)

1158・三宅 亮太 / 関西大学・3年生
「現在と過去との接続 ─地下抽水場の価値を高める美術館─」コンテンポラリー・アート・ミュージアム(3年生)

1160・園部 ことみ / 日本大学・3年生
「HARDCORE」豊かなオープンスペースをもつ複合施設(3年生)

1162・小木曽 洋夏 / 大同大学・3年生
「自由な発想、楽しさが息づく学びと遊びの小学校」光と風の建築─小学校(3年生)

都道府県別応募登録者数

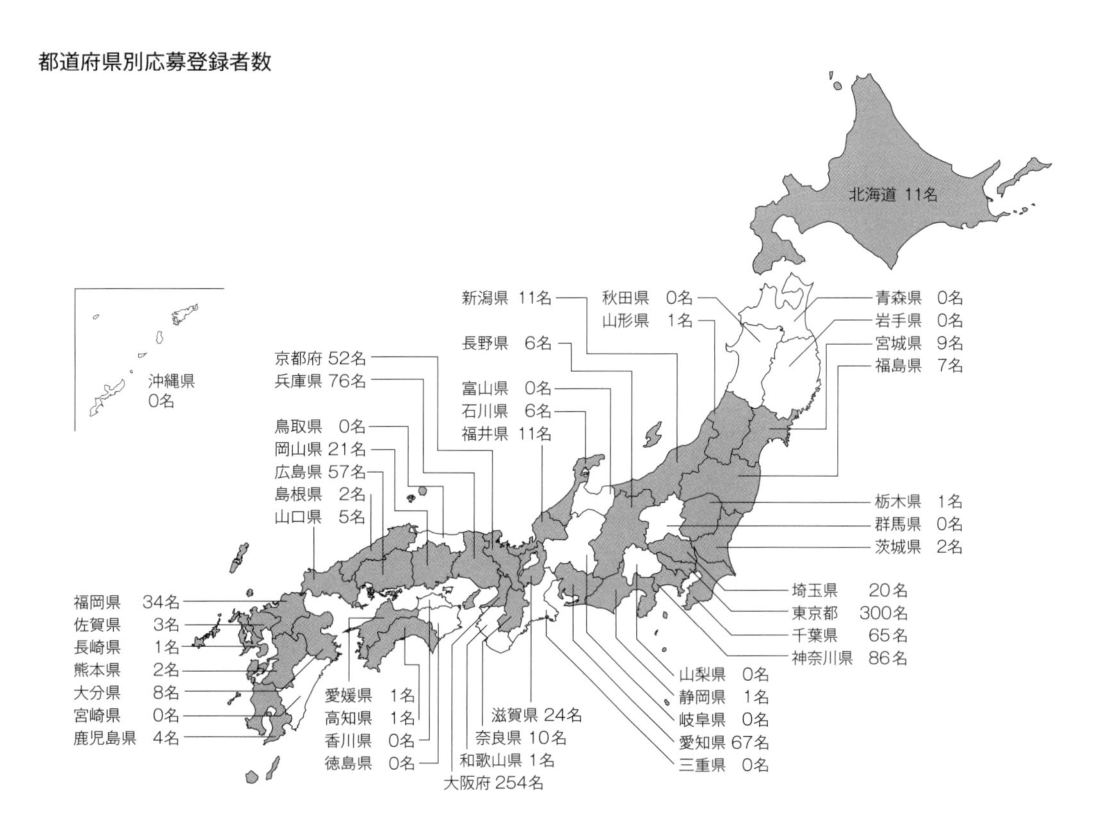

学校別応募登録者数

学校名	人数						
日本大学	100	昭和女子大学	10	北海道大学	5	北海学園大学	2
大阪電気通信大学	88	摂南大学	10	鹿児島大学	4	北海道科学大学	2
法政大学	74	東洋大学	10	東京大学	4	宮城大学	2
近畿大学	65	関東学院大学	9	東京科学大学(旧、東京工業大学)	4	室蘭工業大学	2
芝浦工業大学	48	東京都市大学	9	新潟大学	4	青山製図専門学校	1
早稲田大学	33	東京理科大学	9	明石工業高等専門学校	3	麻生建築&デザイン専門学校	1
大阪工業大学	29	福井大学	9	大分大学	3	石川工業高等専門学校	1
大阪公立大学	22	武蔵野大学	9	大阪工業技術専門学校	3	大手前大学	1
立命館大学	21	明治大学	9	大阪産業大学	3	大阪公立大学工業高等専門学校	1
関西大学	19	安田女子大学	9	北九州市立大学	3	大阪市立大学	1
武庫川女子大学	19	大阪芸術大学	8	京都府立大学	3	大阪電気通信大学	1
京都大学	18	京都精華大学	8	呉工業高等専門学校	3	神奈川大学	1
京都工芸繊維大学	18	千葉大学	8	佐賀大学	3	京都女子大学	1
神戸大学	18	明星大学	8	多摩美術大学	3	熊本大学	1
東海大学	18	九州産業大学	7	名古屋大学	3	高知工科大学	1
大和大学	18	工学院大学	7	奈良女子大学	3	修成建設専門学校	1
九州大学	17	千葉工業大学	7	日本工業大学	3	成安造形大学	1
大同大学	17	東北大学	7	ものつくり大学	3	崇城大学	1
横浜国立大学	17	名古屋市立大学	7	追手門学院大学	2	中部大学	1
神戸芸術工科大学	16	大阪大学	6	岡山理科大学専門学校	2	筑波大学	1
広島工業大学	16	畿央大学	6	九州工業大学	2	東京都立大学	1
名城大学	16	信州大学	6	京都市立芸術大学	2	東京理科大学	1
岡山県立大学	14	山口大学	6	京都橘大学	2	豊橋技術科学大学	1
東京工芸大学	14	愛知工業大学	5	共立女子大学	2	長崎大学	1
名古屋工業大学	14	岡山理科大学	5	金城学院大学	2	名古屋造形大学	1
関西学院大学	12	金沢工業大学	5	国士舘大学	2	福井工業大学	1
東京電機大学	12	新潟工科大学	5	滋賀県立大学	2	福岡大学	1
日本工学院八王子専門学校	12	日本女子大学	5	静岡文化芸術大学	2	山形大学	1
神戸電子専門学校	11	日本文理大学	5	島根大学	2	読売理工医療福祉専門学校	1
武蔵野美術大学	11	福山大学	5	長岡造形大学	2	亜洲大学(韓国)	1
慶應義塾大学	10	文化学園大学	5	広島大学	2	Marbella Design Academy	1

2024年度 運営組織について

関西の建築系大学の学生による任意組織
建築新人戦実行委員会(学生)
■「建築新人戦」の運営

実行委員長、副実行委員長、
実行委員5~10名程度により構成
建築新人戦実行委員会(教員)
■「建築新人戦」の審査・運営　■学生実行委員への協力

▼

ゲスト審査委員

▼

建築新人戦の開催

▼

『建築新人戦オフィシャルブック』の出版(株式会社 総合資格)

建築新人戦 2024 実行委員会

委員長
光嶋 裕介(光嶋裕介建築設計事務所)

副委員長
山口 陽登(大阪公立大学講師 / YAP)

幹事委員
岸上 純子(大阪工業技術専門学校特任教員 / SPACESPACE)
小林 恵吾(早稲田大学准教授 / NoRA)
榊原 節子(榊原節子建築研究所)
白須 寛規(摂南大学講師 / design SU)
西澤 俊理(滋賀県立大学准教授 / NISHIZAWA ARCHITECTS)
畑 友洋　(神戸芸術工科大学准教授 / 畑友洋建築設計事務所)
前田 茂樹(GEO-GRAPHIC DESIGN LAB.)
宮原 克昇(近畿大学准教授 / FlipLA)

事務局長
末吉 一博(総合資格学院)

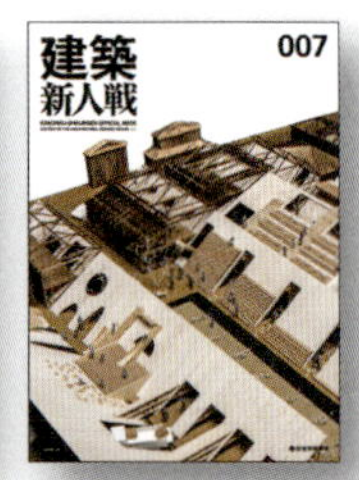

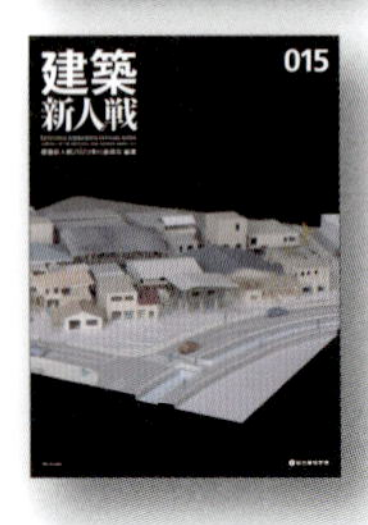

オフィシャルブック「001」は学芸出版社より発行

建築新人戦2024
実行委員会（学生）

代　表　古賀 大督（立命館大学）
副代表　坪井 孝樹（摂南大学）
会　計　林 萌楓（大阪工業大学）
総務代表　村上 裕菜（立命館大学）
総　務　田原 成一郎（摂南大学）
星山 達宜（摂南大学）
道田 優芽（大阪工業大学）
総務補佐　増田 なずな（京都工芸繊維大学）
奥野 彩花（立命館大学）
森下 いずみ（関西学院大学）
丸野 恭祐（摂南大学）

映像班

班　長　山田 奈々（奈良女子大学）
副班長　前田 開帆（立命館大学）
班　員　國澤 晃一（摂南大学）
小林 大輝（摂南大学）
尾浦 咲綺（大阪大学）
藤原 亜衣（奈良女子大学）
池内 七都（関西学院大学）
鹿嶽 芽生（武庫川女子大学）
永池 真治（麻生建築&デザイン専門学校）
河野 慶寿（立命館大学）
三輪 穂高（立命館大学）
藤原 梓（関西学院大学）
宮永 理紗子（関西学院大学）

広報班

班　長　森 日南多（立命館大学）
副班長　天野 絢葉（京都工芸繊維大学）
班　員　上田 ゆき乃（神戸大学）
太田 結（京都工芸繊維大学）
青山 千紘（京都工芸繊維大学）
水野 洸希（摂南大学）
草野 友果（立命館大学）
砂 悠生（関西大学）
日野 はるか（奈良女子大学）
中野 大地（立命館大学）

書籍班

班　長　金子 軒常（大阪工業大学）
副班長　藤村 凜太郎（大阪工業大学）
大知 優々佳（武庫川女子大学）
横山 実咲（武庫川女子大学）
班　員　槌谷 結（関西学院大学）
直山 太陽（大阪工業大学）
前原 一博（京都工芸繊維大学）
安芸 亮祐（大阪工業大学）
久保元 亮汰（大阪工業大学）
伊藤 楓（大手前大学）
土屋 友乃（大和大学）
岩井 優佳（武庫川女子大学）
小原 羽菜（武庫川女子大学）
寺井 健太郎（京都大学）
中川 藍（京都大学）
今西 大雅（大阪工業大学）
妹尾 翼（大阪工業大学）
山本 佑弥（大阪工業大学）
横山 明日香（立命館大学）

審査班

班　長　杉山 京佳（京都大学）
副班長　猪阪 千映子（京都大学）
班　員　堀田 夏輝（摂南大学）
内田 志信（関西学院大学）
大塚 永登（関西学院大学）
村田 航大（関西学院大学）
神田 玲杏（関西学院大学）
安田 梓紗（京都大学）
井木 絢香（神戸大学）
竹之内 蒼依（神戸大学）
杉本 安佳音（摂南大学）
青木 紫蘭（武庫川女子大学）
中島 瑠菜（武庫川女子大学）
藤井 沙織（武庫川女子大学）
小野 優人（名古屋市立大学）
尾前 俊有（関西学院大学）
野田 結菜（関西学院大学）
脇本 瑠実（関西学院大学）
加藤 彩（京都工芸繊維大学）
櫻木 優合（京都工芸繊維大学）
勝木 麻結（京都美術工芸大学）
木村 一翔（大阪工業大学）

会場班

班　長　山下 泰生（大阪工業大学）
副班長　小川 友唯奈（奈良女子大学）
田中 周良（京都大学）
堤 祐子（武庫川女子大学）
班　員　伊藤 博章（京都橘大学）
児玉 武士（摂南大学）
梶田 寛太（大阪芸術大学）
谷川 虎雅（大阪芸術大学）
作田 花音（大阪芸術大学）
奥坊 琉生（大阪工業大学）
前川 晴貴（大阪工業大学）
平野 克己（大阪工業大学）
月山 杏菜（武庫川女子大学）
小林 桜子（武庫川女子大学）
下田 麻央（武庫川女子大学）
林 日和（武庫川女子大学）
山本 実和（奈良女子大学）
山田 翔貴（関西学院大学）
久田 昴輝（関西学院大学）
後藤 菜花（京都工芸繊維大学）
小野 樹（神戸大学）
船田 晃生（摂南大学）
北側 舞加（摂南大学）
秋田 莉菜（大阪工業大学）
所司 葵（奈良女子大学）
岡野 美希（奈良女子大学）
橋本 貴媛（奈良女子大学）
門脇 彩笑（奈良女子大学）
鈴木 沙彩（奈良女子大学）
岡本 衣呂葉（武庫川女子大学）
河南 璃香（武庫川女子大学）
小早川 琳（武庫川女子大学）
中塚 ゆき（武庫川女子大学）
濱田 桃花（武庫川女子大学）
佐伯 祐珠（武庫川女子大学）
吉本 優真（立命館大学）
川原 一香李（立命館大学）
村上 史崇（関西学院大学）
谷口 知未（関西学院大学）
馬場 梨沙（関西学院大学）
青野 太珖登（関西大学）
中島 百萌（京都工芸繊維大学）
江崎 菜々（京都工芸繊維大学）
秋吉 ひなた（京都女子大学）
岡村 知典（京都大学）
片山 未那（近畿大学）
泉 ララ（近畿大学）
瀬藤 真由（近畿大学）
中村 凜音（国士舘大学）
馬場 亜希葉（摂南大学）
中村 綾乃（摂南大学）
阪野 妃菜（摂南大学）
久保 心音（摂南大学）
平尾 麻由（摂南大学）
土田 花野子（摂南大学）
森瀬 帆乃香（大阪工業大学）
吉田 桃香（大阪工業大学）
吉 美咲（大阪工業大学）
妹尾 小菜美（大阪工業大学）
曽我部 悠惺（大阪工業大学）
枡田 和大（大阪工業大学）
奈良 翼（大阪工業大学）
佐伯 昊暉登（大阪工業大学）
西海 裕太（大阪工業大学）
平松 侑真（大阪工業大学）
寺内 萌々（大和大学）
田村 ひより（大和大学）
師岡 愛（奈良女子大学）
山本 灯（奈良女子大学）
神藤 柚希（武庫川女子大学）
中須賀 心音（武庫川女子大学）

舞台班

班　長　西野 皓貴（近畿大学）
副班長　原 そよ風（摂南大学）
木場 俊輔（摂南大学）
宮島 菜々美（京都大学）
班　員　上野 真心（摂南大学）
大西 和尚（摂南大学）
増木 俊迪（摂南大学）
山口 諒也（摂南大学）
熊澤 大輝（近畿大学）
阿部 稜平（神戸大学）
赤坂 紗奈（京都工芸繊維大学）
長井 みき（京都工芸繊維大学）
長屋 徹也（神戸大学）
井村 悠佑（摂南大学）
小野 陽菜（奈良女子大学）
楠村 まゆ佳（奈良女子大学）
山田 佳奈（奈良女子大学）
芦田 悠香（奈良女子大学）
田中 佑奈（武庫川女子大学）
石見 明日香（武庫川女子大学）
吉田 愛唯（武庫川女子大学）
小島 優乃（武庫川女子大学）
沖田 千夏（武庫川女子大学）
山本 隆世（京都大学）
辻野 愛菜（京都大学）
東森 弘樹（大阪工業大学）
新田 日鞠（筑波大学）
高橋 杏奈（奈良女子大学）
西田 芽生（奈良女子大学）
上谷 萌果（武庫川女子大学）
入江 彩音（武庫川女子大学）

制作班

班　長　高木 真子（京都工芸繊維大学）
後藤 来誓（京都大学）
副班長　中山 真尋（立命館大学）
班　員　大村 遼河（関西学院大学）
岡本 晴樹（関西学院大学）
北川 純（関西学院大学）
森本 莉世（関西学院大学）
田京 知佳（京都工芸繊維大学）
加藤 春花（京都工芸繊維大学）
髙橋 燿（京都工芸繊維大学）
眞鍋 佑香（京都工芸繊維大学）
筒井 和斗（京都大学）
赤塚 優斗（早稲田大学）
大岩 泰山（早稲田大学）
中川路 仁（大阪工業大学）
加藤 香佳（京都工芸繊維大学）
金 詩穏（京都大学）
藤井 哲平（大阪工業大学）
近藤 花音（奈良女子大学）
吉本 瑚春（明石工業高等専門学校）

主催

特別協賛

建築設計者のための求人サイト
A-worker

協賛

株式会社乃村工藝社

SEKISUI

日刊建設工業新聞社

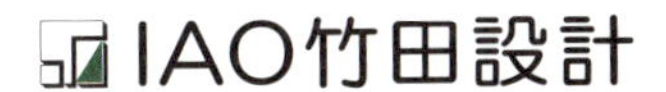

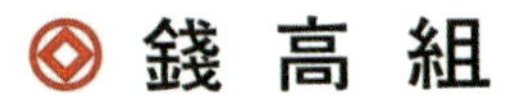

安井建築設計事務所

協力

建築新人戦のあゆみ

建築新人戦2009

日時：2009年10月10日(土)
会場：京都工芸繊維大学伝統工芸資料館、講義室

審査委員：**竹山　聖**　(委員長/京都大学 准教授)
遠藤　秀平(神戸大学 教授)
陶器　浩一(滋賀県立大学 教授)
長坂　大　(京都工芸繊維大学 教授)

審査作品数：171作品　応募登録者数：177名
来場者数：約250人(公開審査会)
主　催：日本建築学会アーキニアリング・デザイン展IN京都 実行委員会
委員長　松隈洋(京都工芸繊維大学 教授)
建築新人戦実行委員会
実行委員長　竹山聖(京都大学 准教授)
最優秀新人賞：『触＋こども＋アート』　植松千明(信州大学3回生)

建築新人戦2010

日時：2010年10月1日(金)〜3日(日)〔公開審査会：2日(土)〕
会場：梅田スカイビル

審査委員：**竹山　聖**　(委員長/京都大学 准教授)
大西　麻貴(東京大学 博士課程)
中村　勇大(京都造形芸術大学 教授)
藤本　壮介(藤本壮介建築設計事務所)
宮本　佳明(大阪市立大学 教授)
李　暎一　(宝塚大学 教授)

コメンテーター：五十嵐太郎(東北大学教授)
松田達(松田達建築設計事務所)
審査作品数：454作品　応募登録者数：730名
来場者数：約1,000人
主　催：建築新人戦実行委員会
実行委員長 遠藤秀平(神戸大学 教授)
学生代表 植村洋美(武庫川女子大学3回生)

建築新人戦2011

日時：2011年10月7日(金)〜9日(日)〔公開審査会：8日(土)〕
会場：梅田スカイビル

審査委員：**宮本　佳明**(委員長/大阪市立大学 教授)
谷尻　誠　(Suppose design office)
千葉　学　(東京大学 准教授)
槻橋　修　(神戸大学 准教授)
永山　祐子(永山祐子建築設計)

コメンテーター：倉方俊輔(大阪市立大学 准教授)
松田達(東京大学 助教)
審査作品数：533作品
応募登録者数：1,013名
来場者数：約1,300人
主　催：建築新人戦実行委員会
実行委員長 中村勇大(京都造形芸術大学 教授)
学生代表 石井優香(大阪市立大学3回生)

建築新人戦2012

日時：2012年10月5日(金)〜7日(日)〔公開審査会：6日(土)〕
会場：梅田スカイビル

審査委員：**遠藤　秀平**　(委員長/神戸大学 教授)
五十嵐　太郎　(東北大学 教授)
キドサキナギサ(神戸大学 客員教授)
手塚　貴晴　(東京都市大学 教授)
長坂　大　(京都工芸繊維大学 教授)

コメンテーター：倉方俊輔(大阪市立大学 准教授)
審査作品数：570作品　応募登録者数：1,008名
来場者数：約1,200人
主　催：建築新人戦実行委員会
実行委員長 中村勇大(京都造形芸術大学 教授)
学生代表 小池真貴(神戸大学3回生)
最優秀新人賞：『ある時間、ある風景』　田代晶子(早稲田大学3回生)

第1回アジア建築新人戦

日時(公開審査会)：2012年11月3日(土)
会場：大宇プルジオバレー(ソウル市江南区大峙洞968-3)

審査委員：**鄭振国**　(漢陽大学校 教授)
千宜令　(京畿大学校 教授)
竹山　聖　(京都大学 准教授)
遠藤　秀平(神戸大学 教授)
孔宇航　(天津大学 教授)
王輝　(中国建築学会建築家支会理事)
ホーディンチュー(ホーチミン市建築大学 教授)

出展作品数：17作品(韓国5作品、日本5作品、中国5作品、ベトナム2作品)
受賞：最優秀新人賞1作品、優秀新人賞4作品
主催：アジア建築新人戦実行委員会〔実行委員長／李暎一(宝塚大学 教授)〕
(社)韓国建築設計教授会[韓国]、建築新人戦実行委員会[日本]
UED都市環境設計[中国]
アジア最優秀新人賞：『詩的世界 田村隆一をたどる』
中川寛之(神戸大学3回生)

建築新人戦2013

日時：2013年10月4日(金)〜6日(日)〔公開審査会：5日(土)〕
会場：梅田スカイビル

審査委員：**竹山　聖**　(委員長/京都大学 准教授)
五十嵐　淳(五十嵐淳建築設計事務所)
末廣　香織(九州大学 准教授)
陶器　浩一(滋賀県立大学 教授)
西沢　立衛(横浜国立大学 教授)
前田　茂樹(大阪工業大学 専任講師)

コメンテーター：倉方俊輔(大阪市立大学 准教授)
審査作品数：614作品　応募登録者数：1,104名
来場者数：約1,200人
主　催：建築新人戦実行委員会
実行委員長 中村勇大(京都造形芸術大学 教授)
学生代表 岡ひかる(近畿大学3回生)
最優秀新人賞：
『木陰のさんぽみち 街のみんなのコミュニティ・スクール』
若月優希(東海大学3回生)

第2回アジア建築新人戦

日時: 2013年10月5日(土)~6日(日)〔公開審査会: 6日(日)〕
会場: ASJ UMEDA CELL(日本・大阪)

審査委員: 委員長 **李 暎一**
[日本] **遠藤 秀平**(神戸大学 教授)
團 紀彦(神戸大学 客員教授)
松本 明(近畿大学 教授)
[韓国] **鄭振国**(漢陽大学)
具英敏(仁荷大学)
白鎮(ソウル大学)
[中国] **仲徳昆**(東南大学)
張頎(天津大学)
孫一民(華南理工大学)
[ベトナム] **LE THANH SON**(ホーチミン市建築大学)
HO DINH CHIEU(ホーチミン市建築大学)
[インド] **YASHWANT PITKAR**(ムンバイ大学)

出展作品数: 23作品(日本5、カンボジア1、中国5、インド2、インドネシア1、マレーシア1、ミャンマー1、韓国4、タイ1、ベトナム2)

主催: アジア建築新人戦実行委員会
実行委員長 李暎一　学生代表 李清揚(神戸大学3回生)

アジア最優秀新人賞:『雪舟 光の境』 崔秋韵(神戸大学3回生)

建築新人戦2014

日時: 2014年10月4日(金)~6日(日)〔公開審査会:5日(土)〕
会場: 梅田スカイビル

審査委員: **團 紀彦**(委員長/神戸大学 客員教授)
倉方 俊輔(大阪市立大学 准教授)
竹口 健太郎(大阪産業大学 特任教授)
平田 晃久(平田晃久建築設計事務所)
松岡 恭子(スピングラス・アーキテクツ)
吉村 靖孝(明治大学 特任教授)

コメンテーター: 槻橋修(神戸大学 准教授)
宗本晋作(立命館大学 准教授)
審査作品数: 507作品　応募登録者数: 914名
来場者数: 約1,268人
主　催: 建築新人戦実行委員会
実行委員長 中村勇大(京都造形芸術大学 教授)
学生代表 池田みさき

最優秀新人賞:『青葉の笛と塔の家』 鈴江佑弥(大阪工業大学3回生)

第3回アジア建築新人戦

日時: 2014年10月25日(日)
会場: 大連理工大学(中国・大連)

審査委員: 委員長 **李 暎一**
[日本] **遠藤 秀平**(神戸大学)
長坂 大(京都工芸繊維大学)
[中国] **王建国**(東南大学)
范悦(大連理工大学)
李文海(大連都市発展設計会社)
[カンボジア] **Karno Chhay**(王立芸術大学)
[インド] **Prasanna Desai**(プネー大学PVP建築校)
[インドネシア] **Teguh Utomo Atmoko**(インドネシア大学)
[韓国] **Park JInho**(仁荷大学校)
Lee Yunhie(梨花女子大学)
Huang Chulho(延世大学校)
[ベトナム] **Cuong Ha Nguyen**(ホーチミン市建築大学)

出展作品数: 22作品(カンボジア1、中国5、インド2、インドネシア1、マレーシア1、ミャンマー1、韓国5、タイ1、ベトナム1、台湾2、ラオス1、モンゴル1)

主催: アジア建築新人戦実行委員会
実行委員長 李暎一　学生代表 王雋斉

アジア最優秀新人賞:『WALLS HAVE EARS』 袁希程(中国美術学院)

建築新人戦2015

日時:2015年10月2日(金)~4日(日)〔公開審査会:3日(土)〕
会場: 梅田スカイビル

審査委員: **遠藤 秀平**(委員長/神戸大学 教授)
工藤 和美(シーラカンスKai&H代表取締役/東洋大学建築学科 教授)
島田 陽(タトアーキテクツ/島田陽建築設計事務所)
前田 圭介(UID)
松本 明(近畿大学 教授)
マニュエル・タルディッツ(明治大学 特任教授)

審査作品数: 577作品　応募登録者数: 899名
来場者数: 約1,241人
主　催: 建築新人戦実行委員会
実行委員長 中村勇大(京都造形芸術大学 教授)
学生代表 田中翔子

最優秀新人賞
『筋交い壁のある町家』
伊藤高基(九州大学3回生)

第4回アジア建築新人戦

日時: 2015年10月24日
会場: ベトナム・統一会堂
審査委員:
[日本] **李 暎一**(委員長/グエンタットタイン大学)
團 紀彦(神戸大学)
陶器 浩一(滋賀県立大学)
[中国] **Gong Kai**(東南大学)
Kong Yuhang(天津大学)
[韓国] **Roh Seungbom**(漢陽大学校)
John Yongseok(弘益大学校)
[モンゴル] **Gonchigbat Ishjamts**(モンゴル科学技術大学)
[ベトナム] **Trinh Duy Anh**(ホーチミン市建築大学)
Pham Ahn Tuan(ダナン建築大学)
[ミャンマー] **Thet Oo**(西ヤンゴン工科大学)
[シンガポール] **WongYunnChii**(シンガポール国立大学)
[台湾] **Gene Kwang-Yu King**(金光裕建築事務所)

出展作品数: 25作品(中国3、日本3、韓国3、インド2、インドネシア2、ベトナム2、台湾2、ラオス1、モンゴル1、スリランカ1、ネパール1、シンガポール1、カンボジア1、ミャンマー1、タイ1)
主催: アジア建築新人戦実行委員会
実行委員長 李暎一
主催国実行委員長:Trinh Duy Anh

アジア最優秀新人賞
『The Tea House -My Way Back Home』 林雨嵐(西安建築科技大学)

建築新人戦2016

日時: 2016年9月24日(土)~26日(月)〔公開審査会: 25日(日)〕
会場: 梅田スカイビル
審査委員: 小川　晋一 (委員長/近畿大学 教授)
芦澤　竜一 (滋賀県立大学 教授)
乾　久美子 (横浜国立大学 教授)
加藤　耕一 (東京大学 准教授)
武井　誠　(TNA)
福岡　孝則 (神戸大学 特命准教授)
審査作品数: 607作品　応募登録者数: 905名
来場者数: 約1,311人
主　催: 建築新人戦実行委員会
実行委員長 中村勇大(京都造形芸術大学 教授)
学生代表 草川望

最優秀新人賞
『茶の湯 - 光露地 Complex』
塩浦 一彗(UCL, Bartlett school of architecture 3回生)

建築新人戦2017

日時:2017年9月21日(木)~23日(土)〔公開審査会: 23日(土)〕
会場: 梅田スカイビル
審査委員: 乾　久美子 (委員長/横浜国立大学 教授)
光嶋　裕介 (神戸大学 客員准教授)
佐藤　淳　(東京大学 准教授)
武田　史朗 (立命館大学 教授)
畑　友洋　(神戸芸術工科大学 准教授)
増田　信吾 (増田信吾+大坪克亘)
審査作品数: 583作品　応募登録者数: 902名
来場者数: 約1,019人
主　催: 建築新人戦実行委員会
実行委員長 中村勇大(京都造形芸術大学 教授)
学生代表 森谷友香(武庫川女子大学)
共　催: 株式会社総合資格(総合資格学院)

最優秀新人賞
『DISORDERLY SPACE ~雑多性に伴う展示空間の提案~』 渡辺 拓海(近畿大学3回生)

建築新人戦2018 「10th Anniversary」

日時: 2018年9月20日(木)~22日(土)〔公開審査会: 22日(土)〕
会場: 梅田スカイビル
審査委員: 中村　勇大 (委員長/京都造形芸術大学 教授)
遠藤　秀平 (神戸大学 教授)
小川　晋一 (近畿大学 教授)
竹山　聖　(京都大学 教授)
團　紀彦　(青山学院大学 教授)
萬田　隆　(神戸芸術工科大学 准教授)
宮本　佳明 (大阪市立大学 教授)
審査作品数: 514作品　応募登録者数: 902名
来場者数: 約1,049人
主　催: 建築新人戦実行委員会
実行委員長 中村勇大(京都造形芸術大学 教授)
学生代表 村瀬怜奈(武庫川女子大学)
共　催: 株式会社総合資格(総合資格学院)

最優秀新人賞
『IMPRESSING MUSEUM』 村井 諄美(近畿大学3回生)

建築新人戦2019

日時:2019年9月20日(金)~21日(土)〔公開審査会: 21日(土)〕
会場: 梅田スカイビル
審査委員: 平田　晃久 (委員長/京都大学 教授)
光嶋　裕介 (神戸大学 客員准教授)
金野　千恵 (teco)
藤原　徹平 (横浜国立大学大学院Y-GSA 准教授)
森田　真生 (独立研究者)
審査作品数: 553作品　応募登録者数: 841名
来場者数: 約800人
主　催: 建築新人戦実行委員会
総合資格学院
実行委員長 光嶋裕介
学生代表 原和奏(武庫川女子大学)

最優秀新人賞
『こころのすみか』
長橋 佳穂(関東学院大学3回生)

建築新人戦2020

日時：2020年9月12日(土)～13日(日)〔公開審査会：12日(土)〕
会場：大阪工業大学梅田キャンパスOIT梅田タワー

審査委員：**西沢 立衛**（委員長/SANAA・西沢立衛建築設計事務所・横浜国立大学大学院Y-GSA 教授）
斎藤 幸平（経済思想家・大阪市立大学 准教授）
島田 陽（タトアーキテクツ・島田陽建築設計事務所・京都芸術大学 客員教授）
中川エリカ（中川エリカ建築設計事務所）
前田 茂樹（GEO-GRAPHIC DESIGN LAB.）

審査作品数：727作品　応募登録者数：967名
来場者数：約424人
主　催：建築新人戦実行委員会
総合資格学院
実行委員長 光嶋裕介
学生代表 田中恭子（武庫川女子大学）

最優秀新人賞
『見えない家族のよりどころ』
小宮田 麻理（近畿大学2回生）

建築新人戦2021

日時：2021年9月18日(土)～20日(月・祝)〔公開審査会：19日(日)〕
会場：梅田スカイビル

審査委員：**芦澤 竜一**（委員長/滋賀県立大学 教授/芦澤竜一建築設計事務所）
藤野 高志（生物建築舎）
藤原 辰史（歴史学者/京都大学 准教授）
前田 圭介（広島工業大学 教授/UID）
山田 紗子（山田紗子建築設計事務所）

審査作品数：786作品　応募登録者数：1157名
主　催：建築新人戦実行委員会
実行委員長 光嶋裕介
学生代表 吉田生良理（近畿大学）

最優秀新人賞
『胎動する記憶』
葛谷 寧鵬（滋賀県立大学3回生）

建築新人戦2022

日時：2022年9月17日(土)～19日(月・祝)〔公開審査会：18日(日)〕
会場：梅田スカイビル

審査委員：**遠藤 克彦**（委員長/茨城大学大学院 教授/遠藤克彦建築研究所）
大西 麻貴（横浜国立大学大学院Y-GSA 教授/大西麻貴+百田有希/o+h）
平瀬 有人（早稲田大学芸術学校 教授/yHa architects）
松村圭一郎（文化人類学者/岡山大学 准教授）
山口 陽登（大阪公立大学 講師/YAP）

審査作品数：739作品　応募登録者数：1141名
主　催：建築新人戦実行委員会
実行委員長 光嶋裕介
学生代表 白金耕汰（立命館大学）

最優秀新人賞
『母と父の家』
諸江 一桜（秋田公立美術大学3回生）

建築新人戦2023

日時：2023年9月16日（土）～18日（月・祝）〔公開審査：17日（日）〕
会場：梅田スカイビル

審査委員：**永山 祐子**（委員長/武蔵野美術大学客員教授/永山祐子建築設計）
工藤 浩平（工藤浩平建築設計事務所）
谷川 嘉浩（京都市立芸術大学講師）
中山 英之（東京藝術大学准教授/中山英之建築設計事務所）
畑 友洋（神戸芸術工科大学准教授/畑友洋建築設計事務所）

審査作品数：739作品　応募登録者数：1198名
主　催：建築新人戦実行委員会
実行委員長 光嶋 裕介
学生代表 田中 柚衣（摂南大学）

最優秀新人賞
『私たちは極楽を知っている』
小西 美海（広島工業大学3回生）

建築新人戦 016

2025年4月13日初版発行

著者：建築新人戦2024実行委員会

発行人：佐藤 拓也
発行元：株式会社 総合資格
〒163-0557　東京都新宿区西新宿1-26-2 新宿野村ビル22F
電話：03-3340-6714（出版局）
URL：総合資格学院　https://www.shikaku.co.jp/
株式会社総合資格 コーポレートサイト　https://www.sogoshikaku.co.jp/
総合資格学院 出版サイト　https://www.shikaku-books.jp/

アートディレクション：藤脇 慎吾
デザイン：フジワキデザイン [澤井 亜美]
編集：建築新人戦2024実行委員会書籍班
総合資格 出版局 [新垣 宜樹/金城 夏水/坂元 南]
総合資格 学校法人部 [末吉 一博]

撮影：
瀧本 加奈子、北川 紗也　表紙、H1, p1～13, p22-23, p28-29, p34, p36, p38, p40, p42, p52～65, p85, p109左上以外
大竹 央祐　p109左上
笹倉 洋平　p107～p108

表紙：沼宮内 さつき「土ヨウ日二雨」模型

特記なき図版は設計者および執筆者提供

印刷・製本：シナノ書籍印刷 株式会社

ISBN978-4-86417-574-6
Printed in Japan

本書は「建築新人戦2024」記録集として制作されました